Englynion y Genedlaethol
1900–1999

Dafydd Islwyn

Cyhoeddiadau Barddas
2012

Cyhoeddwyd yr englynion a ymddangosodd
yn y *Cyfansoddiadau a Beirniadaethau* gyda chaniatâd
caredig Llys yr Eisteddfod Genedlaethol.

Gwnaed pob ymdrech i gysylltu â pherchnogion
hawlfraint y cerddi yn y gyfrol hon.

© Dafydd Islwyn / Cyhoeddiadau Barddas

Argraffiad cyntaf: 2012

ISBN 978-1-906396-42-8

Cyhoeddwyd gyda chymorth ariannol
Cyngor Llyfrau Cymru.

Cyhoeddwyd gan Gyhoeddiadau Barddas
Argraffwyd gan Wasg Dinefwr, Llandybïe

Cynnwys

Eisteddfod Genedlaethol . . .

1900: Lerpwl	7	1932: Aberafan	88
1901: Merthyr Tudful	9	1933: Wrecsam	89
1902: Bangor	11	1934: Castell-nedd	92
1903: Llanelli	14	1935: Caernarfon	93
1904: Y Rhyl	16	1936: Abergwaun	95
1905: Aberpennar	19	1937: Machynlleth	97
1906: Caernarfon	21	1938: Caerdydd	100
1907: Abertawe	24	1939: Dinbych	102
1908: Llangollen	27	1940: Aberpennar	105
1909: Llundain	29	1941: Hen Golwyn	108
1910: Bae Colwyn	32	1942: Aberteifi	111
1911: Caerfyrddin	35	1943: Bangor	113
1912: Wrecsam	38	1944: Llandybïe	115
1913: Y Fenni	41	1945: Rhosllannerchrugog	118
1914–1915: Bangor	43	1946: Aberpennar	121
1916: Aberystwyth	46	1947: Bae Colwyn	124
1917: Birkenhead	47	1948: Pen-y-bont ar Ogwr	127
1918: Castell-nedd	51	1949: Dolgellau	130
1919: Corwen	53	1950: Caerffili	132
1920: Y Barri	55	1951: Llanrwst	135
1921: Caernarfon	58	1952: Aberystwyth	138
1922: Rhydaman	61	1953: Y Rhyl	141
1923: Yr Wyddgrug	64	1954: Ystradgynlais	144
1924: Pont-y-pŵl	67	1955: Pwllheli	146
1925: Pwllheli	70	1956: Aberdâr	149
1926: Abertawe	73	1957: Sir Fôn	151
1927: Caergybi	76	1958: Glynebwy	153
1928: Treorci	79	1959: Caernarfon	157
1929: Lerpwl	81	1960: Caerdydd	160
1930: Llanelli	84	1961: Dyffryn Maelor	163
1931: Bangor	85	1962: Llanelli a'r Cylch	166

Eisteddfod Genedlaethol . . .

1963: Llandudno a'r Cylch   169
1964: Abertawe a'r Cylch   171
1965: Maldwyn 174
1966: Aberafan a'r Cylch . . 177
1967: Y Bala 179
1968: Y Barri a'r Fro 182
1969: Y Fflint 185
1970: Rhydaman a'r Cylch   187
1971: Bangor a'r Cylch . . . 190
1972: Sir Benfro 193
1973: Dyffryn Clwyd 196
1974: Bro Myrddin 198
1975: Bro Dwyfor 201
1976: Aberteifi a'r Cylch . . 203
1977: Wrecsam a'r Cylch   205
1978: Caerdydd 208
1979: Caernarfon a'r Cylch 209
1980: Dyffryn Lliw 212
1981: Maldwyn a'i
    Chyffiniau 214
1982: Abertawe a'r Cylch   217

1983: Ynys Môn 220
1984: Llanbedr Pont
    Steffan 222
1985: Y Rhyl a'r Cyffiniau 225
1986: Abergwaun a'r Fro . . 227
1987: Bro Madog 230
1988: Casnewydd 232
1989: Dyffryn Conwy
    a'r Cyffiniau 235
1990: Cwm Rhymni 237
1991: Bro Delyn 240
1992: Ceredigion,
    Aberystwyth 242
1993: De Powys:
    Llanelwedd 244
1994: Nedd a'r Cyffiniau . . 247
1995: Bro Colwyn 249
1996: Bro Dinefwr 252
1997: Meirion a'r Cyffiniau 255
1998: Bro Ogwr 257
1999: Môn 259

Mynegai i'r Teitlau 264

Mynegai i Linellau Cyntaf 267

Mynegai i Bersonau 276

Eisteddfod Genedlaethol 1900: Lerpwl

Testun yr englyn yn y Genedlaethol, Lerpwl, Medi 1900, oedd 'Y Geirseinydd' (*Gramaphone*). Y wobr oedd gini (un swllt ar hugain, neu bunt a deg ceiniog) a'r beirniad oedd Berw, y Parchedig Robert Arthur Williams (1854-1926), ficer Betws Garmon, Caernarfon, a churad parhaol y Waunfawr ar y pryd. Ef enillodd y Gadair yn y Genedlaethol yn 1887 gyda'i awdl 'Y Frenhines Victoria'. Yn y llyfryn defnyddiol *Enillwyr Prif Wobrau yr Eisteddfod Genedlaethol*, a gyhoeddwyd gan Gymdeithas Llyfrgelloedd Cymru (1978), nodir mai Berwyn oedd ei enw barddol.

Ers sefydlu Cymdeithas yr Eisteddfod Genedlaethol yn 1880 gyda'r bwriad o sicrhau na chynhelid mwy nag un Eisteddfod Genedlaethol bob blwyddyn, 1900 oedd yr eildro i'r Eisteddfod ymweld â Lerpwl. Bu yno hefyd yn 1884. Derbyniodd y beirniad 89 englyn, naw ohonynt yn wallus ac afreolaidd. Digon cyffredin oedd y gweddill ond medrodd 'bigo saith o rai gweddol dda':

> Dawn Geirseinydd rydd fawrhad – ar fyw gelf,
> Prif gorn dynwarediad;
> Geilw o'r bedd, er gwledd gwlad,
> Lais euraidd i ail siarad.
>
> *Amman*

> Teg goffr talentog effro, – bywiog yw
> Ar bob gair yn gwrando:
> A phob sŵn geidw'n ei go'
> At wasanaeth atseinio.
>
> *Ap Tubal*

Hyglyw fanwl gelf enau, yw'r swynol
    Eirseinydd: holl gampau
Sŵn neu lais wnêl i oesau
Drwy'i enwog gorn ddidranc wau.

Un o'r Dorf

I ddawn rhoed yn ddynwaredydd di-goll
    Deg allu'r Geirseinydd:
I daw nid awn – wedi'n dydd
Y gwir lais ga'r ôl-oesydd.

Ap Celf

Y Geirseinydd gwir swynol – yw peiriant
    Parabl celfyddydol:
Arllwys doniau'r llais dynol
Yn bur wna heb air yn ôl.

Edison

Parablydd newydd o nod – gwir swynol
    Yw'r Geirseinydd hynod;
Un diwefus, didafod
A sŵn dyn o'i gorn sy'n dod.

Idris Hywel

Gwir oll, ddyfeisgar allu, – ti yn hwn
    Roist nerth i barablu:
Yn ddi-wall ef, yng ngŵydd llu,
Wnêl i feirwon lefaru.

Briglwyd

'Yr englyn gorau gennyf fi,' meddai Berw, 'ydyw un "Briglwyd".
Ond yn anffodus, y mae y llinell olaf wedi ymddangos mewn
englyn i'r "Ysgrifbin" ac yn eiddo cyhoeddus ers blynyddau.
Gresyn hynny hefyd oblegid y mae hi yn fwy llythrennol
gywir am y "Geirseinydd".' O ganlyniad ailddarllenodd englyn
'Idris Hywel', gan mai hwnnw oedd agosaf at 'Briglwyd'. Ond
ni chafodd ei foddhau, 'Gwan ydyw "hynod" yn yr ail linell
ac nid wyf yn hoffi "sŵn dyn" yn y llinell olaf'. Ataliwyd y
wobr.

Dim ond dau englyn a gyhoeddwyd ym meirniadaeth Berw. Codais y pump arall o'r *Geninen*, Cyfrol 18, 1900, cylchgrawn chwarterol cenedlaethol dan olygyddiaeth Eifionydd (John Thomas, 1848-1922). Ddechrau Awst bob blwyddyn, cyhoeddid *Y Geninen Eisteddfodol* 'yn cynnwys yn unig gyfansoddiadau buddugol mewn eisteddfodau' ledled Cymru. Mae'n ddiddorol nodi mai 'Geirseinydd' oedd testun yr englyn yn Eisteddfod Caerwedros, Ceredigion, y flwyddyn honno yn ogystal. Dyma'r englyn buddugol:

> Rhyw gywrain rodd ragorol – i'r oes hon
> Yw'r Geirseinydd hudol:
> Coeth leisiau flynyddau'n ôl
> Yn bur seinia'n bresennol.

Yr awdur oedd 'Tydu', pumed plentyn y Cilie. Dwy ar bymtheg oed ydoedd ar y pryd. Ni fu'r englyn yn y gystadleuaeth yn Lerpwl oherwydd nid yw ymysg y deg englyn a gyhoeddwyd yn *Y Geninen* ac fe gyhoeddwyd *Y Geninen Eisteddfodol* ryw fis cyn i'r Genedlaethol gael ei chynnal tua chanol Medi.

Eisteddfod Genedlaethol 1901: Merthyr Tudful

Ym Merthyr Tudful y cynhaliwyd y Genedlaethol yn 1901, rhwng y 6ed a'r 9fed o Awst. Testun anerchiad Watcyn Wyn i'r Orsedd ynddi oedd 'Eisteddfodau Merthyr Tudful yn ystod y Bedwaredd Ganrif ar Bymtheg'. Tua diwedd yr anerchiad dywedodd hyn: 'Yr ydym yn gweld yn hanes hen eisteddfodau Merthyr yma, mai deuddeg englyn yn fynych fyddai gofynion testun y Gadair; ac yn wir nid drwg y drefn'. Does fawr ddim yn newydd yn hanes eisteddfodau Cymru.

Wrth adolygu'r Eisteddfod fis Hydref 1901, meddai 'Pen y Darren':

Nid ydym wedi gweled dim o gynhyrchion yr eisteddfod hyd yn hyn, oddi wrth yr Englyn a'r Hir-a-thoddaid. Mae yr englyn yn un rhyfedd, a dweud y gwir, y mae ôl ymdrech galed a barddonol ar bob llinell ohono; ac y mae yn debycach i bedair llinell nag i un englyn. Mae y bardd yn ceisio dweud rhywbeth newydd bob llinell yn lle dilyn ymlaen nes rhoi un ochenaid lwythog i ni. Dyma y llinellau gwobrwyedig:

> Ochenaid, mud gloch ynom, – llewyg llef,
>   Sillgoll iaith pan waeddom;
> Ing enaid ddring ohonom
> Dros gloion drws calon drom.

Nid ydym yn hoffi 'y gloch'; nid yw yr 'ing' a 'dring' yn swnio yn dda; 'dros gloion' hefyd sydd ryfedd. Gan fod cymaint o ôl ymdrech arno yr ydym yn credu y buasai yn werth i'r bardd ymdrechu rhagor, a'i wneud fel hyn:

> Ochenaid, mud sgrech ynom, – llewyg llef,
>   Sillgoll iaith pan waeddom;
> Ing enaid bang ohonom
> Draws cloion drws calon drom!

Ychydig iawn o'r beirdd sydd yn gallu gwneud englyn da.

Yn *Y Geninen*, Hydref 1901, dan y pennawd 'Manion Eisteddfodol' ceir deunaw englyn arall a fu yn y gystadleuaeth yn ogystal â'r un buddugol. Disgrifiad 'Amos' o 'Ochenaid' ydi 'Ynganiad ing enaid yw', ac meddai 'Marah', 'tyst o friw/tost y fron grynedig'. Diffiniad 'Calon Friw' ydi 'Trom anadl ystorom enaid'. Yr englynwr buddugol oedd Gwilym ap Lleision, y Parchedig William Leyshon Griffiths (1863–1925), brodor o Fryn-y-groes, Cwmgïedd, Ystradgynlais. Treuliodd ei oes gyfan yng Nghwmgïedd ac yno y dechreuodd bregethu, ac wedi peth amser yng Ngholeg Caerdydd cymerodd ofal bugeiliol o'r eglwys y codwyd ef ynddi, sef Capel Yorath, capel y Methodistiaid Calfinaidd. Cofnododd Alun Llywelyn-Williams ei ymweliad â'r capel yn *Crwydro Brycheiniog*:

y mae'n werth troi i mewn iddo. Pan fûm i yno, yr oedd yr adeilad, yn ffodus, ar agor, ac euthum ar f'union i'r cyntedd. Ffenestri lliw, peth anarferol mewn capel, a dau dabled coffa ar y mur, y naill ohonynt i gyn-weinidog, y Parchedig William Leyshon Griffiths, Gwilym ap Lleision, '– gweinidog ffydd-lon, cynghorwr doeth, cyfaill cywir, athraw medrus yn y cynganeddion'. Dyna gynrychiolydd un agwedd ar y diwyll-iant lleol, bardd-bregethwr, gŵr a wnaeth lawer, gyda llaw, dros addysg oedolion yn y cylch hwn. Yr oedd yn englynwr pur fedrus yn ei ddydd.

Gweithiodd hefyd englyn 'O Flaen Bwyd'. Ei deitl gwreiddiol oedd 'I'w Osod ar Liain Bwrdd':

> Duw Iôr! gosod rhag eisiau – ar ein bwrdd,
>   Yn dirion bob rheidiau;
>   Ac yn uniawn, dysg ninnau
>   Fore a hwyr i'th fawrhau.

I goffáu'r cerddor adnabyddus J. T. Rees (1857–1949), y mae'r tabled arall yng Nghapel Yorath, Cwmgïedd.

Eisteddfod Genedlaethol 1902: Bangor

Darllenodd Watcyn Wyn ac Eifionydd, beirniaid yr englyn, tua thrigain englyn ar y testun 'Y Breuddwydiwr'.

'Y mae y testun yn un barddonol dros ben,' meddai Watcyn Wyn wrth agor ei feirniadaeth ysgrifenedig. 'Yr ydym yn synnu wrth ddarllen yr englynion fod y cystadleuwyr gymaint ohonynt yn lladd arno, ac yn ceisio gwneud gwawd ohono. Dangoswch i mi ddyn nad yw yn breuddwydio a minnau a ddangosaf i chwi ddyn nad yw yn meddwl.' Gosodwyd tri englyn ar ddeg yn y dosbarth blaenaf. Hoffodd y beirniaid dri englyn yn arbennig:

Dyn hapus y dawn hepian, – a bardd hud
    Yw'r breuddwydiwr diddan;
    Bu awr ei gwsg a'i bêr gân
    Ar obennydd oer Bunyan.

Cydol Gysgadur

Un wrth ei fodd yn rhith fyw, – deallol.
    Hunan-dwyllwr lledfyw;
    Y Breuddwydiwr – bardd ydyw
    Ysbryd ar ddisberod yw.

Y Bardd Cwsg

Eiddilaidd gwsg-feddyliwr, – un a wêl
    Mewn hun, a deffröwr
    Rhwng candryll gestyll ar gwr
    Broydd Hud, yw Breuddwydiwr.

Cybi

Brawddeg glo'r feirniadaeth yw: 'Y mae Eifionydd a finnau yn un dyn mewn barn, ein dau yn cytuno yn hollol i roi y wobr a'r clod i *Cybi*.' Dim ond beirniadaeth Watcyn Wyn a gyhoeddwyd. Yn rhifyn Hydref 1902 o'r *Geninen* cyhoeddodd y golygydd, Eifionydd, bum englyn arall o'r dosbarth blaenaf.

Gwydderig, Richard Williams (1842-1917), glöwr a bardd o Frynaman, oedd yn fuddugol, gan ailadrodd ei gamp yn Eisteddfod Genedlaethol Caernarfon yn 1894 gyda'i englyn ar y testun 'Yr Eiddew':

To ar fagwyr, tirf hugan – ar gaerau
    Gwyrog, a'r graig lydan;
    Urdd henaint ar ŵydd anian
    Yw gwyrdd glog yr Eiddew glân.

Mae'n rhaid bod Richard Williams yn hoff o gystadlu yn y Genedlaethol yn y gogledd. Gweithiodd englyn i'r 'Geirseinydd', testun yr englyn yn Lerpwl 1900:

Arf sŵn, ystorfa seiniau – y parabl,
   Peiriant adrodd geiriau
  Yw geirseinydd, cludydd clau
  I'r gân fel daw o'r genau.

Wn i ddim a oedd yn y gystadleuaeth ai peidio; nid oedd
ymhlith y deg englyn a gyhoeddwyd yn *Y Geninen*, Hydref
1900.

Pan glywir yr enw 'Gwydderig' daw dau o'i englynion
mwyaf adnabyddus i'r cof:

Dim

Hen hosan â'i choes yn eisie, – ei brig
   Heb erioed ei dechre;
  A'i throed heb bwyth o'r ede
  Hynny yw 'Dim' onid e?

Tŷ'r Cyffredin, 1911

Tŷ i hyrddod di-urddas – guro cyrn,
   Agor ceg ddibwrpas;
  Tŷ cnoi a thrin cethin cas,
  A llawr dyrnu lloi'r deyrnas.

Flwyddyn ynghynt roedd wedi disgrifio Tŷ'r Arglwyddi fel
hyn:

Tŷ'r Arglwyddi *fe fo fum*, – tŷ y gowt
   A gweilch *harum-scarum*,
  A dyma dŷ y *dum-dum*
  Dewr ffrindiau *referendum*.

Englyn arall diflewyn-ar-dafod yw 'Papur Enwadol', englyn
sydd â'i neges yr un mor berthnasol i ni heddiw hefyd:

Dalennau heb ddim dylanwad, – dim oll,
   Dyma yw fy mhrofiad,
  Mai hen lol mwya'n y wlad
  Yw prynu Papur Enwad.

Testun yr englyn oedd 'Fflam'. 'Y mae y testun eleni yn un pur newydd ac yn un lled anodd i wneud fawr ag ef mewn deg-sill-ar-hugain – y mae y beirdd megis rhwng y fflam a'r tân mewn lle poeth a chyfyng,' meddai Watcyn Wyn wrth agor ei feirniadaeth. Roedd ef yn un o dri beirniad yr englyn y flwyddyn honno – Dyfed a Berw oedd yn cydfeirniadu. Bu anghytundeb. Roedd Berw wedi gosod englyn 'Naturiaethwr' yn orau:

> Gwyllt yw'r Fflam, ond gwâr garchares, – heulog
>   Sylwedd, – byd weinyddes;
>   Elfen gain lifa'n gynnes,
>   Nwyol graid, – yn wawl, a gwres.

Cyn dod i'w benderfyniad dywedodd: 'Nid oes yr un o'r englynion hyn yn foddhaol iawn, er fod eiddo "Naturiaethwr" ac "Ephraim" yn dod yn lled agos i fod yn englynion ar y testun. Yn anffodus, y mae llinell olaf "Ephraim" yn ei andwyo ac am y rheswm hwn rhaid i mi roddi'r flaenoriaeth i "Natur-iaethwr".' Roedd 68 englyn yn y gystadleuaeth. Gosododd Berw II ar y blaen. Dim ond pump ohonynt oedd yn y dosbarth 'tecaf' gan Watcyn Wyn. A oedd ef wedi cynnwys beirniadaeth Dyfed yn ei un ysgrifenedig ef, tybed? Brawddeg olaf y feirniadaeth yw: 'Credwn, wedi cydmaru yr oll drosodd a throsodd mai eiddo "Ephraim" y dorch.':

> Nwy yn torri yn dân terwyn – yw'r Fflam,
>   Pan ddarffo'i lid ennyn;
>   Ufelawg arf deifiol gwyn,
>   Golosgiad yn gwawl esgyn.

Gwydderig oedd yr awdur! Am yr ail flwyddyn yn olynol fe enillodd wobr yr englyn. Yn ystod y ganrif pedwar englynwr arall yn unig wnaeth ailadrodd y gamp.

Fel bardd yr englyn y cofia llawer amdano. Yn *Y Geninen*, Ebrill 1903, cyhoeddodd bedwar englyn coffa i'r Dr Joseph Parry, y cerddor a fu farw yn 61 oed, 17 Chwefror 1903. Dyma'i englyn olaf:

> Athrylith wir i laith weryd – giliodd,
> Mae Gwalia mewn blinfyd;
> Ym marw hwn, am hir ennyd,
> Môr o gŵyn fydd Cymru i gyd.

Nodir yn ogystal yn *Y Bywgraffiadur Cymreig*: 'Dywedir iddo ef [Gwydderig] a Gurnos ddechrau paratoi geiriadur cynganeddol'. Gurnos oedd y Parchedig Evan Jones (1840-1903), prifardd y Gadair yn y Rhyl yn 1892. Brodor o Wernogle, Sir Gaer-fyrddin, ydoedd a bu'n gweinidogaethu gyda'r Annibynwyr a'r Bedyddwyr. Bu mewn sawl ardal yng Nghymru cyn derbyn galwad i fugeilio yn eglwys Annibynnol Llanbradach, Caerffili, yn 1900. Yno y bu farw ar 16 Rhagfyr 1903 a'i gladdu ym mynwent y Groes-wen, Caerffili.

Yn Eisteddfod Nant-y-moel, 1904, gosodwyd 'Beddargraff Gurnos' yn destun hir-a-thoddaid, a'r enillydd oedd Gwydderig. Dyma ddiweddglo'r pennill:

> Gurnos oedd, gwir hynaws ŵr, – ffraeth ei fin,
> Dyn hwyl y werin, ei doniol arwr.

Yn y Genedlaethol ym Mhwllheli yn 1955 enillwyd Gwobr Llandybïe am draethawd 'Bywyd a Gwaith Gwydderig', dan feirniadaeth Dyfnallt a J. Lloyd Thomas, gan John Jenkyn Morgan, Glanaman. Ei enw barddol oedd Glan Berach. Gweith-iodd Gwydderig englyn iddo flynyddoedd ynghynt:

> *I Glan Berach fel Photographer*
> Glan Berach bellach fydd byw – yn enwog
> Wawl lunydd digyfryw;
> Lluniedydd y lle hwn ydyw,
> Cymro hoff o'r Camera yw.

Yn 1959 cyhoeddodd Llyfrau'r Dryw, Llandybïe, *Detholion o Waith Gwydderig*, J. Lloyd Thomas, Pontardawe. Cyflwynwyd y gyfrol i Mrs Mary A. Jones, Johannesburg, a Mr J. Jenkyn Morgan – Glan Berach, yr olaf o'i hen gyfeillion agos. Erthygl sy'n taflu golwg ar sut y daeth y gyfrol i fod ydyw un gan Huw Walters, 'Ysgol y Gwynfryn a'r beirdd bregethwyr', *Barddas*, Rhifyn 280.

Yn *O Drum i Draeth*, cyfrol o ganu caeth Eifion Wyn, Gwasg Gymraeg Foyle, Llundain (1929), cyhoeddwyd pum englyn coffa i Gwydderig, a fu farw ar 30 Mawrth 1917. Dyma'r pumed englyn:

> Mae'i le'n wag, mae'i law yn wyw, – a'i wefus
> Heb ddigrifwch heddyw;
> Ond golud i'w dud ydyw
> Ei lin bert a'i englyn byw.

Eisteddfod Genedlaethol 1904: Y Rhyl

Dro yn ôl roedd gen i ddwy awr i'w lladd yn Aberaeron ac euthum i siop lyfrau ail-law, The Bookworm. Ynddi deuthum ar draws y gyfrol *Ffenestri'r Gair* gan y Parchedig D. J. Roberts, Aberteifi (Gwasg Gomer, 1963), sef detholiad o eglurebau'r 'Pulpud Cymraeg'. Wrth ei byseddu syrthiodd fy llygaid ar yr enw David Lewis (Dewi Medi). Darllenais eglureb o'i eiddo:

> I'r graddau y bo dyn yn sanctaidd y bydd dylanwad ei fywyd yn gryf er daioni. Mewn goleudai ar greigiau'r arfordir, gosodir llafn arian y tu ôl i'r lamp er mwyn taflu llewyrch ei oleuni ymhellach. Yn rhai o hen gapeli Cymru, gosodid uwchben yr areithfa astell a elwid yn astell atsain (*sounding board*) er mwyn taflu llais y pregethwr a'i wneud yn fwy hyglyw i gyrrau'r gynulleidfa. Llafn arian ac astell atsain yw sancteiddrwydd yng nghymeriad dyn, sy'n chwyddo ac yn lledaenu nerth ei ddylanwad er daioni. Lletyai Arglwydd

Rochester, yr anffyddiwr unwaith yn nhŷ Fenelon, yr Archesgob Ffrengig. Yr oedd hwn yn ŵr o ysbryd mor dduwiolfrydig ac o fuchedd mor bur nes ffoi o'r anffyddiwr oddi wrtho gan gyfaddef: 'os arhosaf gydag ef yn fwy, af yn Gristion gydag ef ar fy ngwaethaf'.

Dewi Medi, y Parchedig David Lewis, 1844-1917, Capel y Doc, Llanelli, oedd yn gyd-fuddugol ar yr englyn yn Eisteddfod Genedlaethol y Rhyl mewn cystadleuaeth a ddenodd 106 o ymgeiswyr. Y testun oedd 'Y Dwyreinwynt'.

Yn ein plith gronynnau pla, – oer anadl
 Y Dwyreinwynt leda;
 Dôl siriol dry'n Sahara,
 Darnio nerth gwŷr cedyrn wna.

Roedd y beirniaid, Elfed ac Eifionydd, ill dau yn gytûn ar y ddau oedd yn gyd-fuddugol. Disgrifia Elfed englyn 'Grongar' (Dewi Medi) fel: 'englyn crýno, cyfan ac yn ennill nerth hyd at y diwedd. Y mae cyffyrddiad tlws yn y drydedd linell, ac y mae'r olaf yn ddiweddglo cywir a grymus'. I gloi ei feirniadaeth eglurodd Elfed: 'Annifyr iawn yw rhannu gwobr yn enwedig ar englyn; ond dyna ymddengys i mi y peth tecaf rhwng y ddau hyn fel cystadleuwyr a rhyngom ninnau fel dau feirniad'.

Mae'r Genedlaethol bellach wedi datrys problem 1904; ni chaniateir i'r beirniad rannu'r wobr. Penderfyniad i'w groesawu.

O Frynmenyn, Pen-y-bont ar Ogwr, y daeth Dewi Medi, yn 1871, i weinidogaethu yng Nghapel y Doc (Annibynwyr), a bu yno am 46 blynedd. Bu farw ar 19 Ebrill 1917 ac roedd ei angladd yn un o'r rhai mwyaf a welwyd yn nhref Llanelli. Roedd 'Mr Lewis y Doc', fel yr adwaenid ef, yn uchel iawn ei barch yn nhre'r Sosban. Meddai Huw Edwards am Dewi Medi yn ei gyfrol *Capeli Llanelli* (2010), 'Mae'r enw ei hun yn dwyn i go' hud y bardd-bregethwr. Cyfaddefaf fy mod i yn ei gael yn un o gymeriadau mwyaf apelgar ein holl stori'. Mae'r newyddiadurwr-ddarlledwr yn cofio canu rhai o emynau i blant Dewi Medi yng Nghapel Bethesda, Llangennech, hanner canrif yn ôl. Caewyd Capel y Doc yn 2000. Flynyddoedd yn ddiweddarach cadwyd cymeriad allanol yr adeilad wrth ei droi yn wyth fflat. Dafliad carreg o'r lle mae Clos Dewi Medi.

Yn *Y Caniedydd* (1960) ceir naw o emynau Dewi Medi, ac un yn *Caniedydd yr Ifanc* (1980). Dewiswyd un o'i emynau i *Caneuon Ffydd*, 'Os Iesu Grist yn dlawd a ddaeth'. Yn *Y Geninen* cyhoeddodd y golygydd, Eifionydd (John Thomas, 1848–1922), nifer fawr o'i englynion. Dyma ddau:

Bwrdd yr Efengyl

I enaid ar newynu – er y bai
   Mae'r bwrdd wedi'i ledu;
  Yma'n llon y mwynha llu
  Friwsion o fara Iesu.

Ionawr 1895

Ar 20 Ionawr, 1901, bu farw'r Frenhines Victoria. Yn *Y Geninen Gŵyl Dewi* cyhoeddwyd englyn 'Marwolaeth y Frenhines' gan Dewi Medi:

Brenhines fawr, bri'n hynys fu, – a mwyn
   Fel mam yn teyrnasu:
  Er gwychedd teyrnedd bob tu,
  Ei gwerin oedd yn garu.

Yn gyd-fuddugol â Dewi Medi yn y Genedlaethol yn 1904 yr oedd Eifion Wyn (1867-1926): Dewi Medi yn ennill am yr unig dro ar yr englyn ac Eifion Wyn yn ennill am y tro cyntaf, ei fuddugoliaeth gyntaf allan o wyth. Dyma englyn Eifion Wyn:

Gwynt rhynnawg yn trywanu – hyd y mêr
   Gyda min heb bylu,
  Yw'r ias fain o'r dwyrain du –
  Lem, oer anadl i'm rhynnu.

Eisteddfod Genedlaethol 1905: Aberpennar

Yn yr Eisteddfod hon y beirniadodd John Morris-Jones yr englyn am y tro cyntaf yn y ganrif newydd. Ei gydfeirniaid oedd Berw a Jôb. Derbyniwyd 77 englyn ar y testun 'Yr Allwedd'. Ffugenw'r enillydd y flwyddyn honno oedd 'Llaes Gymun':

  Cudd riniwr ceuddor annedd, – i adfer
    Mynedfa, yw'r allwedd;
  Dry galon pob dirgeledd,
  A dyrys borth – ond drws bedd.

Eifion Wyn oedd yr awdur, ac yn ailadrodd llwyddiant Gwydderig ddwy flynedd ynghynt drwy ennill ar yr englyn ddwy flynedd yn olynol. Ai ef hefyd oedd 'Bardd Llys' yn y gystadleuaeth gyda'r englyn canlynol?

  I gloi drws, diogel ei dro – yw'r Allwedd
    Yn llaw trulliad effro:
  Moddion i'r neb a'i meddo
  I agor clwm cysegr clo.

Roedd Eifion Wyn yn amlwg yn cael blas ar gystadlu yn y Genedlaethol. '[Y]n 1900 penderfynodd roi cynnig ar yr awdl yn Eisteddfod Genedlaethol Lerpwl ar y testun "Y Bugail", gyda Berw, yr Athro John Morris-Jones a Thafolog [Richard Davies 1830–1904] yn beirniadu,' meddai Peredur Wyn Williams, ei fab, yn ei gyfrol *Eifion Wyn* (Gwasg Gomer,

1979). 'Mae'n hen hanes bellach fod y dorch yno rhwng dau, "Hesiod" (Pedrog) ac "Alun Mabon" (Eifion Wyn). Awdl "Alun Mabon" oedd dewis Tafolog ond eiddo "Hesiod" a ddyfarnai Berw a John Morris-Jones yn orau, a Phedrog felly a enillodd y gadair.' Meddai Peredur Wyn Williams ymhellach: 'Ystyriai llawer o'r "beirdd newydd" y dylai [Eifion Wyn] fod wedi ennill y gadair yn Lerpwl, ac yn ôl popeth a welais i, mae'r beirniaid llenyddol diweddar yn cytuno â hwy'.

Ni chynigiodd am y gadair byth wedyn. Ym Mangor, yn 1902 yr enillodd ei wobr gyntaf yn y Genedlaethol am ddeu-ddeg englyn ar y testun 'Yr Ardd'. Ymhen dwy flynedd wedyn yn y Rhyl enillodd yr un gystadleuaeth ar y testun 'Alawon Cymru', a bu hefyd yn gyd-fuddugol ar yr englyn. Aeth gam ymhellach yn yr eisteddfod hon, gan ennill eto ar y deuddeg englyn ar y testun 'Y Pellseinydd'. Enillodd hefyd am Gân Ddisgrifiadol, 'Dydd yr Eisteddfod'.

Bu'n cystadlu mewn eisteddfodau lleol a thaleithiol er pan oedd yn ddwy ar bymtheg oed. Gwelodd eu gwerth i ddat-blygu fel bardd cystadleuol. Y cofnod cyntaf ohono'n ennill gwobr oedd yn Eisteddfod y Calan, Porthmadog, yn 1884 am englyn ar y testun 'Yfory':

> Yfory blaengyfeiriol – yw'r geulan
>   I ddirgelwch hollol;
> Dydd a âd 'heddyw' o'i ôl –
> Daw o fyd y dyfodol.

Tinc o'r englynwr gafaelgar a oedd i ddod.

Am flynyddoedd lawer credwn mai englyn buddugol yn y Genedlaethol oedd ei englyn adnabyddus i'r 'Hebog', ond daeth goleuni ar y mater gan Peredur Wyn Williams:

> Roedd gan ei gyfaill Meuryn [R. J. Rowlands, 1880-1967] golofn i'r beirdd yn *Yr Herald*, yn cynnwys cystadleuaeth englyn ar destun o'i ddewis ef ei hun. Un wythnos y testun gosod oedd 'Yr Hebog'. Teimlai fy nhad fod rhyw apêl a

sialens yn hwn, ac aeth ati i lunio englyn iddo, o ran ymyrraeth. Credai ei fod wedi cael hwyl bur dda arno hefyd a dyma'r englyn a adroddodd i mi:

> Hed hebog fel dart heibio – a'i wgus
> Lygaid yn tanbeidio;
> Drwy y drain y dyry dro –
> Nid oes gân lle disgynno.

Ac yna meddai, 'Rydw i am anfon hwn i mewn i gystadleuaeth *Yr Herald* o ran hwyl i weld a wneith Meuryn 'nabod englyn da pan wêl o un'.

Gwelodd Meuryn ragoriaeth yr englyn ar unwaith, wrth gwrs, a rhoes ganmoliaeth uchel iddo, gan erfyn ar y buddugol i anfon ei enw i hawlio'i wobr o bum swllt. Bu raid i fy nhad ysgrifennu at Meuryn a chyfaddef wrtho mai ef oedd piau'r englyn, ac egluro iddo paham yr oedd wedi ei anfon i mewn. Ar yr un pryd erfyniodd arno i roi'r wobr i'r englyn nesaf ato. Rhyfedd meddwl fod yr englyn i'r 'Hebog', a gyfrifir yn un o'r goreuon yn yr iaith, wedi ei gyfansoddi ar gyfer pum swllt o wobr ac mewn ysbryd o ddireidi.

Eisteddfod Genedlaethol 1906: Caernarfon

'Cofiaf i Eifion Wyn ddywedyd wrthyf mai o'i is-ymwybyddiaeth y daeth englyn "Blodau'r Grug",' meddai ei gyfaill Harri Edwards yn ei erthygl goffa iddo yn *Y Geninen*, mis Mawrth 1927. 'Methai ganddo nyddu englyn er ceisio lawer gwaith, yn ôl y delfryd oedd yn ei feddwl, ond fore'r dydd olaf y gellid gyrru'r englynion i mewn at Eisteddfod Caernarfon, 1906, daeth yr englyn gwych uchod [isod] i'w feddwl pan oedd yn codi o'i wely yn union fel petai'n atgofio englyn oedd wedi ei ddysgu gynt'.

Tlws eu tw, liaws tawel, – gemau teg
  Gwmwd haul ac awel;
  Crog glychau'r creigle uchel,
  Fflur y main, ffiolau'r mêl.

Dyma englyn buddugol Caernarfon, 1906. Beirniadodd yr Athro John Morris-Jones, Berw a Machreth (J. Machreth Rees, Llundain, Prifardd y Gadair 1904) gant pedwar deg tri o englynion. Rhyngddynt, gosododd y tri beirniad bymtheg yn y dosbarth cyntaf a'r tri yn gytûn mai 'Blodau Mêl', 'Min y Mynydd', 'Blodeuyn', 'Gwrid y Graig' a 'Mab y Bryn' oedd y goreuon. Gosododd John Morris-Jones a Berw 'Grugog' hefyd yn eu dosbarth cyntaf. Er ei fod, fel y nodir ganddynt, yn '… rhy ddiweddar'. Ffugenw Eifion Wyn oedd 'Mab y Bryn'. 'Englyn disgrifiadol 'Mab y Bryn' a ystyriwn yn orau', meddai Berw. Barnodd Machreth mai '… y gorau yn ddiddadl yw 'Mab y Bryn'. Nid yw wedi dwyn enw 'Blodau'r Grug' i mewn a dichon y cyfrifa rhywrai hynny yn anaf arno. Ond disgrifia hwy mor gywir fel nas gall neb lai na'u hadnabod. Gwobrwyer ef'.

Cafwyd mwy o sylwadau ar yr englyn gan yr Athro John Morris-Jones:

> Y prydferthaf a'r mwyaf awenyddol ohonynt ydyw englyn *Mab y Bryn*. Hwn sy'n llwyddo orau i ddenu'r meddwl i gartref y grug, ac i ddwyn y blodau'n fyw ger ein bron. Ni chais eu lliwio ond efallai nad bai i gyd yw hynny; gellir ymddiried rhywbeth i ddychymyg y darllenydd, ac odid na chenfydd orlliw tyner y blodau yn well heb ei ddarfu gan baent rhy dew … Er fod yma amryw englynion eraill pur dda, nid oes yr un a gyffry'r dychymyg ac a lŷn yn y cof fel englyn *Mab y Bryn*.

Fe gynhyrfodd yr englyn y dyfroedd barddol. Yn ôl y beirniaid answyddogol, roedd tri chamgymeriad anfaddeuol ynddo: nid oedd ynddo ferf; nid enwodd yr englynwr y testun ac nid oedd sôn am liw'r blodau. Mae'n werth darllen ymdriniaeth

Peredur Wyn Williams o'r trafodaethau a fu wedi'r Eisteddfod: 'nid wyf yn credu bod yr helynt wedi gwneud y mymryn lleiaf o ddrwg i safle'r englyn fel un o oreuon yr iaith', dadleuodd.

Roedd gan Eifion Wyn englyn arall yn y gystadleuaeth a osodwyd ymhlith y pump gorau; fe'i cynhwysir yn y gyfrol *O Drum i Draeth* (1929):

> Fflur porffor maenor mynydd – yw y grug,
> Hil y gwres a'r stormydd;
> Twyni gwylltion y gelltydd,
> Rhuddaur haf ar ddaear rydd.

Fel y soniwyd eisoes, un o'r beirniaid oedd y Parchedig Jonathan Machraeth Rees (1856-1911), brodor o Lanfachreth, Meirionnydd, gweinidog gyda'r Annibynwyr a symudodd o eglwys Soar, Pen-y-groes, Gwynedd yn 1895 i Radnor Street, Chelsea, Llundain. Bu yno tan ddiwedd ei oes. Yn *Y Geninen*, Ionawr 1912, ceir ysgrif coffa iddo gan T. Talwyn Phillips, Y Bala. Meddai:

> Yr oedd ganddo gyfaill mynwesol o'r enw William Rees, yr hwn oedd yn glerc twrne yn Nolgellau, ac yn byw hanner y ffordd rhwng Dolgellau a Llanfachreth. Yr oedd y brawd hwn yn Ymneilltuwr goleuedig ac yn Ysgrifennydd Undeb Ysgolion Sabbathol Annibynwyr Dolgellau a'r cylch. Yr oedd William Rees yn fachgen darllengar, yn hoff o feddwl ac yn bersonoliaeth ddeniadol. Nid oedd wedi gwneud pennill nac englyn erioed, ond yr oedd yn meddu ar asbri awenyddol. Hoffai ddarllen a beirniadu barddoniaeth … Nid rhyfedd iddynt fynd yn gyfeillion. Yr oedd yr awen yn nheulu William Rees. Bûm yn nhŷ ei frawd dro yn ôl. Y mae ef yn fardd gwych iawn. Ei enw yw Griffith Rees (Gruffydd Fynach). Cyfansoddodd yntau, gyda'r lluaws, englyn i 'Flodau'r Grug' a chyfansoddodd englyn campus. Pa ryfedd, y mae yn byw yng ngwlad y grug, sef yn Nghwm Mynach ger Dolgellau. Mae'r blodau grug yn addurno y bryniau o'i gwmpas ac yn cerdded hyd at drothwy ei ddrws. Dyma'r englyn:

Blodau'r grug, gemog hugan, – liw'r perlau
  Ar lawr parlwr Anian;
  Ar eu copa eurog gwpan
  A diliau mêl hyd eu dail mân.

Ni ddarfu iddo ei yrru i'r gystadleuaeth: 'cafodd ras ataliol' i beidio gwneud hyn: trwy hynny arbedodd lawer o boen iddo ei hun a llawer o drafferth i eraill. Pe wedi ei yrru i'r gystadleuaeth, a cholli efallai y llwyddai ar unwaith i gyhoeddi ei hun ei fod wedi cael cam dirfawr ac yr elai ar fyrder at y gorchwyl mawr o argyhoeddi cenedl gyfan o'r anghyfiawnder a wnaed ag ef yn eisteddfod 'Blodau'r Grug'. Yn awr mae Gruffydd Fynach yn bur sicr, pe yn y gystadleuaeth, y byddai hefyd yn fuddugwr; ac y mae yn nodedig o hapus a theimla yn berffaith garedig tuag at awdur buddugol yr englyn 'Blodau'r Grug'.

A sôn am y teitl 'Blodau'r Grug', fe gyhoeddodd Meuryn englyn ar yr un testun yn *Y Geninen*, Ionawr 1912:

Wele uchod fân flodau – îr y grug
  Ar war gref y bryniau;
  Ceir eu pinc ar y ponciau
  A gwŷdd amdano'n amgáu.

Am y drydedd flwyddyn yn olynol, fe enillodd Eifion Wyn ar yr englyn yn y Genedlaethol. Mae'n wir mai cyd-fuddugol oedd yn y Rhyl 1904; enillodd yn 1905 a 1906. Rhaid oedd aros tan ddiwedd y ganrif i weld ei record yn cael ei thorri.

Eisteddfod Genedlaethol 1907: Abertawe

Y ddau feirniad ar yr englyn oedd Pedrog (John Owen Williams, 1853-1932) ac Elfyn (Robert Owen Hughes, 1858-1919), dau brifardd y gadair, a'r ddau'n beirniadu'r englyn am y tro cyntaf. Y testun oedd 'Cyfarchiad Nadolig'.

Darllenais y 99 o englynion a ddaethant i law, ond methais gael un rhagorol ohonynt oll. Dylai englyn ar y fath destun, ac mewn Eisteddfod Genedlaethol fod yn gyfryw ac a argraffai ei hun ar y meddwl yn rhwydd. Er fod yma lawer cyfansoddiad yn cynnwys rhyw linell darawgar neu syniad da, nid oes yma englyn cyfan, gloew a diamheuol dda drwyddo. Er fy ngofid, rhaid i mi ddweud nad wyf yn cael yma yr un englyn teilwng o'r wobr.

Dyna feirniadaeth Pedrog yng nghyfrol y *Cyfansoddiadau*. Pedair brawddeg a gafwyd ganddo!

Cafwyd beirniadaeth hwy o lawer gan Elfyn. Mae'n trafod y pum englyn sy'n ei blesio fwyaf. Un gan 'Eifion':

> Dyddiau o'r mwyniant diddig, a'r heddwch
> Arwydda'r Nadolig
> Fo dy ran, a chofia drig
> Wael yr isel a'r ysig.

Amheuai'r beirniad briodoldeb y gair 'trig' fel enw. Eglurodd Elfyn: 'Yr un yw ymgais "Eifionwr" gyda'r eithriad o'r llinell olaf: Yr henwr tlawd a'r unig,' sylwodd y beirniad. Dyma englyn 'Olo mae Ulw':

> O'r gwynfyd hyfryd mewn hwyl – y delo
> Nadolig i'th breswyl;
> Gwawr y nef ddygo'r hen ŵyl
> I'th wên, gydymaith annwyl.

Ni ddywedodd air am hwn yn ei feirniadaeth. Ond fe feirniadodd englyn 'Dyna Fe':

> Dan fwynhad nef-anedig – O, llonned
> Llawenydd gwefredig,
> Chwychwi'n dda; iachewch hen ddig
> Yn swyn diloes Nadolig.

'Nid yw "llonned llawenydd" yn ddim ond rhywbeth tebyg fel pe dywedasid "gogonedded gogoniant". Buasai "llawned llawenydd" ryw fymryn yn well. Go sâl yw "chwychi'n dda". Rhaid i hwn aros yn ôl,' meddai Elfyn.

Meddai am englyn 'Llais Llwchwr' wedyn: 'ni ddeil hwn eto nemawr ganmoliaeth':

> Di-alar ŵyl Nadolig – a gaffoch
> Ac hoffus galennig;
> Duw Iôn gadwo'n gaeedig
> Eich aelwyd iach uwchlaw dig.

A oedd Eifion Wyn wedi cystadlu? Mae lle i feddwl hynny oherwydd yn y gyfrol *O Drum i Draeth* ceir chwe englyn Cyfarchiad Nadolig. Dyma'r pumed:

> Ŵyl annwyl y Gelynnen! – i d'aelwyd
> Y delo yn llawen
> Ŵyl Iesu ac Elusen!
> Aed dy rodd i'r tlawd a'r hen.

Peidiwn ag anghofio i Eifion Wyn grybwyll y Nadolig yn ei awdl 'Y Bugail', 1900:

> Hwynt-hwy'n wir welsant y nef – yn agor
> Gan fynegi tangnef;
> A'i llu'n wynlliw, yn unllef,
> Yr un nos â'i Seren Ef.

Apeliodd trydydd paragraff beirniadaeth Elfyn ataf yn fawr: 'Nid oes yn yr englynion ddim donioldeb gyda'r ŵydd, y cyflaith y pwdin, etc. Mae'n iawn i'r ymgeiswyr feddwl fod ymddonioli gyda phethau o'r fath yn gabledd ar yr hyn a elwir yn "urddas" yr Eisteddfod Genedlaethol. Ond buasai un englyn chwareus a chofiadwy yn werth y dwsinau sydd o fy mlaen.'

Eisteddfod Genedlaethol 1908: Llangollen

Awdur 'Cipdrem ar Eisteddfod Genedlaethol 1908' yn *Y Geninen*, Hydref 1908 oedd 'Llais Uwch Adlais'. Yn ei erthygl mae'n gofyn:

> Beth am y cynnyrch llenyddol? Digwyddodd un peth go' ryfedd. Y bardd a ddyrchafwyd i'r Gadair oedd Y Parch J. J. Williams, Cwm Rhondda; a'r bardd a gipiodd y Goron oedd ·y Parch H. Emyr Davies, Pwllheli; ac onid y ddau hyn aeth â'r naill wobr a'r llall yng Nghaernarfon ddwy flynedd yn ôl? Parodd eu buddugoliaeth gyntaf rwy'n cofio, gryn dipyn o syndod, canys ni wyddai y byd fawr amdanynt cyn hynny. Ni freuddwydiodd neb eu gweled yn ailfeddiannu y prif lawryfon mor fuan, a hynny yn yr un eisteddfod. Clywais edliw na feddant ffugenwau. Os ânt ymlaen fel hyn bydd yn rhaid eu galw yn *Heavenley Twins* yr Eisteddfod.

Mae gen i ddiddordeb yng ngwaith y ddau brifardd. Bu'r Parchedig J. J. Williams (1869-1954) yn Weinidog Capel Moreia (A) Rhymni rhwng 1897 a 1903. Fe'i dilynwyd gan y Parchedig Fred Jones (1877-1948), yr hynaf o fechgyn y Cilie. Bu'r Parchedig H. Emyr Davies (1878-1950), gweinidog (M.C.) yn gweinidogaethu ym Mheniel, Llanddona, Ynys Môn o 1920 hyd 1929. Bu farw yn Llandegfan, Ynys Môn, 21 Tachwedd, 1950.

Yn ddiweddarach yn ei erthygl mae 'Llais Uwch Adlais' yn egluro: 'Eifion Wyn aeth â'r wobr am yr englyn "Gwrid", er bod 86ain yn cystadlu.' Nid yw'r awdur yn nodi'r ffaith mai Eifion Wyn a enillodd gystadleuaeth yr englyn yng Nghaernarfon 1906 gyda'i englyn adnabyddus 'Blodau'r Grug'. Dyma'i englyn buddugol yn Llangollen:

> Angerdd haf ieuangrwydd yw – y gwrid teg,
>   Gwawr tân y serch ydyw;
> Urdd bonedd ar rudd benyw,
> A chochwaed balch iechyd byw.

Y Parchedig J. T. Job (1867-1938), Prifardd y gadair a'r goron yn y Genedlaethol oedd y beirniad. Roedd gan Eifion Wyn, yn ôl ei arfer, englyn arall i mewn yn y gystadleuaeth:

Goch y gwin, wyt degwch gwedd; – ton y gwaed,
    Ystaen gwg a chamwedd;
Morwynol fflam rhianedd –
Swyn y byw – rhosyn y bedd.

Cofnododd yr awdur yn ei lyfr nodiadau: 'I hwn y rhoiswn i y wobr – yn ddibetrus'. Barn Job arno oedd mai englyn pur gyflawn a barddonol ydoedd, yn enwedig 'goch y gwin'. Nid oedd yn hoffi y gair 'ystaen' i ddisgrifio gwrid. Sylw un gohebydd ar y mater oedd, 'Mae'n wir bod y nodiad ar y gair "ystaen" yn taro dyn fel hollti blewyn, rhywbeth er mwyn peidio rhoi'r englyn ar y blaen … A gŵyr y cyfarwydd y rhaid inni roi rhywbeth yn ffafr y cynganeddwr ambell dro, yn enwedig felly lle bo'i gynghanedd yn awgrymu cymaint ag y mae'r uchod.'

Fel llawer un arall yn dilyn yr eisteddfod fe gyhoeddodd Eifionydd (John Thomas, 1848-1922) yn rhifyn Hydref *Y Geninen* 1908 mai'r englyn uchod a osodwyd yn gyntaf! Dyma'r englyn a lynodd ar gof gwlad. Barn Machreth, beirniad yr englyn yn 1906 oedd: 'Yn fwy anfarwol na hyd yn oed englyn "Blodau'r Grug".' Mae'n dyfynnu yr esgyll gan ddweud ei fod yn fwy na gwerth ugeiniau o awdlau.

Ar gyfer ei gyfrol *Blodeugerdd Rhydychen o Farddoniaeth Gymraeg* (1962) dewisodd Thomas Parry (1904-1985) dri englyn gan Eifion Wyn, 'Yr Hebog', 'Blodau'r Grug' a 'Gwrid' a ddaeth yn ail yn Llangollen. Mae'n siŵr bod gan Eifion Wyn le cynnes yn ei galon at y dre. Nid yn unig y bu iddo gael clod am ei englynion a yrrodd i'r Genedlaethol 1-5 Medi, 1908, ond mis Ionawr 1895 enillodd gadair yr eisteddfod leol am awdl ar 'Owain Glyndŵr'. Dyma englyn o'r awdl:

Cyhyrog ŵr fel craig oedd, – ar gyfer
  Gofyn yr amseroedd;
Un wnâi lewion o'i luoedd,
Gwron o flaen utgorn floedd.

Eisteddfod Genedlaethol 1909: Llundain

Am y trydydd tro mewn deg eisteddfod fe ataliwyd y wobr
yng nghystadleuaeth yr englyn! Nid ailadroddwyd y record.

O fewn chwarter canrif dyma'r eildro, a'r tro olaf, i'r
Genedlaethol fod yn Llundain, neu Gaerludd fel y nodir ar
glawr cofnodion a chyfansoddiadau, 1887. Testun yr englyn
yn honno oedd 'Y Cerflunydd', a'r wobr yn bum punt a
Bathodyn Arian. Beirniadodd Elis Wyn o Wyrfai, Tafolog a
Dyfed gant tri deg englyn. Meddai Elis Wyn: 'Disgwylid cael
"gem" o englyn am y fath wobr, ac ar y fath destun. Ond nid
oes un yma o gwbl'. Cofnododd Dyfed yntau: 'Nid oes yma
un englyn difrycheulyd, er fod yma amryw yn cynnwys traw-
iadau gwychion. Dylai englyn am wobr mor eithriadol fod yn
gyfryw ag a hawliai le dihareb. Barnwn yn gydwybodol nad
oes un ohonynt yn cyflawn haeddu y wobr'. Roedd Berw am
wobrwyo 'Maen o'r Mur':

Arflenawr yw'r Cerflunydd, – a'i wyddiant
  Cydwedda'i law gelfydd;
Bardd anian ar bur ddeunydd
A'i hoff aing, yn creu drwy ffydd.

Dim ond nodi ei fod yn un o dri englyn ar y blaen i'r
gweddill a wna Elis Wyn o Wyrfai. Mae Dyfed yn ei osod yn
yr hanner dwsin gorau. Meddai amdano: 'Nid oes ynddo un
drychfeddwl barddonol disglair. Anhapus hefyd yw ei ddiwedd
… cynghanedd eiddil ydyw wedi'r cwbl. Ond o'm rhan fy
hun aed y gynghanedd gyda'r gwynt os ceir drychfeddwl da.
Ond sut mae Cerflunydd yn "creu trwy ffydd"?'

29

Ond canmol a wnaeth Berw er nad oedd yn hapus gyda 'arflenawr'. Ar ôl ei ddarllen a'i ddarllen daeth i'r casgliad '[ei] fod yn un o esiamplau englynol gorau a feddwn o "lawer mewn ychydig". Y mae yn ddarnodiad cyflawn a barddonol o'r hyn ydyw Cerflunydd'. Roedd yn fodlon ei wobrwyo.

Tri beirniad a gafwyd yn 1887, ond dau a gafwyd yn 1909, sef yr Athro John Morris-Jones a'r Parchedig J. J. Williams. Roedd y ddau'n cyd-feirniadu'r awdl, y cywydd, pum hir-a-thoddaid a'r englyn. T. Gwynn Jones a enillodd y gadair am ei awdl 'Gwlad y Bryniau'; Alafon (Owen Griffith Owen, 1847-1916), Ysgoldy, Plwy Llanddeiniolen, Gwynedd a enillodd ar y cywydd i 'Fynachlog Ystrad Fflur'. Eifion Wyn a gipiodd y wobr o ddeg punt am y pum hir-a-thoddaid i goffáu pum Cymro amlwg yn eu dydd.

Testun yr englyn oedd 'Cennin Pedr', a'r wobr yn ddwy bunt − y Cymry yn Llundain wedi dibrisio'r englyn ers 1887! Beirniadwyd 89 o englynion ac fe ataliwyd y wobr. Agorodd y ddau eu beirniadaeth ar y pryd: 'Darllenasom hwynt yn gyntaf bawb ar ei ben ei hun, fel arfer; a chan nad allai'r un ohonom ganfod yn y pentwr englyn digon rhagorol a digon difai i'w ystyried yn englyn y flwyddyn, cyfarfuom er chwilio ynghyd am y trysor; eto nis cawsom'. Gosodwyd chwe englyn ar y blaen:

A'i chrog aur gloch ar gwr glyn − cun wena
        Cenhinen Pedr, dillyn
    Haf ernes, tirf lathr estyn
    Ei brig hardd trwy'r barrug gwyn.

Min y Ffordd

Gŵyl addurn teg weirgloddiau, − hil îr Mawrth,
        Fflur mêl ac eurglychau,
    Yw'r cennin pur, cawn i'n pau
    Hoen y gwanwyn o'u gwenau.

Ar y Maes

Dduwies hardd diddos erddi, – hudoled
    Eilun Mawrth a'i lwyni –
    Fe daenodd Gwawlfyd inni
    Luwchiad aur am dy gloch di.

Y Blodeuyn Olaf

Eurfrig teg ar farrug twyn, – O, hardded
    Eu hirddail lluoslwyn,
    Sêr gweunydd – croeso'r gwanwyn –
    Blodau aur Mawrth belydr mwyn.

Cymro a'u câr

Ŵyl Dewi y blodeuant, – felynaf
    Lwyni'r lawnt a'r gobant;
    Cnu'r aur uwch cen yr ariant
    A chennin serch hen hen sant.

Mab y Pant

Tlysau y rhydau rhedyn – yw cennin,
    Llu cynnar y dyffryn;
    Rhyw filoedd o aur-felyn
    Gwpanau ar gloddiau'r glyn.

Min yr Allt

Beirniadwyd 'Min y Ffordd' ac 'Ar y Maes' am fod yn eu henglynion 'atsain gwan' o englyn 'Blodau'r Grug'. Roeddent hefyd, yn ôl y beirniaid yn llusgo'r '… awen megis gerfydd ei chlust'. Trwsgl iawn oedd trydedd llinell 'Min y Ffordd', ac roedd ôl saernïo llafurus arni, gyda'r ymadrodd 'Cymro a'u câr' tua'r diwedd yn amwys a beius. Wrth drafod englyn 'Mab y Pant' eglurodd y beirniaid fod 'gormod o bethau amheus' yn ei englyn i deilyngu'r wobr, e.e. hawl y bardd i gysylltu'r blodau yn ei ddychymyg â serch y sant. 'Nid â'r neilltuol ond â'r cyffredinol y mae a wnelo barddoniaeth medd yr awdurdod uchaf ar y mater,' oedd sylw'r ddau.

Canmolwyd esgyll 'Min yr Allt' fel yr un 'symlaf a llithricaf' yn y gystadleuaeth. 'Buasai'n dda gennym allu gwobrwyo hwn pe na bai ond fel protest yn erbyn y gosodiad mympwyol na thâl ond cynghanedd groes i gloi englyn,' eglurodd y beirniaid.

31

Ond y paladr oedd yn fyr o'r nod; ei amwysedd yn fai. Trafodwyd yn fanwl 'rhydau'. Cyngor y ddau feirniad i 'Min yr Allt' oedd ailgaboli'i englyn. 'Nid yw englyn 'Cennin Pedr' eto wedi ei sgrifennu', oedd brawddeg glo'r feirniadaeth.

Yn *Y Geninen*, Hydref 1910, cyhoeddwyd englyn gan Dewi Gwernol i'r 'Cennin Pedr':

> Cynarol hardd sirioli – daear maent,
>   Ystôr mêl a thlysni –
> Blodau aur sy'n gwblhad i
> Swyn ac urddas ein gerddi.

Hanner canrif yn ddiweddarach, roedd y Parchedig W. Rhys Nicholas (1914-1996) yn cyhoeddi englyn i'r 'Daffodil' yn *Awen Aberteifi* ac yn adleisio llinell olaf Dewi Gwernol:

> Swyn ac urddas ein gerddi, – a'r arwydd
>   O'r hiraeth am Ddewi;
> Tir anial sy'n tirioni
> O dan wên ein blodyn ni.

Eisteddfod Genedlaethol 1910: Bae Colwyn

Am y tro cyntaf yn ei hanes, ymwelodd y Genedlaethol â Bae Colwyn neu 'Colwyn Bay' fel y nodir ar glawr y cofnodion a chyfansoddiadau yr Eisteddfod. 'Eisteddfod Glan y Môr' yw ei theitl yn *Y Geninen*, Hydref 1910. 'Llais Uwch Adlais' oedd awdur yr adroddiad amdani yn y cylchgrawn chwarterol. Testun yr englyn oedd 'Y Wawr', ac meddai'r 'Llais': 'O fysg 153 o englynion i'r Wawr ni chafwyd un yn deilwng i'w wobrwyo. Ymbalfalu yn y tywyllwch yr oeddynt i gyd meddai Dyfed.'

Yn ei feirniadaeth swyddogol dywedodd Dyfed, yr Archdderwydd ar y pryd, mai cystadleuaeth 'eithriadol o wan' a gafwyd. 'Testun tlws er mai camp yw gosod allan ei brydferthwch mewn pedair llinell,' ychwanegodd. Dywedodd y drefn wrth yr englynwyr am ddefnyddio 'ffigyrau carbwl, iaith gloff, hen linellau penwyn a syniadau digrif yn sarhad ar y Wawr'. Cynghorodd nifer ohonynt i astudio'r grefft o englyna am rai blynyddoedd cyn anturio i gystadleuaeth yr englyn yn y Genedlaethol. Ei linyn mesur wrth ddod i benderfyniad i atal y wobr oedd fod yn rhaid i englyn fod yn 'berl caboledig, yn cymell ei hun i feddwl a chalon gwlad'.

Cydfeirniaid Dyfed oedd Pedrog a Berw. Barn Pedrog oedd: 'Mae lliaws o'r englynion hyn yn cynnwys syniadau da, ond heb eu cyfleu yn effeithiol; eraill yn meddu llinell neu ddwy'n ganmoladwy ond yn ddiffygiol yn y gweddill'. Un o'r rheiny oedd englyn 'Ehedydd', gyda'r ail linell drawiadol, 'Baddon aur boreddydd'.

Yn *Y Geninen*, Hydref 1910, cyhoeddwyd pedwar englyn a fu yn y gystadleuaeth. O ddarllen y beirniadaethau, roedd y pedwar ymhlith y goreuon. Dyma'r englynion:

Gwawl don ar draeth nos lonydd, – a'i llewyrch
   Yn lliwio'r wybrennydd –
  Têr ogoniant ar gynnydd
  Yw'r gannaid Wawr, a gwên dydd.

                                             Boreugodwr

Holodd Pedrog pam y bu i'r bardd ddefnyddio 'nos lonydd'. Dywedodd fod yn yr englyn gyffyrddiadau rhagorol. Gosododd Berw ef ymysg yr 'englynion digon naturiol' ond heb ddim o 'werth parhaol' ynddynt:

A! Wawr gain, beth mor gynnar? – newydd yw,
   Gwên addewid hawddgar,
  Eilwen dawel i'n daear,
  Bywyd cerdd: pob da a'i câr.

                                             Mwyalch

Englyn da, yn ôl Dyfed, er yn agor yn wan. Mae'n tynnu sylw yn ei feirniadaeth at y llinell olaf drwy ddweud mai geiriau llanw yw 'pob da a'i câr'.

> Amlwg nef yw'n mhlygain nos – araul wawr,
> Gwybr o liw marwydos;
> Lleufer haul fel llif o nos;
> O'r deffroad ffy'r eos.
>
> *A'r Bore a Fu*

'Llinell dlos yw y drydedd,' meddai Dyfed. 'Gallesid gwell gair na "marwydos" i osod allan ogoniant y wawr.' Daliai Pedrog 'blygain nos' yn 'ddrwg' a gwelai'r llinell olaf 'yn rhy ddi-bwynt'. Plesiwyd Berw hefyd gan y drydedd linell ond dywedodd fod y llinell olaf yn difetha'r cyfan. 'Gymaint yn well yw syniad y Salmydd am y bwystfilod rheibus yn "gorwedd yn eu llochesau"!'

> Cusan byw'r huan i'n bröydd – yw'r Wawr,
> Hardd wrid bore newydd;
> Gwawl ydyw'n tanio'r gwledydd,
> Ac iach wên Duw'n cychwyn y dydd.
>
> *Aurora*

Dim ond ei restru ymhlith ffugenwau'r goreuon, dau ar bymtheg ohonynt, a wnaeth Dyfed. Ei osod gyda 'Boreugodwr' a 'Mwyalch' a wnaeth Berw. Rhestrwyd ef ymhlith y rhai oedd cynnwys 'rhyw bwyntiau da' gan Pedrog. Roedd gan yr awdur dri englyn yn y gystadleuaeth.

Yr englyn mwyaf gwreiddiol o ran dychymyg yn y gystad-leuaeth oedd un 'Derinos', sef y Parchedig J. J. Williams, Porth, y Rhondda bryd hynny. Prifardd y Gadair 1906 a 1908. Dyma'r englyn:

> Mun wen yn ymunioni, – a'r awel
> Ym modrwyau'i thresi;
> A lliw teg ei heurwallt hi
> Leinw'r glyn â'r goleuni.

Y mae sŵn awen dyner ynddo, yn ôl Dyfed, ond ychwanegodd, 'Pe na roddid testun uwch ei ben, camp i'r un dewin fyddai dweud beth yw y gwrthrych'. Y gynghanedd oedd yn gyfrifol am 'â'r goleuni' yn hytrach nag 'â goleuni' yn y llinell olaf. Yn ôl Pedrog, nid oedd y paladr cystal â'r esgyll ac nid oedd yn gwbl hapus efo'r gair 'awel'. Ei restru ymhlith y tri dwsin gorau a wnaeth Berw.

Ai englynwr o flaen ei oes oedd 'Derinos'? Am yr ail flwyddyn yn olynol, ataliwyd y wobr. Dyma'r unig dro iddo ddigwydd yn ystod y ganrif. Cyfnod llwm iawn yn hanes yr englyn yn y Genedlaethol oedd 1907-1910. Dim ond yn 1908 y cafwyd enillydd, sef Eifion Wyn gyda'i englyn 'Gwrid'. O ddarllen ei gyfrol, *O Drum i Draeth*, sylweddolais mai ef hefyd oedd 'A'r Bore a Fu' a 'Trwy y Dellt' ym Mae Colwyn, 1910. Gweithiodd saith englyn i gyd at y gystadleuaeth!

Eisteddfod Genedlaethol 1911: Caerfyrddin

'Gwnaeth Dyfed orchest yn wir – lluniodd englyn na ellir ei ddeall hyd yn oed er ymgynghori â geiriaduron. Gwyrdrôdd yr iaith; tywyllodd synnwyr; canodd i "Ddail yr Hydref" heb sôn am eu lliw, na'u cwymp ac enillodd.' Yn syn ei drem y caeodd Eifion Wyn ei lythyr i'r *Brython*, 31 Awst 1911. Ysgrifennodd y llythyr oherwydd i Job a Berw benderfynu mai englyn Dyfed (y Parchedig Evan Rees, 1850-1923) oedd y gorau allan o 157 yng nghystadleuaeth yr englyn ar y testun 'Dail yr Hydref'. Dyma'r englyn:

> Hydref ddail, dorf eiddilaf, – syn eu trem
> Yn sŵn troed y gaeaf;
> Treuliant eu horiau olaf
> Ar ingol ddôr angladd haf.

'Y mae'r gystadleuaeth yn dynn iawn rhwng "Bardd y Llwyn", "Coel Hen", "Midrib", "Math" a "Dan y Derw" –

ac yn arbennig rhwng y tri olaf,' meddai Job, a oedd wedi gosod yr englynion mewn pum dosbarth! Roedd ugain ganddo yn y pumed dosbarth a 43 yn yr ail. Rhannodd y dosbarth cyntaf yn ddau, 'a' a 'b' gan osod deg englyn yn nosbarth 'b', a phump yn nosbarth 'a'. Dyma gynnig 'Midrib':

> Dail o gyfrol hudolaf – holl anian
> A'i llwyni teleidiaf;
> A gwywol law y gaeaf
> Wedi'u rhoi yng ngwaed yr Haf.

Canmolodd yr esgyll am mai yn hwnnw yr oedd ergyd fwyaf barddonol y gystadleuaeth, ond 'diafael' oedd y paladr yn ei dyb ef. Ymlaen wedyn at englyn 'Math':

> Is crynnol ias y crinwynt, – lliw oedran
> Sydd fel lledrith arnynt;
> Cawodydd aur coedydd ŷnt,
> Adgof oediog haf ydynt.

Plesiwyd Job gan yr englyn hwn ac fe'i canmolodd yn hael: 'Englyn rhagorol yw'r eiddo *Math*, yn enwedig ei linell olaf ... O bosibl ei fod yn fwy disgrifiadol nag eiddo'r un sy'n ei ddilyn ('Dan y Derw'), ond nid mor drawiadol â hwnnw o dipyn'.

Dyfed oedd 'Dan y Derw'. Eglurwyd bod yr englyn yn un gwir farddonol er bod amheuaeth am briodoldeb 'dôr angladd' yn y llinell olaf. I mi, beirniadaeth chwit-chwat yw un Berw. Sylwadau cyffredin iawn a geir ganddo. Y mae'n rhestru'r ugain englyn sydd orau ganddo ac fe'i cafodd hi'n anodd penderfynu rhwng tri neu bedwar o'r rheiny, sef 'Patmos', 'Midrib', 'Math' a 'Dan y Derw'.

Dyma englyn 'Patmos':

> Tlysau gwywiant i lys gaea'; – cur coed
> Yn creu cain arlunfa;
> Lliw marwor lle mae eira,
> Ac olaf swyn clwyfus ha'.

Wedi tueddu'n betrusgar tuag at englyn 'Dan y Derw', bu'n rhaid i Berw gael gair â'i gydfeirniad. Ar ôl ymgynghori a sylweddoli bod Job wedi dewis englyn 'Dan y Derw', sef Dyfed, teimlai Berw'n hapusach a chytunodd i wobrwyo'r Archdderwydd. Y tro cyntaf a'r tro olaf i'r Archdderwydd yn y swydd ennill yr englyn? Yr hyn oedd wedi poeni Berw am yr englyn oedd yr ymadrodd 'dôr angladd'.

Sylw Eifion Wyn yn ei lythyr oedd:

> Does dim amlycach na bod Berw yn gwobrwyo'r englyn yn groes i'w farn oreu. Ond paham? Pa reidrwydd oedd arno i wobrwyo englyn oedd yn cynnwys ymadrodd a barai iddo bryder a chanddo ugain yn y dosbarth blaenaf … Ni welaf i un math o reswm dros y peth, na rheswm ychwaith dros i feirniad mor ystyrbwyll â Berw ymostwng i farn beirniad mor *erratic* â Job.

Erfyniodd Eifion Wyn ar i Job gyhoeddi ei feirniadaeth rhag blaen! Nid oedd cyfrol y Cyfansoddiadau a'r Beirniadaethau i'w chael bryd hynny ddiwedd wythnos yr Eisteddfod. Ni ddaeth y drefn honno i fod tan Eisteddfod Caerdydd, 1938.

Beth aeth drwy feddwl yr englynwr o Borthmadog pan ddarllenodd feirniadaeth Job wythnosau yn ddiweddarach, a sylwi i'r beirniad osod tri o'i englynion yn y dosbarth cyntaf, sef 'Bardd y Llwyn', 'Coel Hen' a 'Math'? Dyfynnwyd un 'Math' yn barod. Dyma un 'Bardd Y Llwyn':

> Crin ydynt, ddail crynedig – yr Hydref,
>   Crwydriaid maes a choedwig;
>   Hud-gawodau gwywedig,
>   Myrddiwn oer murddun y wig.

A dyna un 'Coel Hen' wedyn:

> Ruddliw, iasoer ddail ysig – acw hongiant
>   Hyd y cangau'n unig;
>   Tw crin ydynt, crynedig,
>   Cawodau aur coed y wig.

Sylwer fod 'crin ydynt' yn y ddau englyn uchod a 'cawodau aur' yn yr englyn ail orau y gystadleuaeth.

Cymydog agos i Thomas Richards (1883-1958), y Wern, Llanfrothen oedd Peter M. Roberts, y gof lleol. Meddai Marian Elias Roberts, wyres Thomas Richards, yn ei rhag-ymadrodd i'r gyfrol *Y Ci Defaid ac Englynion Eraill*, englynion a cherddi ei thaid: 'Gŵr swil a distaw oedd y gof. Nid oedd bob amser yn fodlon cyfaddef iddo wneud englyn ac ychydig o'i waith a ymddangosai hyd yn oed yn y papur lleol. Mynych y cyfarfu â chymdogion gan ddweud, "Rydw i wedi cael englyn ar lawr mewn amlen, a hoffet ti ei glywed o?"'. Un englyn a weithiodd ef oedd 'Dail yr Hydref':

> Urdd ddenol, ddail arddunaf, – oedd ddoe'n îr
> Heddiw'n wyw y'ch gwelaf;
> Ynoch chwi brydferthwch haf
> Mae gwayw llym y gaeaf.

Eisteddfod Genedlaethol 1912: Wrecsam

A fu erioed gystadleuydd mwy pybyr mewn eisteddfodau na'r Parchedig James Jones, y Bermo? Fe'i ganed ym Mhenlan-cych, Maenordeifi, Sir Benfro ar 11 Ebrill 1869 a bu farw yn Ysbyty Dolgellau ar 21 Mawrth 1965. Bu'n cystadlu ar hyd ei oes faith. Yn ei ieuenctid, roedd yn cystadlu yn eisteddfodau lleol bro'i febyd. Yn 1890, enillodd yn Eisteddfod Trefdraeth am englyn i 'Drychineb Johnstown'. 'Y Gwagle' oedd testun yr englyn ym Meulah yn 1892, ac ar Ddydd Gwener y Groglith 1895 enillodd y gadair yn Eisteddfod Gadeiriol Wrecsam, am bryddest ar y testun 'Pwy yw hwn sy'n dod o Edam?' Testun addas i un â'i lygaid ar y weinidogaeth gyda'r Annibynwyr. O'r cyfnod cynnar hwn, fy hoff englyn i yw'r un i'r 'Eog' a enillodd yn Eisteddfod Llanboidy, 18 Ionawr 1892:

Yr eog enwog beunydd – yw llyw balch
   Holl bysg yr afonydd.
   Ei gig blasus iachus sydd
   Oludog faeth i wledydd.

Ar ôl bod yng Ngholeg Aberhonddu yn paratoi am y Weinidogaeth amser llawn fe'i ordeinwiyd yn 1901. Dechreuodd ar ei yrfa yng Nghapel Noddfa, Senghennydd. Daliodd ati i gystadlu. Yn Eisteddfod y Rhos, 1908, gweithiodd englyn 'Yr Eithinen':

O anial le'r Eithinen lon – a dyf
   Dan fil o eirf llymion;
   Yn werdd o hyd ar wedd hon
   Ymlonna'r fflur melynion.

Yn 1911, symudodd i Salem, Carneddi, Bethesda yn yr hen Sir Gaernarfon. Yno yr oedd yn byw yn 1922 pan enillodd ar yr englyn yn Eisteddfod Môn, yng Nghaergybi, ar y testun 'Y Don'. Dros y blynyddoedd bu'n ffyddlon iawn i Eisteddfod Môn. Enillodd o leiaf ddeuddeg gwaith ar yr englyn ynddi. Cafodd lwyddiant yn ogystal ar yr hir-a-thoddaid, ac yn wir yn Eisteddfod Môn, Aberffraw a'r Cylch, Mai 1964 yr enillodd y Parchedig James Jones ei wobr olaf yn Eisteddfod Môn, a hynny am hir-a-thoddaid i 'W. J. Griffith, yr Henllys Fawr' dan feirniadaeth Dafydd Owen ac William Morris. Hon oedd 'eisteddfod y goron ddu' oherwydd bod yr enillydd, William Jones (Nebo, Llanrwst gynt), wedi marw cyn yr eisteddfod.

Yn *Y Cymro*, 11 Chwefror 1965, yng Ngholofn Farddol Meuryn (R. J. Rowlands, 1880-1967) cyhoeddodd ddau englyn. Sylw'r golygydd oedd: 'Yr ydych chwi, James Jones, yn un o'r cynganeddwyr mwyaf cynhyrchiol o bawb oll, ac y mae camp bob amser ar eich englynion chi. Pleser mawr clywed oddi wrthych bob amser'. Un o'r englynion oedd 'Bargod':

39

Diddos drigfan geir o dano, – a llif
  Y defni'n llyfn drosto;
Ednod taer sydd dan y to
Mewn clydwch yma'n clwydo.

Tybed a oedd hwn yng nghystadleuaeth yr englyn ym
Mhwllheli 1955?

Roedd gan y Parchedig James Jones englyn i mewn yn y
gystadleuaeth yn Wrecsam, 1912, ar y testun 'Cyfnos' ac ef
a enillodd allan o 165 dan feirniadaeth Pedrog a'r Athro J.
Morris-Jones. Dim ond beirniadaeth Pedrog a geir yn y
cofnodion a chyfansoddiadau yr Eisteddfod.

Meddai Pedrog wrth agor ei feirniadaeth:

> Ceir yn y gystadleuaeth hon eto brawf diamheuol mai nid
> gwaith hawdd yw cyfansoddi englyn campus ar destun o'r
> fath yma. Diau fod rhai beirdd rhagorol yn ymgeisio; ond
> mae mor wir â hynny na lwyddodd neb i gyfansoddi englyn
> penigamp. Ceir yma liaws o englynion da ond dim un a
> argraffai ei hun fel dihareb ar feddwl y darllenydd a dyna sydd
> yn gwneuthur y dyfarniad yn un anodd.

Gosodwyd deunaw ar y blaen. 'Mai' oedd ffugenw James Jones,
a dyma oedd ei gynnig:

> Ei ôl-lewyrch deifl huan – ar y don,
>   Treia'r dydd goleulan;
> Prudd yw wyneb hardd anian,
> Yn amdo'r gwyll, mud yw'r gân.

'Hawdd iawn yw deisyf rhagorach englyn na hwn hefyd, yn
enwedig well gair na "goleulan"', meddai Pedrog. 'Modd
bynnag, tueddir fi at hwn fel y gorau ar y testun, ac ni wrth-
odwn ei wobrwyo.'

Gweinidog ym Methesda oedd James Jones ar y pryd. Fe
wnaeth gweinidogion y Carneddi yn dda yn yr Eisteddfod
hon. Enillodd y Parchedig J. T. Job, gweinidog y Presbyteriaid

yn yr ardal, ar y faled a dau hir-a-thoddaid coffa. Mab i'r englynwr buddugol oedd James Arnold Jones (1914-2005), y Rhyl, yntau'n englynwr eisteddfodol arbennig. O ran diddordeb, roedd mab Gwilym ap Lleision, englynwr buddugol 1901, yn englynwr cydnabyddedig hefyd, sef Leyshon Howel Griffiths (Lleision ap Gwilym), Rhydaman. Ceir englyn o'i waith yn *Awen Myrddin* (1960).

Y buddugol ar yr englyn Saesneg 'The Gambler' yn Wrecsam, 1912, oedd Eifion Wyn.

Eisteddfod Genedlaethol 1913: Y Fenni

Am yr eildro mewn un mlynedd ar bymtheg fe gynhaliwyd y Genedlaethol yn yr hen Sir Fynwy, a aeth yn rhan o Went yn 1974. Yn 1897, fe'i cynhaliwyd hi yng Nghasnewydd. Yn ei adolygiad o'r Genedlaethol yn y Fenni, *Y Geninen*, Hydref 1913 dan y teitl 'Trem ar Uchel Ŵyl y Fenni', dywedodd Ieuan Gorwydd (Evan Price, Glynebwy): 'Ond ni chlywsom ddim beio mawr ar Destunau'r Fenni. Pan atelid y wobr gofalai'r beirniaid ychwanegu fod y testunau'n rhai priodol a chanmoladwy; felly ar Gywydd "Y Dreflan".' 'Dyma destun gwir ddymunol,' meddai'r Archdderwydd Dyfed, 'er fod y gystadleuaeth yn siomedig iawn'.

Does dim yn newydd felly yng nghystadleuaeth y cywydd! Pedwar cywydd a gafwyd yn y Fenni. Cydfeirniaid Dyfed oedd y Parchedig J. J. Williams, Pentre, y Rhondda bryd hynny a T. Gwynn Jones, darlithydd newydd yn Adran y Gymraeg yng Ngholeg y Brifysgol, Aberystwyth. Yn ogystal â'r cywydd, cydfeirniadai'r tri yr awdl, cadwyn o englynion, pedwar hir-a-thoddaid a'r englyn! Felly cydfeirniadent bum cystadleuaeth ac ataliwyd y wobr ganddynt mewn pedair. Cytunai'r tri mai awdl Sarnicol (Thomas Jacob Thomas, 1873-1945) oedd yr orau allan o naw ymgais.

Testun yr englyn oedd 'Gwawd', a phunt oedd y wobr. Ymgeisiodd 91. 'Cystadleuaeth wael a gafwyd,' meddai Gwynn Jones ym mrawddeg gyntaf ei feirniadaeth. Ei sylw am y trydydd dosbarth oedd: 'Y mae eu cynganeddion yn lled gywir, ond nid oes dim yn yr englynion ond cynghanedd'. Sylw i'w ddysgu a'i gofio. Dosbarthwyd yr englynion i bedwar dosbarth gan Gwynn Jones, a thri dosbarth oedd gan J. J. Williams.

Englyn 'Glan y Gors' (yn dechrau 'Byw gâr ffraethineb gerwin') oedd y gorau gan Gwynn Jones, ond nid oedd yn deilwng o'r wobr. Eiddo Cybi (Robert Evans, Llangybi, Eifionydd) oedd hwn. Nid oedd yr englyn ymhlith y chwe englyn a gyhoeddwyd yn *Y Geninen*, Hydref 1913, sef:

> Dirmygus, nwydus nodwedd – anian ddrwg,
>   Noddwr hen ddialedd;
>   Acen ddyrys cynddaredd
>   A dyrr glwy fel y dur gledd.
>
>   *Dyrnod arnaf*

> Trywanu helynt Rhinwedd – yw cais Gwawd,
>   Ac ysu gwisg Mawredd;
>   I waed calon gwirionedd
>   Ei sarrug lais yrr ei gledd.
>
>   *Gordd y Gwir*

> Gwag weniaith yn goganu, – ffrwyth hunan
>   Ffraeth anwr i'n gwaedu
>   Ydyw Gwawd hagr, a dagr du
>   Trwy enaid yn trywanu.
>
>   *Asgre Lân*

> Nwyd ellyll a naid allan, – diraddiad
>   A'i wreiddyn mewn hunan,
>   Yw Gwawd dig, a'i gawod dân
>   Ry' glwy rhwygol i'r egwan.
>
>   *Cardotyn*

Ys! trem wgus dirmygwr – ydyw Gwawd
  A gwên oer gwatwarwr;
  Dagr iaith y dig areithiwr;
  Y graith a gais yw gwarth gŵr.

Goraf

Dur awchus mewn edrychiad – ydyw Gwawd,
  Â gwen yn rhoi brathiad:
  Clwyf ingol o'i ôl a âd
  A chraith hen o'i chwerthiniad.

Y Pren Bedw

Gosododd Gwynn Jones y chwech uchod ymhlith y dosbarth gorau. Roedd y chwech yn y dosbarth cyntaf gan J. J. Williams hefyd. Yr englyn gorau ganddo ef oedd un 'Y Pren Bedw'. Ond gan nad oedd yr un perl yn y gystadleuaeth, nac un a 'gymer ei le'n naturiol ymhlith ein henglynion gorau', chwedl yntau, nid oedd neb yn deilwng o'r wobr.

Ar derfyn y beirniadaethau mae nodyn gan olygydd y *Cofnodion a Chyfansoddiadau*, Vinsent (Syr Evan Vincent Evans yn ddiweddarach, 1851-1934, golygydd cyhoeddiadau'r Eisteddfod o 1881 hyd ddiwedd ei oes). Meddai: 'Cytunai Dyfed gyda golwg ar annheilyngdod yr englynion, ond aeth ei Feirniadaeth ar goll yn y Fenni'.

Hwn oedd y pumed tro mewn pedair eisteddfod ar ddeg i wobr yr englyn gael ei hatal ers dechrau'r ganrif. Ond fe wellodd pethau. Nid ataliwyd gwobr yr englyn ar ôl y Fenni tan yr Eisteddfod Genedlaethol Machynlleth yn 1937.

Eisteddfod Genedlaethol 1914-1915: Bangor

Yn Awst 1914, cyhoeddwyd fod y wlad wedi mynd i ryfel yn erbyn yr Almaen a bu'n rhaid gohirio'r Eisteddfod tan 1915. Dyma oedd gan Myfyr Menai, awdur 'Adfyfyrion Eisteddfod Genedlaethol Bangor 1915' i'w ddweud yn *Y Geninen*, Cyfrol 23, 1915:

Cynhaliwyd yr Eisteddfod ym Mangor eleni, ond nid 'fel arfer'. Yr ydoedd wedi ei gohirio y llynedd a hynny wedi i'r paratoadau gael eu gwneud – y babell wedi ei hadeiladu, y cyfansoddiadau llenyddol wedi eu hanfon i mewn a'r beirniaid wedi cyflawni y gwaith a ymddiriedwyd iddynt ond duodd y ffurfafen a chlywid taranfollt rhyfel uwchben Cyfandir Ewrop. Parlyswyd y wlad am ennyd, ac aeth Eisteddfod a Chymanfa i'r cysgod. Ac felly, yn ystod y misoedd dilynol, yr oedd sŵn y rhyfel yn oruchaf a phob cylch o fywyd yn cael ei weddnewid.

Testun yr englyn oedd 'Cragen'. Punt oedd y wobr, a'r beirniaid oedd John Morris-Jones, ef wrthi am y pedwerydd tro, a'r Athro T. Gwynn Jones am yr eildro, ac am yr ail flwyddyn yn olynol. Naw brawddeg o feirniadaeth a gafwyd gan T. Gwynn Jones, dwy frawddeg i roi manylion am y gystadleuaeth, tair brawddeg i gyflwyno'r pedwerydd dosbarth, un i gyflwyno'r trydydd, un i feirniadu'r ail ddosbarth a dwy frawddeg ar y dosbarth gorau. Saith brawddeg yw hyd beirniadaeth John Morris-Jones, dwy ohonynt i gyflwyno'i feirniadaeth. Mae yntau wedi eu dosbarthu i bedwar dosbarth ac, fel ei gydfeirniad, yn rhoi sylw byr ar ddau ddosbarth wrth restru'r ffugenwau.

Gosododd y ddau yr un 22 englyn yn eu dosbarth cyntaf, ond roedd gan yr Athro un ychwanegol. 'Englynion gweddol dda i gyd, ond y mae ynddynt hwythau amryw eiriau gweiniaid y buasai'n hawdd dyfod o hyd i'w gwell', meddai T. Gwynn Jones amdanynt. I gloi ei feirniadaeth ef, eglurodd Yr Athro John Morris-Jones: 'Nid yw'r un ohonynt yn hollol foddhaol, ond tybiaf mai'r goreu yw'r olaf a enwyd ('Pen y Ceunant'). Nid yw'n llawn digon eglur mai perl ydyw'r trysor y cyfeirir ato'. Roedd y ddau'n gytûn mai 'Pen y Ceunant' oedd yn fuddugol. Dyma'r englyn:

Annedd hardd a drefnodd Iôr – i'w rai bach
   Ym mro bell y dyfnfor;
  Yn ei thrwsiad a'i thrysor
  Gwelir mwyn firaglau'r môr.

Awdur yr englyn oedd Dewi Morgan. Hon oedd y cyntaf o wyth gwobr yn adran Lenyddiaeth y Genedlaethol y bu iddo ei chipio rhwng 1915 ac 1925, pan enillodd y gadair.

Mae Myfyr Menai yn trafod yr englyn buddugol yn ei 'Adfyfyrion':

> Englyn hollol syml o ran meddwl ac iaith. Nid oes ynddo nemawr o'r elfen gyfriniol; nid ydyw yn 'drawiadol' nac yn ddieithriol ei syniadaeth. Ond y mae yn gwella wrth aros yn ei gwmni; ei symledd ydyw ei brydferthwch. Nid ydyw y bardd yn dodi y gragen wrth ei glust, i wrando ar ei chyfrinion. Sylla arni yn ei 'thrwsiad a'i thrysor' a gwêl ynddi 'firaglau'r môr'. Hwyrach y dylasai roddi yr ymadrodd olaf rhwng dyfynodau canys benthyg oedd Gwynn Jones a bia'r hawl wreiddiol iddo; efe a'i gwelodd gyntaf ac a'i defnyddiodd yn ei gywydd i 'Benmon'. Bellach y mae miraglau'r môr wedi cymeryd ffansi y beirdd; a mynych y defnyddir ef mewn caneuon diweddar. A bu awdur yr englyn buddugol i'r 'Gragen' 'yn gall yn ei genedlaeth'. *Stroke* dda oedd gorffen fel yna gyda 'miraglau'r môr'. Gwelsom ryw fardd, yn un o *pyre* y Dywysogaeth yn dwrdio yr englyn ac yn dweud y gallasai ef wneud ei well mewn pum munud! Os felly, sut na fuasai wedi cynilo 'pum munud' a mynd ati mewn pryd i anfon ei gragen i'r gystadleuaeth? Sut hefyd? Onid ydyw Mynyddog wedi esbonio pethau o'r fath?

> Os cregyn gwag fydd yn y sach
> Cregyn ddaw allan bobol bach!

A sôn am Mynyddog (Richard Davies, 1833-1877), nid oedd neb wedi cystadlu ar y traethawd beirniadol er coffa amdano. 'Mynyddog ddawnus a hoff,' oedd sylw Myfyr Menai.

Am yr ail flwyddyn yn olynol, beirniadaeth o ychydig frawddegau a gafwyd gan yr Athro John Morris-Jones. 'Derbyniwyd 65 o englynion, ac wedi myned trwyddynt yn lled fanwl, dosbarthwyd hwynt fel y canlyn', agorodd ei feirniadaeth ar y testun 'Y Pren Criafol'. Yn y pedwerydd dosbarth cafwyd pum englyn gwallus. Yn y trydydd dosbarth gosododd chwe englyn ond ni wnaeth unrhyw sylw arnynt. Ni chafodd y tri deg pump englyn yn yr ail ddosbarth unrhyw feirniadaeth ychwaith. Yn y dosbarth cyntaf gosododd bedwar englyn ar bymtheg, chwech ohonynt dan yr enw 'Beta'.

Ei frawddeg olaf oedd: 'Credwn fod trydydd englyn "Beta" a'r tri a enwir o'i flaen yn rhagori ar y gweddill yn y dosbarth hwn; ac wedi ystyried yn fanwl deilyngdod y rhai hyn yr ydym yn dyfarnu'r wobr i "Dewin y Coed"':

> Onnen deg a'i grawn yn do, – yr adar
>   A oedant lle byddo;
>   Wedi i haul Awst ei hulio,
>   Gwaedgoch ei brig, degwch bro.

Eifion Wyn oedd yr englynwr buddugol gan ennill un gini. Roedd y wobr ariannol wedi codi swllt yn ei gwerth mewn blwyddyn! Yn y gyfrol *O Drum i Draeth* ceir yr englyn uchod a thri arall dan y teitl 'Y Gerddinen'. Dyma un o'r tri:

> Onn feinddail a nwyf ynddi, – yr adar
>   A edwyn ei thlysni:
>   Llaes, eiddil ddull sy iddi,
>   A chrwybr coch ei brig hi.

Yn ôl Peredur Wyn Williams, fe anfonodd ei dad, Eifion Wyn, bedwar englyn i'r gystadleuaeth. Enillodd am y pumed tro – y pedwerydd tro heb rannu'r wobr ag englynwr arall. Meddai Pererdur Wyn Williams am yr englyn buddugol:

'Gallasech feddwl nad achosai hwn dramgwydd i unrhyw gritig – ond na, daeth llythyr i'r wasg oddi wrth "Glynor" yn egluro nad yr un peth mo Onnen â cherddinen'.

Wrth gwrs, yr oedd yn rhaid i Eifion Wyn ymateb. Eglurodd yn ei lythyr coeglyd: 'Defnyddiais innau enw "Onnen" nid i awgrymu fod unrhyw berthynas rhwng y ddau bren *botanicall*, eithr am fod y naill yn debyg i'r llall – dyna i gyd.' Mae'n dweud wrth Glynor mai cyffelybiaethol yw iaith barddoniaeth ym mhob oes a'i gamsyniad sylfaenol, ei gamgymeriad gresynus, oedd tybio fod bardd a gwyddonydd yn defnyddio iaith yn yr un modd. Cyngor Eifion Wyn i'w feirniad llythyrol oedd: 'Os myn ragori fel beirniad a bardd – gwerthed ei *encyclopaedias* a phryned ramadeg'.

Roedd nifer o eisteddfodwyr wrth eu bodd yn tynnu blewyn o drwyn Eifion Wyn. Pob tro yr enillai yn y Genedlaethol byddai nifer o lythyrau yn beirniadu yn hallt ei englynion buddugol. I'w hateb un tro ymddangosodd llythyr yn *Y Darian*:

A glywsoch chi englyn Gwydderig, pen englynwr y de, i Eifion Wyn, pen englynwr y gogledd? Dyma fe:

Eifion Wyn mae ofn hwnnw – ar y beirdd,
    Cura bawb yn ulw;
Heddiw'n wir gwell iddyn nhw
I gyd roi'r ffidl i gadw.

Dyna i chwi farn dyn a gwerth yn ei farn.

Eisteddfod Genedlaethol 1917: Birkenhead

'Yr unig beth ag yr ydym yn sicr ohono, fel dau feirniad, yw ein bod yn unfarn am yr englyn gorau oll o'r pentwr', meddai'r Prifardd Job ar ddechrau ei feirniadaeth. Yn cydfeirniadu ag ef yr oedd Berw. Wrth gloi ei feirniadaeth dywedodd Job: '... a chredaf nad oes, ar y cyfan, mo'i well wedi ei wobrwyo ers blynyddoedd yn yr Eisteddfod Genedlaethol'. Roedd Berw ar yr un donfedd '... ac ystyriaf hefyd y cymer ei le'n naturiol ymhlith ein henglynion gorau'.

Roedd y ddau feirniad profiadol, Job yn beirniadu yr englyn am y trydydd tro a Berw am y chweched tro, wedi eu plesio ag englyn 'Ymdeithydd' i 'Lygad y Dydd':

> Llygad llon, gwyliwr bronnydd – y gwanwyn,
>> Cwlwm gwenau'r wawrddydd;
>> Eiliw'r haul ei reolydd:
>> Ar lom ddôl bwrlwm o ddydd.

Derbyniwyd 187 englyn, y nifer mwyaf yng nghystadleuaeth yr englyn ers dechrau'r ganrif. Enw 'Ymdeithydd' oedd y Parchedig William Alfa Richards (1875-1931), Clydach, Cwm Tawe. 'Yr unig ddarn o'i waith sydd wedi byw yw ei emyn (os emyn hefyd) i blant. "Rwy'n canu fel cana'r aderyn …",' meddai Huw Walters yn ei ysgrif 'Alfa: Bardd-Bregethwr', *Barddas*, Hydref 1993. Tybiai'r Athro T. J. Morgan mai gan 'Alfa' yr oedd y record byd am y nifer mwyaf o gadeiriau eisteddfodol, dros gant a hanner ohonynt.

Roedd y ddau feirniad wedi cytuno ar osod naw englyn i fod yn y dosbarth cyntaf. Yn eu plith yr oedd englyn 'Ar Gamfa'r Cae'. Dyma werthfawrogiad Berw:

> Swynwyd fi o'r dechrau rwyfodd gan englyn diymhongar *Ar Gamfa'r Cae*. Nid yw'n un cynhwysfawr o gwbl ond y mae rhywbeth mor drawiadol ynddo. Nid oes yn y gystadleuaeth englyn a lŷn yn y cof yn rhwyddach na hwn.

>> Swyn cann dy dlysni cynnar – ddwg geinedd
>>> Y gwanwyn i'n daear
>>> A'i obaith gwyn: pawb a'th gâr
>>> Lygad heulog y dalar.

> Wrth ganu i 'Lygad y Dydd' fel '*a harbringer of spring*' nid gwaith hawdd oedd gwahaniaethu'n glir rhwng 'Y Friallen' ac yntau; ac y mae llawer o ymgeiswyr wedi syrthio'n drwsgl

i'r fagl. Ond credaf fod 'swyn cann' wedi arbed *Ar Gamfa'r Cae*, a gellir rhoddi mwy nag un meddwl hefyd i 'obaith gwyn' y drydedd linell.

Nid oedd gan Job sylw ar yr englyn uchod nac ar un 'Bardd Cefn Brith'. Ai hwn oedd yn ail ganddo ef? Dyma'r englyn:

> Werinwr bach y bronnydd, – dlws gennad
>   O lys gwanwyn newydd;
> Serenna'i dras ar weunydd
> Heulog dorf, hyd lewyg dydd.

Ond gan 'Alfa' y cafwyd yr englyn mwyaf penodol, mwyaf awenyddol a glanaf yn ôl y beirniaid.

Wedi'r eisteddfod hon bu cryn ohebu yn y wasg. Mynegodd Tryfanwy a Meuryn eu barn yn ddiflewyn-ar-dafod am y ddau feirniad a'r englyn buddugol: 'Gadewch weld funud, cawn y gynghanedd lusg (yr hen chwaer) i ddechrau cychwyn. Ni chafodd hi mo'r safle yna erioed o'r blaen – un rheswm dros frol y beirniad does dim dwywaith. Wedyn dyna'r cyrch: "gwanwyn gwenau", y mae'r glec mor hen ac mor gynefin inni â chynghanedd ei hun. Sut felly y mae'r englyn "y glanaf yn y gystadleuaeth"?' gofynnodd Tryfanwy mewn llythyr hir. Aeth ef mor bell ag ysgrifennu, 'Ofnaf na ŵyr Job ddim oll am y gelf gain o wneud englyn'. Dweud go fawr â Job yn ennill y gadair ymhen y flwyddyn. Yn ôl Tryfanwy, 'onid â'r galon y bernir englyn?' Iddo ef, yr englyn tlysaf oedd un 'Ar Gamfa'r Cae'.

Ni phlesiwyd Meuryn gan englyn 'Alfa'. Roedd ef yn bendant mai dyma'r englyn salaf a wobrwywyd erioed yn yr Eisteddfod Genedlaethol. Fe'i hystyriai yn salach englyn nag englynion 'Ochenaid' (1901) a 'Dail yr Hydref' (1911) ac roedd Job yn beirniadu bryd hynny hefyd: '... mae'n amlwg ar hyd y blynyddoedd na ŵyr ef mo'r gwahaniaeth rhwng peth barddonllyd a thrawiad barddonol'.

Cafodd Berw hi hefyd dan ei ên. 'Ni bydd beirniadaethau Berw byth yn ddim amgen nag amen i sylwadau ei gyd-feirniaid – "clochydd" ydyw, ond ei fod yn digwydd bod yn berson'. Mae'r sylw yn dwyn i gof ei feirniadaeth yng Nghaerfyrddin, 1911. I Meuryn, nid oedd yr un gynghanedd afaelgar yn yr englyn tlawd ei gelf, iaith, cystrawen, crefft a symudiadau.

Enw swyddogol 'Ar Gamfa'r Cae' a 'Bardd Cefn Brith' oedd Eliseus Williams, Porthmadog – Eifion Wyn! Bu yntau yn llythyru yn *Y Brython* wythnosau ar ôl yr Eisteddfod. Ceisiodd Wyn Williams (1875–1936), gweinidog Capel Moriah, Llanystumdwy ar y pryd amddiffyn yr englyn buddugol yn *Y Brython*. Rhad arno.

Roedd dau englynwr medrus – 'A oes teilyngdod' a 'Têc ddy hynt' wedi gyrru englynion cellweirus i'r gystadleuaeth! Yn ôl Berw, '*Parody* egwan o englyn campus Dyfed i "Ddail yr Hydref" oedd gan "A oes teilyngdod"'. Dyma englyn 'Têc ddy hynt':

> Tyf o'r pridd. Coes sydd iddo, – a thri lliw
>   Llathr a llon, ond chwilio;
>   Caea'n hynod cyn huno,
>   Nid yw yn fawr. Dyma fo.

Dyfynnwyd hwn gan Berw oherwydd ei ddonioldeb ac am ei fod yn rhoi gwers i gystadleuwyr a beirniaid llai eu dawn! 'Wel, "dyna fo". *Take the hint*,' oedd sylw Berw. Eifion Wyn oedd ei awdur!

'Hwyrach y teimlai rhai mai mater cymharol ddibwys oedd dadl yr englyn, er mor ddiddorol ydoedd i feirdd a llenorion, o'i gyferbynnu â'r digwyddiad prudd ac anarferol a wnaeth yr Eisteddfod hon yn nodedig,' meddai Peredur Wyn Williams. Eisteddfod y Gadair Ddu oedd un 1917. Lladdwyd Hedd Wyn yn y Rhyfel Mawr cyn iddo wybod mai ef oedd wedi ennill y gadair. Gweithiodd Eifion Wyn saith englyn coffa i Hedd Wyn. Dyma'r englyn cyntaf:

O dangnef dy dref i'r drin – y'th yrrwyd,
  O'th erwau cynefin –
Yr hen odre anhydrin
A'r tir hoff a gerit drin.

A'r seithfed:

Hun o'r twrf, dan ddefni'r tân, – wedi drud
  Glod y drom gyflafan:
Mae dy fro'n cofio'r cyfan –
Rhedli'th gur, a diliau'th gân.

Eisteddfod Genedlaethol 1918: Castell-nedd

Camenwyd enillydd cystadleuaeth yr englyn yn yr eisteddfod hon yn *Y Cofnodion a Chyfansoddiadau*. Yr enw a geir yn y mynegai yw y Parchedig W. Morris Williams, sef y Parchedig W. Morris Williams, Llangwyllog! Dyna'r enw hefyd a geir wrth yr englyn yng nghyfrol Aneirin Talfan Davies, *Englynion a Chywyddau*, Llyfrau'r Dryw, argraffiad newydd (clawr meddal) 1961. Ond y gwir enillydd oedd y Parchedig William Morris (1889-1979), Caernarfon ar ddiwedd ei oes. Ef oedd Archdderwydd Cymru o 1957 hyd 1960.

Yn 1918, yr oedd y Parchedig William Morris Williams a'r Parchedig William Morris yn weinidogion gyda'r Hen Gorff ar Ynys Môn. Roedd y ddau yn cydweinidogaethu yn Nosbarth Llannerch-y-medd! Yn 1910 galwyd y Parchedig William Morris Williams i weinidogaethu yn Llangwyllog a Bryntwrog o ardal Cwm Tirmynach ger y Bala. Bu farw yn 1926, a chladdwyd ef ym mynwent Capel Bryntwrog.

Yn 1917 yr ordeiniwyd y Parchedig William Morris. Ei ofalaeth gyntaf oedd Eglwysi Tŷ Mawr, a'r Babell, Capel Coch, Môn. Bu yno am dair blynedd cyn derbyn galwad i Bryn-du, lle y bu tan 1932. Sut tybed y digwyddodd y camgymeriad?

Testun yr englyn yng Nghastell-nedd oedd 'Y Telynor' a'r beirniad oedd y Parchedig J. J. Williams, ef yn gwneud y gwaith am y trydydd tro. Derbyniwyd 182 englyn, rhyw ddwsin yn wallus, dros gant yn rhai cyffredin iawn wedi bodloni ar hen drawiadau. Cydymdeimlodd y beirniad â hwy: 'hen drawiadau – pethau anodd eu hosgoi, mae'n wir ar destun fel hwn'. Beirniadodd hwy am ailadrodd yn yr esgyll yr hyn oedd yn y paladr. Gosododd 14 englyn yn ei ddosbarth cyntaf, a'r hanner dwsin gorau ganddo oedd 'Gabriel', 'Pen y Gelli', 'Telynor Dall', 'Bedo Brwynllys', 'Bedo Aeddren' ac 'Ednyfed'.

Soniodd 'Gabriel', 'Pen y Gelli' a'r 'Telynor Dall' am y telynor yn rhoi 'arlwy enaid ar linyn'; 'eurwawd enaid ar danau' ac 'odlau enaid o linyn'. Dewin ydoedd i 'Bedo Brwynllys' a 'Bedo Aeddren', 'Dewin eill dynnu allan – hudoliaeth' a 'Dewin y tynn dant yw o'. Dyma englyn 'Ednyfed':

> Hidla'r diliau o'r delyn, – a'i loesion
> Felysa bob nodyn;
> Ar flaen torf lawen y tynn
> Alaw henoed o'i linyn

I gloi ei feirniadaeth meddai'r beirniad: 'Rhaid cyfaddef mai siomedig yw'r gystadleuaeth. Carem i englyn yr Eisteddfod Genedlaethol sefyll allan fel englyn y flwyddyn; ond nid oes un o'r uchod a wnâi hynny. O hir fanylu, barnwn mai "Ednyfed" a biau'r dorch. Os nad yw yn orchestol, mae yn syml, cryno, diwastraff, ac i'r pwynt. Gwobrwyer "Ednyfed"'.

Wrth ennill a chael un gini am ei englyn fe ymunodd y Parchedig William Morris â'r un dosbarth â Dewi Morgan, yr enillydd ar yr englyn ym Mangor 1915, drwy ennill cystadleuaeth yr englyn cyn dod yn brifardd. Yr un flwyddyn ag y dechreuodd Castell-nedd ennill lle annwyl yng nghalon William Morris (dychwelodd yno yn 1934 i gael ei gadeirio), enillodd ei gadair gyntaf am bryddest 'Dyhead y Werin', yn Eisteddfod Annibynwyr Ffestiniog Ddydd y Nadolig.

Am y tro cyntaf yn ei hanes, ymwelodd y Genedlaethol â Chorwen. Hon oedd 'Yr Eisteddfod gyntaf ar ôl diwedd y Rhyfel Byd Cyntaf, pan oedd gobeithion pawb am fyd gwell yn codi ac yn codi', meddai T. I. Ellis, *Crwydro Meirionnydd*, 1954. Yn ei gyfrol *O Gafell Hen Atgofion*, cofnododd Caerwyn (Owen Elis Roberts, 1871-1959) ei atgofion am eisteddfodau bro ei febyd. Brodor o Gynwyd, Corwen ydoedd ac un o gymeriadau gweithgar Môn a'r Eisteddfod Genedlaethol. Corwen iddo ef oedd y dreflan fwyaf eisteddfodol o ddechrau'r bedwaredd ganrif ar bymtheg hyd 1930. I Eisteddfod yng Nghorwen, a gynhaliwyd yng Ngwesty Owain Glyndŵr, y gwahoddwyd y cyhoedd am y tro cyntaf. Ym mis Mai 1789 y cynhaliwyd hi. Gwallter Mechain enillodd Dlws y Pencerdd ar ôl i'r Gwyneddigion ddyfarnu o'i blaid i guro Twm o'r Nant a Jonathan Hughes, bardd o ardal Llangollen. Dyma'r don gyntaf o gythraul barddoni yn yr eisteddfodau.

Testun yr englyn yn 1919 oedd 'Y Bluen Eira'. Y beirniad unwaith yn rhagor oedd Berw, ac fe dderbyniodd 237 o englynion, y nifer mwyaf mewn bron i ugain eisteddfod. Gosododd 22 englyn yn y dosbarth gwallus gan nodi, 'Fe ddichon mai llithriadau damweiniol ydyw rhai o'r gwallau a welir yma, megis coll *r* yn llinell olaf englyn 'Merllyn': "Berlau Iôr o barlwr ia". Ond y mae diofalwch mewn cystadleuaeth yn gymaint trychineb ag anwybodaeth, ac yn llawer iawn mwy anesgusodol.'

Dosbarth yr anffodusion oedd y dosbarth nesaf. Yn y dosbarth hwn ceid yr un syniadau drachefn a thrachefn. Daethpwyd ar draws y llinell, 'Yn lân, oer bluen eira' wyth gwaith ar hugain! Un o englynwyr y dosbarth hwn oedd 'Bardd y Gaeaf' a'i ddisgrifiad ef o'r Bluen Eira oedd: 'A swllt Iôr ar laswellt yw'. Dosbarth yr englynion cyffredin oedd y nesaf, a barn Berw amdanynt oedd: 'Englynion rheolaidd, ond heb ddim yn neilltuol o ddrwg na da ynddynt. Mynegiad moel, diawen o'r hyn ydyw'r Bluen Eira sydd mewn degau o'r rhai hyn, heb ond ychydig ymgais at ddim arall'.

Gosododd y beirniad ugain englyn yn y dosbarth uwch, yn eu mysg 'Bugail' 1, 2 a 3! Ni chofnododd sylw ar yr englynion yn y dosbarth hwn, dim ond rhestru'r ffugenwau.

Yn ei ddosbarth gorau, ar ôl darllen ugeiniau o englynion da nifer o weithiau, gosododd ddwsin o englynion. Mae'n tynnu sylw at esgyll englyn 'Cangen':

> 'Yr oer awyr a wëa
> O wynder hon amdo'r ha'.

A llinell gan 'Llwyd y Glyn':

> 'Yn nwylo'r hin lili'r ha'.'

'Gwelir fod y naill a'r llall wedi manteisio ar yr *n* wreiddgoll, ond fy nheimlad i – ac nid wyf ond yn mynegi fy nheimlad – ydyw mai tipyn o wendid yw hyn yn llinell olaf englyn, lle y dylai englyn fod gryfaf. Tybiaf y dylai cystadleuwyr gadw mewn cof mai un o'r "goddefiadau" ydyw'r *n* hon wedi'r cyfan ac mai gwell ei hosgoi yn niwedd englyn … er y digwydd mewn amryw o'n henglynion gorau', barnodd Berw.

O'r dwsin englyn a ddaeth i'r brig ('… ac nid gormod yw dweud eu bod oll yn rhagorol'), y gorau ganddo heb unrhyw amheuaeth oedd 'englyn hapus' 'Talfan'. Dyma'r englyn:

> Tywyn y rhew distawaf, – llun a lliw
>   Yn llawn o'r swyn tecaf:
>   Wele gu lili gaeaf
>   Ddwg y 'storm ar fedd-gist haf.

Yr awdur oedd Dewi Morgan, ef yn ennill gwobr yr englyn am yr eildro mewn pedair blynedd. Dewi Teifi (1877-1971) oedd ei enw barddol, newyddiadurwr o ardal Bow Street. Bu'n olygydd Cymraeg y *Cambrian News* ac yn is-olygydd *Baner ac*

Amserau Cymru, gwaith y bu wrtho am dros hanner canrif. Hoffais yn fawr yr hyn a ddywedir amdano yn *Cydymaith i Lenyddiaeth Cymru* (Golygydd Meic Stephens, 1997): 'Ei brif gyfraniad i lenyddiaeth Gymraeg oedd ei waith yn hyrwyddo diwylliant ei filltir sgwâr ac yn rhoi arweiniad i feirdd a llenorion ifainc, yn eu plith D. Gwenallt Jones; T. Ifor Rees, Caradog Prichard; T. Glynne Davies, J. M. Edwards, Iorwerth C. Peate ac Alun Llywelyn-Williams.'

Eisteddfod Genedlaethol 1920: Y Barri

Am yr eilwaith ers dechrau'r ganrif nid oedd neb yn deilwng o'r gadair. Yn Aberpennar, 1905, oedd y tro cyntaf. Derbyniwyd deg awdl ar y testun 'Yr Oes Aur' – gosodwyd yr un testun yng nghystadleuaeth y gadair yn Rhosllannerchrugog yn 1945. Tair ffaith ddiddorol arall am y Genedlaethol gyntaf yn y Barri oedd mai yno y cynhaliwyd y Babell Lên gyntaf; yno y gosodwyd cystadleuaeth yr 'Englyn Ffraeth' am y tro cyntaf ac yno y beirniadodd Eifion Wyn yr englyn am yr unig dro yn y Genedlaethol. Beirniadai'r cywydd, y rhieingerdd a'r delyneg ynddi hefyd.

Beirniaid yr englyn ffraeth, ar destun agored, oedd yr Athro W. J. Gruffydd a John Morris-Jones. Dim ond beirniadaeth W. J. Gruffydd a geir yn y *Cyfansoddiadau*. Darllenodd y ddau 86 englyn a chytunodd y ddau nad oedd yr un yn deilwng o'r wobr o bunt. Un o'r ddau orau oedd:

> *Englyn Ffraeth*
> Ymgeisiais drwy hir ymgosi, – gwinlosg
>   I weu englyn digri
>   Rhyw bur em rôi'r wobr imi;
>   Dyma'i wneud, am a wn i.
>
>   *Ap Hiwmor*

'Y Fenyw yn y Senedd' oedd testun englyn yr 'Hen Lanc':

Mi fetiaf swllt mai fotio – yn erbyn
    Darbod a chynilo
Wna Bess, a'i hanes yno
Yn chwap fydd, wel mynd o'i cho.

Sylw yr Athro W. J. Gruffydd arno oedd: 'Dyma englyn nad oedd werth i neb lafurio wrtho i'w lunio na'i ddarllen'.

Yn cyd-feirniadu yr englyn gydag Eifion Wyn yr oedd Berw! Roedd Berw yn un o'r tri beirniad a wobrwyodd Eifion Wyn am ei englyn 'Blodau'r Grug' yng Nghaernarfon 1906. Ond ar ôl Eisteddfod Caerfyrddin 1911 a gosod englyn Dyfed, 'Dail yr Hydref', yn gyntaf fe gafodd ei chlywed hi gan Eifion Wyn!

Testun yr englyn oedd 'Y Groes Goch', testun addas i'r ail Eisteddfod Genedlaethol ar ôl y Rhyfel Byd Cyntaf. Bu'n destun y cywydd yn y Genedlaethol, Merthyr Tudful 1901 a Dyfed yn ennill. Derbyniwyd 121 englyn. Ar y cyfan, cystadleuaeth siomedig iawn a gafwyd. Cafwyd englynion 'afluniaidd a gwag'; rhai wedi eu gweithio ar frys ac o ganlyniad yn haeddu cystwyad y beirniaid. Cafwyd tua hanner cant o englynion 'cyffredin, eiddil a diafael'. Heb flewyn ar ei dafod, bwriodd Berw iddynt: 'Gwelwyd eu rhagorach lawer tro mewn cyfarfodydd llenyddol ac eisteddfodau lleol. Drwg gennyf orfod dywedyd hyn, ond dyna'r gwir; ac mae'n hen bryd siarad yn eglur, gan y gwelaf fod pethau yn myned o ddrwg i waeth. Dibynnir yn ormodol ar gywirdeb a chywreinrwydd cynghanedd yn unig, a bywyd awen ar ôl.'

Gosodwyd 30 englyn yn y dosbarth 'go lew'. Nid oedd yn eu plith hwythau yr un englyn cwbl foddhaol – 'yr un â champ arno'. Dewisodd chwe englyn ohonynt i'w hystyried am y wobr, sef 'Awel y Maes', 'Clwyfog', 'Gwyliwr Llwyd', 'Bryndir' a 'Tolstoi'. Gan 'Awel y Maes' y cafwyd un o linellau mwyaf trawiadol y gystadleuaeth: 'A nod angel ymgeledd'. 'Ac nid oes ynddi ond cynghanedd Lusg!' sylwodd Berw.

Gwendid englyn 'Clwyfog' oedd ei linell olaf: 'O groes y Goreu – Iesu.' 'Teimlwn fod enw'r Gwaredwr yn y fan yma'n rhy debyg i air o eglurhad ar ymyl y ddalen', eglurodd Berw. 'Bodlonrwydd mawr i mi ydoedd deall fod fy nghydfeirniad galluog Eifion Wyn yn cyd-weld â mi ... gyda golwg ar y pump, os nad y chwech, englyn gorau.'

Rhannwyd yr englynion yn dri thwr gan Eifion Wyn, prif englynwr eisteddfodol y cyfnod. Nid oedd 'na synnwyr na graen' ar gyfyl y twr isaf. 'Ysbwriel yw'r enw cywir arnynt, ac anodd dirnad cyflwr meddwl y sawl a'u cant', cofnododd. Am y twr nesaf, dywedodd ei fod wedi darllen eu rhagorach droeon mewn cystadlaethau lleol a dinod. Nifer bychan oedd ganddo y twr uchaf ac nid oedd yr un englyn gwych yn eu plith. Gosododd dri ar y blaen, yr un tri â Berw, sef 'Bryndir', 'Glan Neifion' a 'Tolstoi':

Tyst-arwydd Urdd tosturi, – aes i'w gwaith
    Yw'r Groes Goch uchelfri;
    Lleddfir poen rhai'n dihoeni
    Ym merw cad dan ei marc hi.

Bryndir

Nod o gariad a gwiredd – tosturi,
    Tyst dewraf ymgeledd;
    Rhy' i gur law trugaredd
    A thyrr boen ar drothwy'r bedd.

Glan Neifion

Ar faes cur, mewn tosturi, – gras a geir
    Dan Groes Goch yn gweini;
    Nwyd anwar, er brwd ynni,
    Guddia'i harf yn ei gŵydd hi.

Tolstoi

Doedd Berw ddim yn hoffi'r gair 'aes' yng nghyrch 'Bryndir', ac nid oedd yn cloi gyda thrawiad cofiadwy ym marn Eifion Wyn. Nid oedd 'Glan Neifion' yn ddigon penodol yn ei englyn ystwyth ac roedd peidio â sôn o gwbl am faes cad, yn wendid, yn ôl Berw. Englyn cadarn ei gynghanedd ac un cryno oedd un 'Glyn Neifion', ym marn Eifion Wyn. Petae ef wedi sôn am faes cad, maes llafur arbennig yr Urdd, a fuasai Eifion Wyn wedi ei wobrwyo?

'Yr englyn agosaf i'r nod ydyw eiddo *Tolstoi*,' ysgrifennodd Berw. 'Mae trawiad da yn y llinell olaf.' O ganlyniad, hwn oedd yr englyn mwyaf pendant a'r mwyaf boddhaol a chytunodd Eifion Wyn i'w wobrwyo. Yr enillydd oedd J. Jones ('Eldon'). Dyma'r unig dro iddo ennill ar yr englyn yn y Genedlaethol, nac ar unrhyw gystadleuaeth arall o ran hynny. Dim ond pedair ffaith a wn i am yr englynwr buddugol: mai 'Eldon' oedd ei enw barddol; mai J. Jones oedd ei enw swyddogol; ei fod yn byw yn Llundain ac iddo ennill gwobr yr englyn yn y Barri. Cyhoeddwyd englyn 'Clwyf Cariad' ganddo yn *Y Geninen*, Hydref 1898. Dyma'r englyn:

> Claf o gariad, clwyf gwirion; – eto
> Ei atal ni ddichon
> Dim yn y wlad ond mun lon, –
> Cilia 'rôl ennill calon.

Eisteddfod Genedlaethol 1921: Caernarfon

Am y trydydd tro mewn chwe blynedd fe enillodd Dewi Morgan, Aberystwyth wobr yr englyn yn y Genedlaethol. Y testun yng Nghaernarfon oedd 'Dolef y Gwynt'. Darllenodd y ddau feirniad, yr Athro T. Gwynn Jones a Berw, 146 o englynion. Y feirniadaeth gyffredinol oedd mai 'cynganeddwyr lled ddiawen' oedd cryn 90 ohonynt. Nid oedd dim neilltuol yn eu cynhyrchion y naill ffordd na'r llall; nid oeddynt nac oer na brwd. Dyma farn T. Gwynn Jones:

> Eu bai pennaf yw gadael i'r gynghanedd a'i gofynion arglwydd-
> iaethu gormod arnynt, nes peri iddynt ddywedyd y peth nesaf

at law, megis, a'i ddywedyd weithiau'n drwstan, a thro arall ystumio'r iaith a'i chamdrin wrth ei ddywedyd. Gallai'r rhan fwyaf ohonynt osgoi pethau fel hyn, pe bai wiw ganddynt gymryd y drafferth. Pe gwnâi crydd esgid â thyllau'r careiau'n anwastad, neu wneuthur o deiliwr wasgod ac un ochr iddi yn fwy na'r llall, fe welid bai arnynt.

Roedd 21 englyn yn y dosbarth gorau am fod eu gramadeg yn gywirach, y dewis o eiriau'n rhagori a'u syniadau'n amgenach. Gosodwyd chwe englyn da iawn ar y blaen a'r englyn mwyaf boddhaol o'r cyfan oedd englyn 'Petrel', sef Dewi Morgan:

Toredig ffun yn trydar – trymaf loes
    Storm flin, floesg ei llafar:
Trystiog gŵyn, pob trist a'i câr,
Daer lef afeidrol afar.

Roedd Berw yn llygad ei le pan ddywedodd nad oedd yr englyn uchod yn yr un dosbarth â 'Blodau'r Grug' Eifion Wyn, englyn buddugol 1906, y tro cynt yng Nghaernarfon. Darganfu'r tri beirniad y flwyddyn honno, a Berw yn un ohonynt, 'englyn na bydd marw'.

Dydd Sul, 1 Awst 1965, yng Nghapel Blaen-plwyf ger Aberystwyth, capel a fu'n rhan o ofalaeth y Parchedig David Jones, prifardd y goron yn Abergwaun, 1936, gwrandewais ar Dewi Morgan, pregethwr cynorthwyol cydnabyddedig gyda'r Presbyteriaid. Yn 88 oed ac yn ifanc ei ysbryd, pregethodd yn ddealladwy ar adnod 25 o nawfed pennod o Efengyl Ioan. Sbardunodd y gair 'dall' ef i sôn am y Parchedig J. Puleston Jones (1862-1925), gweinidog gyda'r Presbyteriaid, llenor a diwinydd. Pan oedd Puleston yn ddeunaw mis oed cafodd ddamwain a'i gwnaeth yn hollol ddall. Cofiai glywed Puleston yn dweud, 'Do, mi fûm yn gweld unwaith. Ni chefais fy ngeni fel cath fach'. Mynegodd Dewi Morgan ei brofiad fel bardd: 'Rhaid i fardd wrth lygaid i weld a chalon i deimlo. Rhaid wrth wroldeb i allu mynegi'r hyn mae'r galon wedi ei weld'.

Pwy oedd yn disgwyl am ei dad i'w gyrchu tua thre' ar derfyn yr oedfa honno, ond ei fab, Elystan Morgan. Ychydig a feddyliais i'r noson honno y byddai Elystan Morgan, o fewn dyddiau, yn cyhoeddi ei fod yn gadael Plaid Cymru.

Er mai Eisteddfod Caernarfon, 1921, oedd yr eisteddfod lle cadeiriwyd Meuryn ac y coronwyd Cynan am ei bryddest onest a beiddgar 'Mab y Bwthyn', hawdd y gellid ei galw yn Eisteddfod y Tri Englyn! Ar wahân i'r englyn 'Dolef y Gwynt' cafwyd cystadleuaeth englyn 'Llywydd yr Eisteddfod, y Gwir Anrhydeddus D. Lloyd George, A.S., LL.D., O.M., Prif Weinidog'. Un gini oedd y wobr ariannol i enillydd 'Dolef y Gwynt' a dwy gini am gaethiwo 'Lloyd George' i ddeg sill ar hugain. Englyn Byrfyfyr ar y testun 'Esgus' oedd y trydydd.

Hywel Cefni a enillodd ar yr englyn i Lloyd George. Yn y gyfrol *Blodeugerdd o Englynion*, un o gyfrolau Cyfres y Dryw (1948) a olygwyd gan Aneirin Talfan Davies, rhagflaenydd ei gyfrol *Englynion a Chywyddau* (1958), yr englyn hwn a gofnodir fel yr un a enillodd wobr y brif gystadleuaeth i englyn!:

> Anfarwol fawr leferydd, – swyn y byd,
>   Sy'n ben fel gwladweinydd;
>   I Brydain byw waredydd,
>   Syndod oes, enaid y dydd.

Beirniadodd Berw gant a deuddeg o englynion. Bu bron iddo atal y wobr oherwydd amwysedd y llinell gyntaf. Ai 'llefarydd' (*speaker*), a olygid? Unwaith yn rhagor wrth feirniadu pwysodd Berw yn drwm ar air o gyngor gan arall, 'ein hawdurdod uchaf ar y Gymraeg' y tro hwn. Meddai Berw: 'Ei ateb oedd na buasai ef yn defnyddio mo "lleferydd" am *speaker* er fod lleferydd yn ôl rheol fanol yn fwy cywir ffurf na llefarydd.' Er bod yr ansicrwydd hwn yn meddwl y beirniad, ni allai atal y wobr oherwydd yr esgyll a fyddai'n 'sicr o lynu yng nghof y werin'.

Un o feibion llengar Druid House, Llangefni, Ynys Môn, oedd Hywel Cefni (Hywel Evan Jones, 1855–1941). Cadwai fusnes dillad dynion yn siop Cefni House, Tal-y-sarn, Dyffryn Nantlle. Yn ei ragair i *Yr Haf a Cherddi Eraill* mae R. Williams Parry (1884–1956) yn diolch i Hywel Cefni am ei hyfforddiant cynnar yn y cynganeddion. Brawd iddo oedd Cyngar, Llanberis.

Yr Archdderwydd Dyfed a feirniadai'r englyn byrfyfyr, 'Esgus'. John Hughes, Rhos, a enillodd am englyn syml, clir a naturiol allan o saith:

> Anystyriol hen stori – yw esgus
>   Heb gysgod gwir ynddi;
>   Dan dwyll deneued yw hi,
>   Tra hawdd y gwelir trwyddi.

Ymddangosodd erthygl yn *Y Geninen*, Hydref 1921 gan John Abernant, yn awgrymu gwelliannau i'r Babell Lên newydd:

> Y mae'r Babell Lên … yn gaffaeliad mawr a chaed ynddi faeth ac addysg lawer yn ystod y pedwar diwrnod. Ei chael yn nes eto i'r brif Babell yw'r peth sy'n eisiau, a dylai fod darn ohoni at ymgom a mygyn rhwng y frawdoliaeth; seiat beirdd a llenorion fel pe tae. Rhodder llen rhwng honno a'r darn arall, ac na warafuned neb i gwmwl grogi dros y rhan honno o'r Babell Lên!

Eisteddfod Genedlaethol 1922: Rhydaman

Yn ystod deugain mlynedd cyntaf yr ugeinfed ganrif cafwyd tri englynwr buddugol na wn i fawr ddim amdanynt. Nodwyd eisoes mai dim ond pedair ffaith a gesglais am J. Jones ('Eldon'), englynwr buddugol 1920. Enillydd yr englyn yn Rhydaman oedd y Parchedig William Williams, Panteidal, ar ffordd Aber-dyfi, Machynlleth. Pedair ffaith sydd gennyf amdano yntau.

Enillodd ar yr englyn 'Y Crud' yn yr Eisteddfod uchod. Dyna'r unig dro iddo ennill ar yr englyn yn y Genedlaethol. Ei enw barddol oedd 'Glanfor'. Yn Eisteddfod Cemais un flwyddyn enillodd wobr yr englyn, 'Moses yn y Cawell Brwyn':

> Moses, rhag brad gormesol, – o'r golwg
> Ddirgelwyd yn wyrthiol,
> Un hoff, rhag i Pharo ffôl
> Ei ladd yn ddialeddol.

Cyhoeddwyd yr englyn yn *Y Geninen Eisteddfodol*, 1899.

Testun yr englyn, fel y nodwyd, oedd 'Y Crud' a'r ddau feirniad oedd yr Athro John Morris-Jones a'r Parchedig J. T. Job. Cyhoeddwyd beirniadaeth fer Job yn *Y Cyfansoddiadau*. Yn ei gyflwyniad i'r gystadleuaeth, meddai ef: 'Derbyniwyd 127. Cystadleuaeth lled dda. Ond nid oes nemor camp ond yn unig ar un neu ddau o'r englynion hyn'. Dosbarthodd hwy i bedwar dosbarth. Yn y pedwerydd dosbarth gosododd saith o '[e]nglynion digynghanedd, neu ynteu, anghywir eu cynghanedd.'

Gosododd 35 englyn yn y trydydd dosbarth ac ni ddywedodd air amdanynt. Yr un modd yr wyth ar hugain yn yr ail ddosbarth. Rhannwyd y dosbarth cyntaf yn adran 'a' a 'b'. Gosodwyd hanner cant yn adran 'a' heb air amdanynt. Cyflwynwyd y saith yn adran 'b' â'r sylw 'Ac wele'r goreuon … *Iddog, Gwefrog, Tant, Penllwynteg, Lwli Bei, Mefus, Y Bardd Teulu.* A'r ddau orau yw'r ddau olaf. A chan *Y Bardd Teulu* y ceir y darlun gorau … Ac â hyn y cytuna Syr John Morris-Jones yn galonnog. Felly i'r *Bardd Teulu* y dyfernir y wobr'. Dyma'r englyn buddugol:

> Gwely hun tlws obaith gwlad, – uwch un bach
> Yno byth, yn geidwad,
> Y gwyra mamol gariad,
> Y taria teg falchter tad.

Yr hyn a hoffais am ddosbarthiad Job o'r englynion oedd iddo nodi mewn ffigwr sawl englyn a osodai mewn dosbarth.

Dechreuodd ef yr arfer hwn yn y Genedlaethol yn 1911, ac wedyn yn 1917. Gwnaeth yr Athro John Morris-Jones yr un peth yn 1916.

Dwy gystadleuaeth o ddiddordeb mwy na'r cyffredin i mi oedd y gystadleuaeth 'Cyfres o Ddeuddeg o Englynion: Gwydderig' a'r gystadleuaeth 'Cân Hiraeth: Y diweddar Tom Matthews, M.A.' Cyd-fuddugol ar y gyfres o englynion i Gwydderig (Richard Williams, 1842-1917) oedd Brynfab (Thomas Williams, 1848-1927). Pan oedd ef yn pump ar hugain oed ymsefydlodd yn yr Hendre, plwyf Eglwysilan a bu'n amaethwr yno am dros hanner canrif. Am gyfnod maith, bu'n olygydd colofn farddol *Y Darian*, papur newydd wythnosol ardal Aberdâr rhwng 1875 a 1934. Yr enillydd arall oedd y Parchedig W. Alfa Richards, awdur englyn buddugol 1917. Dyma englyn clo cyfres 'Brynfab':

> Mor gu ei lwch, Gymro glân, – athrylith
> Hir wylia'i orweddfan;
> Mewn galar, fe gofia'r gân
> Lwybro'n ymyl Brynaman.

Ac un 'Alfa':

> Gwydderig heddyw orwedd – yn nawdd dwys
> Y Mynydd Du llwydwedd
> A'i friw furiau a'i fawredd
> A'u grug byw yn garreg bedd!

Roedd gan y ddau englynwr gysylltiad â Chwm Rhymni. Yr un modd y diweddar Tom Matthews, M.A., testun y 'Cân Hiraeth'. Bu ef yn athro ysbrydoledig yn Ysgol Ramadeg y Bechgyn, Pengam, Caerffili rhwng 1911 a 1914. Yn *Y Casglwr* (rhif 97) ceir erthygl amdano, 'Thomas Matthews (1874-1916): Arloeswr a Gweledydd' gan Dylan Rees. Mae'r hen ysgol wedi ei chwalu ac ysgol newydd wedi ei chodi yno. Derbyniodd Gwili wyth cerdd i'w beirniadu. Un o'r cystadleuwyr anfuddugol oedd 'Ap Pengam'. Yr enillydd oedd un o weinidogion ardal yr ysgol, sef y Parchedig J. D. Richards, Bedlinog. Ysgrifennodd gerdd 37 pennill, pedair llinell. Dewisais ddau bennill o'u plith:

> Mae'i waith yn Ysgol Pengam eto'n beraidd –
> Mor bêr a thlws â chlwm o flodau grug,
> Heb arno gysgod coegni'r balch, na'i ffug,
> Ond brodiad prydferth o atgofion santaidd.

> A chlywsom dorri'i enw annwyl yno,
> A chryndod hiraeth dwys yn llenwi'r llais
> Wrth gofio'r gŵyr na rôi na sen na chlais
> I neb, ond ef na pharchai fonedd Cymro.

Eisteddfod Genedlaethol 1923: Yr Wyddgrug

Cafodd pobl Ynys Môn y cyfnod hwyl ar gystadlu yn yr Wyddgrug. J. T. Jones, Pen-sarn, Amlwch enillodd wobr y 'Y Fyfyrdraeth: Gorwel Oes'. Daeth ef yn adnabyddus fel John Eilian, y prifardd a'r newyddiadurwr. Yr un flwyddyn, cyhoeddodd gyfrol o farddoniaeth ar y cyd ag E. Prosser Rhys (1901-1945). Yn gyd-fuddugol ag Eifion Wyn ar y soned 'Y Murddyn' yr oedd Caerwyn, yr eisteddfodwr pybyr a oedd yn byw yn Llangefni. Roedd Eifion Wyn yn gyd-fuddugol ar yr englyn hefyd, gyda'r Parchedig William Morris, Bryn-du, Ynys Môn ar y pryd.

Cystadleuaeth siomedig a gafwyd ar yr hir-a-thoddaid coffa i'r Parchedig Ddr John Williams, Brynsiencyn (1854-1921). Derbyniwyd 45 cerdd ond fe ataliwyd y wobr. Un ar hugain hir-a-thoddaid coffa a gafwyd i gofio'r cerddor John Ambrose Lloyd (1815-1874), ac fe blesiodd Eifion Wyn y beirniaid, sef y Parchedigion J. T. Job a J. J. Williams.

Testun yr englyn oedd 'Wil Bryan', a'r beirniaid oedd yr Athro John Morris-Jones a Berw. Cyhoeddwyd beirniadaeth y ddau ohonynt dros bum tudalen yn y *Cyfansoddiadau*. Daeth 101 o englynion i law. Rhannodd John Morris-Jones hwy yn bum dosbarth, gan osod 52 yn yr ail ddosbarth – 'Llu o englynion cyffredin, heb feiau (o bwys beth bynnag) mewn ffurf nac iaith ond hefyd heb ddim rhagoriaeth. Y mae llawer ohonynt yn llafurus, amryw'n annaturiol a rhai'n ddibwynt; a'r cwbl yn rhai na ddarllenai neb mohonynt fwy nag unwaith, heb fod (fel beirniad) dan rwymau i wneuthur hynny'.

Gosododd bymtheg yn y dosbarth a oedd 'yn deilwng o ystyriaeth bellach'. Bu'n pendroni'n hir yn eu cylch cyn eu gosod mewn trefn a'i bodlonai. Yn drydydd, gosododd 'Ie Ie' ac yn ail, gosododd 'Ap Natur':

> Ei reitheg ffraeth gyffry wên, – a'i droeon
>   Direol a hirben;
>   Wil huawdl Daniel Owen,
>   Enwocaf lanc ei fyw lên.

'Cynghanedd dda, ond ar draul naturioldeb', sylwodd John Morris-Jones. 'Y mae "rheitheg" (heblaw ei fod yn air gwneuthur o'r fath fwyaf anfarddonol) yn hollol anghyfaddas i ddisgrifio dawn Wil.' Nid oedd yn fodlon ychwaith a'r gair 'huawdl' ac yn ei fyw ni allai dderbyn sôn am waith dyn fel ei 'lên'.

Gwobrwyodd ef 'Meredydd' (Y Parchedig William Morris):

> Ei enaid yn ei wyneb, – ei dafod
>   Difyr yn ddihareb,
>   A than ei holl ffraethineb
>   Un di-frad yn anad neb.

Gwelodd John Morris-Jones Wil Bryan yn fwy byw yn yr englyn hwn nag yn yr un o'r lleill. Sylwodd nad oedd fawr o newydd-deb yng nghynghanedd yr englynwr: 'Ond nid wyf yn credu mewn gwaharddiad peiriannol o bob cyfatebiaeth a wnaethpwyd o'r blaen … Fel y gellir arfer hen eiriau i draethu meddyliau newyddion, felly gellir arfer hen drawiadau i ganu pethau na feddyliodd y clymwyr cyntaf amdanynt', eglurodd y beirniad. Gwobrwyodd yr englyn am ei fod yn naturiol a syml ac wedi dal cymeriad Wil Bryan.

Nododd John Morris-Jones sawl englyn a osododd ymhob dosbarth ar ddiwedd y dosbarth hwnnw. Ar ddechrau ei restr y gwnaeth Berw hynny. Roedd ganddo 27 yn ei ddosbarth cyntaf; gosododd yntau 'Ie Ie' yn uchel:

> Llanc difraw, gwreiddiol, llawen, – dyna Wil,
>   Doniolaf ei elfen:
>   Eilun llu, siriola'n llên
>   O dan law Daniel Owen.

Yn ôl Berw, 'englyn go lew yn darllen yn naturiol iawn' oedd hwn, 'er bod mwy o glec nag o ddim arall yn y llinell olaf'. Defnyddiodd 'Tomos Bartley 2' yr un llinell i gloi ei englyn ef. Doedd John Morris-Jones ddim yn hoffi'r gair 'gwreiddiol' a oedd, meddai, yn rhy ryddieithol, ac roedd wedi blino darllen y llinell glo nifer o weithiau yn y gystadleuaeth.

'Meredydd' a osodwyd yn ail gan Berw. Englyn lled anodd i'w guro fel disgrifiad byw o Wil Bryan, englyn naturiol a llithrig iawn. Ei wendid mawr oedd yr hen drawiadau cynganeddol: 'Y mae'r hen gynghanedd sain yn y llinell olaf wedi gwasanaethu llawer cenhedlaeth er amser Dafydd ap Gwilym', oedd sylw Berw. Mae'n siŵr mai'r drydedd llinell, yr unig un wreiddiol yn yr englyn, a drodd y fantol o'i blaid.

Englyn 'Ap Natur' (Eifion Wyn) oedd ei ffefryn ef am fod ei gynghanedd yn hollol newydd. Er nad oedd yn hoffi'r gair 'rheitheg' ('gair wedi ei ddwyn i mewn i ffitio'r gynghanedd'), barnai Berw ei fod yn 'englyn newydd a gwreiddiol ymhob modd, ac yn englyn i Wil Bryan – ni ellir ei gymhwyso at neb arall'.

Mewn 'cystadleuaeth ddigon di-lun ac anfoddhaol' (geiriau Berw), yr englyn gorau gan yr Athro John Morris-Jones oedd un 'Meredydd' ac 'Ap Natur' gan Berw. Yn ei gyflwyniad, 'William Morris: Y Bardd' yn *Canu Oes* (gol. Glennys Roberts, 1981), meddai Derwyn Jones:

> Anghytunodd y ddau feirniad … wrth feirniadu'r englyn i 'Wil Bryan' … Gofynnwyd i Elfed weithredu fel canolwr, a dyfarnodd ef o blaid englyn William Morris, ond yn rhyfedd iawn yng nghyfrol swyddogol yr Eisteddfod, *Cofnodion a Chyfansoddiadau 1923* (Yr Wyddgrug) cyhoeddwyd y ddau englyn dan eu ffugenwau'n unig ac anwybyddwyd dyfarniad Elfed … Nid oes amheuaeth nad ei ddyfarniad ef oedd yr un cywir, canys englyn syml a naturiol William Morris a gofir heddiw.

Roedd 1923 yn flwyddyn fawr yn hanes y Parchedig William Morris: plesio'r Athro John Morris-Jones gyda'i englyn 'Wil Bryan', a phriodi â Catherine Margaret Williams, Llanfair-pwll, Ynys Môn.

Eisteddfod Genedlaethol 1924: Pont-y-pŵl

'Erys pump ar ôl yn y dosbarth cyntaf,' meddai R. Williams Parry wrth feirniadu'r englyn yn yr eisteddfod hon. Testun yr englyn oedd 'Tant y Delyn'. Dyma'r tro cyntaf i Fardd yr Haf feirniadu'r englyn yn y Genedlaethol. Gosododd yr hen law o feirniad, y Parchedig J. J. Williams, Treforys, yr un pump yn ei ddosbarth cyntaf yntau, sef 'Dafydd', 'Nid Bardd Gorsedd', 'Hen Fardd o Fron y Foel', 'Er Mwyn yr Amser Gynt' a 'Rhiniol Dant yr Henwlad Yw'. Dyma englyn 'Dafydd':

> Tant telyn hawddgar, o'i daro, – rhyw wefr
> Hyfryd a draidd drwyddo;
> Acen cân genid cyn co'
> Neu hen ing nid â'n ango.

Plesiwyd y ddau feirniad gan yr esgyll. Nid oedd y paladr wrth eu bodd a gwan oedd yr ansoddair 'hawddgar'. 'Daliodd yr awdur ryw hiraeth pell a deimlir weithiau yn sŵn y tant', meddai J. J. Williams. Fel hyn y canodd 'Nid Bardd Gorsedd':

> Ynom pob serch a ennyn – y pêr dant,
>   Ysbryd yw'n ein canlyn;
>   Iaith hudoliaeth y delyn
>   A gerdd i waed gwladgarol ddyn

'Hen drawiad parchus' y galwodd R. Williams Parry y drydedd linell, ac o ganlyniad yn drysu dechrau da. A dyna wedyn yr englyn hwn:

> Erchi y bu serch a bâr, – rhyfelawg
>   Orfoledd a galar;
>   Dwg ledgof o nwyd gwladgar
>   A thra bo Cymro, fe'i câr.

'Hen Fardd o Fron y Foel' oedd ffugenw'r englynwr, englyn 'difrycheulyd' ond nid englyn 'cofiadwy'. Dyma gynnig 'Er Mwyn yr Amser Gynt':

> Cant wroniaeth cyn trinoedd, – a chant serch
>   Hynt a swyn y llysoedd;
>   I'm hen dras tant mwynder oedd
>   Wedi gloddest eu gwleddoedd.

Trydedd llinell yr englyn hwn oedd un o linellau unigol gorau'r gystadleuaeth, yn ôl y beirniaid. Beirniadwyd y llinell olaf am yr hen drawiad ynddi, ac fe ddywedodd J. J. Williams 'mai amheus o leiaf yw cywirdeb cynganeddol y llinell. Wedi'r cyfan, y mae gwahaniaeth sain rhwng 'd' a 't' a gofalai'r hen feirdd osod dwy 'd' i ateb 't'.'

Ond yr englyn buddugol allan o 126 oedd un 'Rhiniol Dant yr Henwlad Yw':

Delyn hoff! Ein cenedl ni – gâr ei thant,
    Gwyrth o hud yw iddi:
    Tant ei chân, tant ei chyni,
    A thant aeth â'i henaid hi.

Llinell gyffredin iawn yw'r llinell gyntaf, a'r gynghanedd a
alwodd am 'gwyrth o hud' yn yr ail linell. 'Ond nid oes yn y
gystadleuaeth ddim a aflonydda ymennydd y darllenydd fel ei
esgyll,' oedd sylw R. Williams Parry. Yr esgyll, felly, a ddaeth
â'r englyn hwn i'r brig.

Yr enillydd oedd Eifion Wyn ac ef oedd awdur y tri englyn
arall hefyd. Lluniodd chwe englyn ar gyfer y gystadleuaeth!
Yn ôl yr arfer, ymddangosodd sylwadau Eifion Wyn yn y
Brython ('Y mae gohebiaethau Eifion Wyn ar ôl Eisteddfodau
Cenedlaethol yn bethau i'w disgwyl bellach', sylwodd un
gohebydd). Tynnodd sylw'r Parchedig J. J. Williams at y rheol
sy'n cyfiawnhau'r llinell 'Wedi gloddest eu gwleddoedd' trwy
ei gyfeirio at *Y Cynganeddion Cymreig* (David Thomas, 1923),
tudalen 153! I gloi ei lythyr ysgrifennodd:

> Oni chofia'r beirniad fy englyn i'r 'Gerddinen' yn Eisteddfod
> Aberystwyth ... Y drydedd linell ynddo ydi 'Wedi i haul
> Awst ei hulio'. Y beirniad yn yr eisteddfod honno oedd yr
> Athro John Morris-Jones. A raid dywedyd rhagor? Dealler
> nad anghytuno â'r dyfarniad yr ydwyf. Paham y dylwn?
> Dodwyd pedwar o'm henglynion yn y dosbarth cyntaf, ac yn
> ôl fy marn i fe wobrwywyd y gorau o'r pedwar.

Mae sylwadau Robert Williams Parry yn ei feirniadaeth yn
rhai cofiadwy. Meddai, am englynwyr y trydydd dosbarth:
'Ni ddwed y crefftwr byth mai da lle gellir gwell, boed of,
boed deiliwr, boed saer, boed grydd, boed brydydd'. Am
englynion yr ail ddosbarth dywedodd: 'Os yw'r esgyll yn gryf,
mae corff marw'r paladr yn rhwystro i'r englyn ehedeg ond
gyda'r ddaear'. Maen prawf englyn da iddo ef oedd ei fod yn
gofiadwy. 'Efallai nad yw telyneg lawer gwaeth o fethu ei
chofio, ond nid englyn ond a gofier.'

Eisteddfod Genedlaethol 1925: Pwllheli

Testun yr englyn yn yr eisteddfod hon oedd 'Balm'. Yn ôl Berw, a oedd yn cyd-feirniadu ag R. Williams Parry, gwaith anodd i englynwyr oedd canu ar y testun hwn. Doedd ryfedd yn y byd felly mai dim ond 95 englyn a dderbyniwyd. Yn y flwyddyn y cyhoeddwyd *Cerdd Dafod*, Syr John Morris-Jones, cyngor Berw i'w englynwyr oedd astudio'r gyfrol honno. Gyda llaw, hwn oedd y tro olaf i Berw feirniadu yn y Genedlaethol.

Gosododd y ddau feirniad ryw ddwsin yr un yn eu dosbarth cyntaf. Roedd englynion y chwech canlynol yn nosbarth cyntaf y ddau: 'Castrel', 'Blodeuyn', 'Emel', 'Fferyll', 'Rhyd Odin' a 'Diolch Amdano'. Nid oedd yr un englyn gorchestol ymhlith y chwech. Dau englyn oedd yn y cyfrif olaf; dyma un ohonynt:

> Sudd tirion, asydd toriad – ydyw balm,
>   Daw i boen â'i leddfiad:
>   Deil riniau i gleisiau gwlad,
>   Ac ôl-lewych Gilëad.

Yn ôl R. Williams Parry, a feirniadai gystadleuaeth yr englyn am yr ail flwyddyn yn olynol, roedd englyn 'Rhyd Odin' 'bron â bod yn gampwaith'. Meddai: 'Nid wyf yn sicr o'r ffurf "asydd", a digon gwan yw "lleddfiad" a "deil". Ond … nid oes ddadl am wedduster cyffyrddiad y llinell olaf. Pwy a feddylia am falm heb feddwl hefyd am y balm o Gilëad?' Ni soniodd Berw am yr englyn, dim ond ei osod ymhlith yr 'englynion da', ond heb fod yn orchestol iawn.

Englyn 'Diolch Amdano' oedd yr englyn arall:

> Ir ei frig, twf pêr ei fro, – a chynnyrch
>   Anian i'n hadfywio;
>   Ni eill dolur lle delo
>   Dario'n hir gyda'i rin o.

Gwendid pennaf yr englyn yn ôl Bardd yr Haf, oedd bod ei awdur yn sôn am y pren yn y paladr, ac am rin y pren yn yr esgyll. Ei gryfder oedd ei esgyll cofiadwy, y ddwy linell fwyaf cofiadwy yn y gystadleuaeth. I gloi ei feirniadaeth, dywedodd: 'Yr wyf mewn cryn betruster pa un ai 'Rhyd Odin' ai 'Diolch Amdano' i'w ddyfarnu'n orau. Gadawaf i'm cydfeirniad fy nwyn o'm penbleth, os digwydd fod y naill neu'r llall yn orau ganddo ef, a dyfernir y wobr i'r sawl a gaiff bleidlais y ddau feirniad'. Yr oedd gan Berw farn bendant: 'Y mae esgyll englyn 'Diolch Amdano' mor naturiol â dim y gellid ei ddych-mygu: cwpled yw hwn a lŷn yn y cof ... Hwn, yn fy marn i, yw'r englyn gorau'.

Enw'r enillydd oedd Mr George Rees, Harlesden, Llundain. Y flwyddyn cynt, ym Mhont-y-pŵl, enillasai ei wobr gyntaf yn y Genedlaethol am ei hir-a-thoddaid i 'Mabon' (William Abraham, 1842-1922), Aelod Seneddol dros y Rhondda, a'r glöwr cyntaf i'w ethol o dde Cymru (1885). Daeth George Rees (1873-1950), brodor o'r Rhondda, yn gystadleuydd amlwg yn y Genedlaethol dros y blynyddoedd. Heddiw, fe'i cofir yn bennaf fel awdur 'O! Fab y Dyn, Eneiniog Duw', un o emynau mwyaf yr ugeinfed ganrif. Fel Gwilym Rees yr enwir enillydd yr englyn 'Balm' ym Mhwllheli yn mynegai *Cyfansoddiadau 1900–90*, William H. Howells, 1992.

Gan ei fod yn beirniadu yn Adran Farddoniaeth yr Eisteddfod hon, nid oedd gan Eifion Wyn hawl i gystadlu. Beirniadodd bum cystadleuaeth, yn eu mysg 'Tair Telyneg'. Ataliodd y wobr mewn dwy, sef 'Dau Emyn Priodol i Blant' a 'Tri Phennill Priodol i agor Eisteddfod etc'.

Cynhaliwyd cystadleuaeth englyn 'Beddargraff Hywel Tudur' yn yr eisteddfod hon. Yn ei gyfrol *Englynion a Chywyddau* (1958), mae Aneirin Talfan Davies yn rhestru hwn fel prif englyn Eisteddfod 1925. Beirniaid y gystadleuaeth oedd Berw ac R. Williams Parry. Derbyniwyd 52 englyn, ac yr oedd 17 yn wallus! Roedd y gweddill yn foddhaol, a'r un mwyaf bodd-haol oedd un 'Blodyn Parch', sef D. Jones, Penrhyndeudraeth

– ei unig wobr yn y Genedlaethol yn ystod y ganrif. Dyma'r englyn:

> Y Tadol Hywel Tudur – geir is hon
> Gŵr o serch difesur;
> Un garai pawb, a gŵr pur,
> Llon Weinidog, llên awdur.

Goddefodd y ddau feirniad y llinell olaf, lle'r atebir dwy *n* gydag un.

D. Jones, Penrhyndeudraeth, oedd David Jones (1860-1927), cynrychiolydd i gwmni yswiriant a fu, cyn hynny, yn chwarelwr. Enw barddol y brodor o Dalsarnau, Ardudwy, oedd Glan Tecwyn, englynwr adnabyddus yn ei filltir sgwâr. Cefnogodd eisteddfodau ei ardal a bu'n enillydd cyson ynddynt ar yr englyn, rhai ohonynt yn englynion coffa. Cyhoeddwyd nifer o'r rhain yn *Y Geninen Eisteddfodol*. Enillodd yn Eisteddfod Talsarnau, 1893 ar y testun 'Allwedd Oriawr'. Yn *Y Geninen Eisteddfodol*, 1899 cyhoeddwyd ei englyn buddugol yn Ffestiniog i'r meddyg:

> Gelyn cur a doluriau, – a chudeg
> Iachawdwr clefydau;
> Ac, â pharod gyffuriau
> Gallu hwn sydd i'n gwellhau.

Yn 1993 golygodd Catrin Pari Huws, Caernarfon, gyfrol 5, *Hywel Tudur 1840-1922, Bardd, Pregethwr, Dyfeisydd*. Ei enw swyddogol oedd y Parchedig Hywel Roberts, brodor o ardal Llangernyw a dreuliodd y rhan fwyaf o'i oes yng Nghapel Uchaf, Clynnog, Caernarfon. Mae esgyll yr englyn uchod ar goflech iddo yng Nghlynnog.

Eisteddfod Genedlaethol 1926: Abertawe

Yn y flwyddyn y bu farw Berw, a feirniadodd yr englyn un ar ddeg o weithiau yn y Genedlaethol, cynhaliwyd yr Eisteddfod yn Abertawe am y pedwerydd tro ers ei sefydlu yn 1861. Pan gynhaliwyd yr Eisteddfod yno yn 1907, nid oedd yr un englynwr wedi taro deuddeg ar y testun 'Cyfarchiad Nadolig'. Y flwyddyn honno derbyniwyd 99 englyn; yn yr Eisteddfod hon derbyniwyd 220 – y nifer mwyaf ers Corwen 1919, a'r eilwaith i'r nifer fod dros ddau gant. Y testun oedd 'Tŷ To Gwellt' a'r beirniaid oedd y Parchedig J. T. Job ac R. Williams Parry (1884-1956), y ddau'n beirniadu'r gystadleuaeth am y tro olaf. Bu Job wrthi bum gwaith a Bardd yr Haf deirgwaith yn olynol!

Dosbarthodd Robert Williams Parry yr englynion fel a ganlyn: 'y bobl anffodus hynny na ddysgasant reolau cynghanedd'; y rhai 'annealladwy'; y rhai 'a gynnwys hen drawiadau penllwyd neu ystrydebol'; y rhai 'ffraethbert', a rhai, 22 ohonynt, yn cynnwys 'llinellau cyfoethog neu gyrhaeddgar', megis hon gan 'Tan y Bondo': 'Mwyn ei wyngalch mewn hengwm'. Neu 'gypledau hapus' fel y rhain:

> Caer yw i'r frân, crair y fro,
> A eben drist o chwyn drosto.
>
> *Blaen Plwyf*

> A daw hiraeth i daro
> Amal awr i'w ymyl o.
>
> *Deigryn*

Y deg englyn a osodai'r ddau yn eu dosbarth gorau oedd: 'Betws', 'Tynypant', 'Siôn Tŷ Coed', 'Tan y Bryn', 'Blaen Plwyf', 'Cwt y Bugail', 'Mab Cwm Moel', 'Twm Pen Ceunant', 'Prydydd Hir' a 'Symlach na'r Symlaf', ac o blith y rhain, englynion 'Prydydd Hir a Symlach na'r Symlaf' oedd yn rhagori:

A'th frig gwellt, a'th furiau can, – ti ydoedd
I'n teidiau'n hoff drigfan;
Hen fwth eu hatgof weithian,
A hwy yn llwch yn y llan.

Prydydd Hir

Dyma gynnig 'Symlach na'r Symlaf':

Dŷ f'hendaid llwyd ei fondo, – a'i glydwch
O grefft gwledig ddwylo;
Ceid byw diddan dan ei do,
A'r heniaith oedd bêr yno.

Yn ôl y beirniaid, roedd y ddau englyn yn gynnil eu cyffyrddiad, llai ymdrechgar ac yn awgrymu mwy. Englyn syml a thyner, da ei arddull yn portreadu un yn sefyll yn fyfyriol o flaen tŷ to gwellt yw un 'Prydydd Hir'. Englyn da yn glynu yn y cof yw un 'Symlach na'r Symlaf'. Nid oedd Job yn hoffi'r sillgoll: 'Dŷ f'hendaid' (f x h = ff), a thynnodd sylw at y diofalwch gyda'r atalnodi yn y llinell gyntaf.

Penderfynodd y beirniaid rannu'r wobr rhwng y ddau englyn uchod yn ôl *Cofnodion a Chyfansoddiadau* yr Eisteddfod ond nid felly yr oedd hi mewn gwirionedd! Roedd J. T. Job o blaid 'Symlach na'r Symlaf' ac R. Williams Parry o blaid 'Y Prydydd Hir'.

'Fel arfer, bu tipyn o feirniadu ar yr englynion cydfuddugol yn y wasg, ac ni ddihangodd y beirniad yn ddianaf o lach ambell ohebydd,' adroddodd Peredur Wyn Williams yn ei lyfr am ei dad. Bu llythyru yn yr *Herald* ac yn *Y Genedl Gymreig*. Yn ei golofn 'Beirdd a Barddoniaeth' yn *Y Genedl Gymreig*, 6 Medi 1926, mae R. Williams Parry yn hynod o gall yn ateb Eifion Wyn ynghylch un o'r englynion, un o bump a yrrodd i'r gystadleuaeth. Dywedodd nad oedd yn ddigon da i'r dosbarth cyntaf! Roedd yn ei gofio ar gyfrif ei linell olaf, 'A balm oes yn ei Feibl mawr'. Ymhellach yn ei erthygl, eglura R. Williams Parry: 'Clywais ... fod awdur 'Y Llen Lliain' yn *Yr Herald* wedi cymeradwyo fy chwaeth am i mi, fel y tybiai, roddi fy nyfarniad o blaid englyn 'Symlach na'r Symlaf' (Eifion Wyn) ac iddo, wedi darganfod mai englyn 'Y Prydydd Hir' (G. Rees) oedd orau gennyf, gondemnio'r chwaeth honno'n lled lym yn y rhifyn dilynol. Yr oedd hynny'n eithaf teg'.

Dywed R. Williams Parry iddo egluro yn y Babell Lên ym mis Awst na fynnai Job ildio i'w farn ef, ac nad oedd yntau am ildio i farn Job. Ym mis Gorffennaf, yr oedd R. Williams Parry wedi ymgynghori â Syr John Morris-Jones ynghylch y ddau englyn. Darllenodd yntau hwy ddwywaith neu dair, a barnai mai englyn George Rees oedd y gorau. Doedd ryfedd, felly, nad oedd Robert Williams Parry am ildio.

Yn *Y Genedl Gymreig* (20 Medi 1926) fflamiodd Eifion Wyn. Canmolodd Job am osod ei drydydd englyn yn y dosbarth cyntaf cyn bwrw iddi i drafod y ddau englyn buddugol:

> Mae cymaint â hyn o deilyngdod yn fy englyn a dywedyd y lleiaf – nid oes nam ar ei iaith na gwastraff yn ei gynnwys. Am yr englyn a ddewisodd Mr Williams Parry, englyn i'r 'teidiau' ydyw yn hytrach nag i'r 'tŷ'. Amdanynt hwy y sonnir yn gyfan gwbl yn y llinell ddiwethaf: 'A hwy yn llwch yn y llan'. Nid yw'r llinell hon yn ddim amgen na llinell lanw, oblegid nid oes dim yn y testun a eilw amdani. A [b]eth yw'r eglurhad ar 'ti ydoedd?'

Rhyw fis ynghynt, ar 21 Awst 1926, roedd wedi ateb ei gyfaill John William Jones, Blaenau Ffestiniog, ar y mater: 'Druan o Job! Yr ydych i gyd yn dial arno am gamwedd Williams Parry. Y fo, erbyn deall, oedd o blaid englyn y gŵr o Lundain. Ni wn beth a welodd ynddo. Mae yn fwy o englyn i'r "teidiau" nag i'r "tŷ". Rhoir y bedwaredd linell yn gyfan gwbl iddynt! A beth am y gwall sydd yn ei air cyrch?'

Bu farw Eifion Wyn ar 13 Hydref 1926. Enillodd bum gwobr gyntaf ar yr englyn a bu'n gydfuddugol deirgwaith. Enillodd 21 o wobrau yn Adran Farddoniaeth y Genedlaethol rhwng 1906 a 1926. Beirniadodd mewn pedair Eisteddfod. Diflannodd Piwritan mewn moes a llên pan gladdwyd yr englynwr hwn ym mynwent rydd Chwilog.

Eisteddfod Genedlaethol 1927: Caergybi

Am y tro cyntaf yn ei hanes fe gynhaliwyd y Genedlaethol yn Sir Fôn, fel y gelwid yr ynys bryd hynny, ac am y tro cyntaf yn hanes yr englyn eisteddfodol gofynnwyd am englyn unodl union a daliwyd i wneud hynny tan y Drenewydd, 1965. Am y tro cyntaf hefyd ers blynyddoedd un beirniad oedd yn beirniadu, a'r Athro T. Gwynn Jones oedd wrth y gwaith. Hwn oedd y pedwerydd tro iddo feirniadu'r englyn, a chafwyd ganddo chwe thudalen o feirniadaeth yn y *Cofnodion a Chyfansoddiadau,* beirniadaeth sy'n werth ei darllen. Derbyniwyd 173 o englynion ac yn eu mysg englyn Saesneg; meddai'r beirniad: 'Fe wasanaetha'r Saesneg yn ddiau at lawer pwrpas, cyfansoddi barddoniaeth wych yn eu plith, ond ni roes natur iddi hi mo'r ansoddau anhepgor at lunio englyn, hyd yn oed yn llaw un a fyddai feistr arni'.

Soniodd am yr englynion lle'r oedd y gynghanedd yn feistres corn ar yr englynwyr, a'r englynion lle y gwrandawodd llawer o'r prydyddion ar eu hawgrymiadau cyntaf. Er enghraifft, roedd y trawiad 'englyn/dehongli' yn ei gynnig ei hun, ond roedd amryw o'r ymgeiswyr yn ystumio ystyr 'dehongli' er mwyn y gynghanedd. Soniodd am englyn a wnaeth yr Athro J. Glyn Davies mewn ymryson â rhyw englynwr arall, englyn a ddiweddai fel hyn:

> A dehongli dy englyn
> Nis gall Puw na Duw na dyn!

'Yma,' meddai Gwynn Jones, '"dehongli" yw'r un gair i ddywedyd y meddwl, ac y mae'r grefft yn berffaith'. Eglurodd mai rhan o grefft prydydd craff yw osgoi awgrymiadau nesaf at law a pheri i'r gynghanedd wasanaethu'r meddwl yn hytrach na gormesu arno.

Y tri gorau ganddo oedd:

Hen ei dras, cain ei drwsiad, – ar y glust
  Dyry'i glec ogleisiad;
Hyfedr we ei fyw drawiad
Ef a lŷn ar gof y wlad.

Cyfarllwyd

Blwch bach ceindlws ei drwsiad, – gemau'r iaith
  Gymraeg dan ei gaead,
Hithau'r awen o'i throad
Yn sŵn ei glo'n swyno gwlad.

Simwnt

Cywreiniaf gawell cryno, – a rhyw hedd
  Gwell na rhyddid ynddo;
Yr edn glwys roir dan ei glo
Ni thau er ei gaethiwo.

Aled

Dyma baragraff olaf ei feirniadaeth graff:

Ychydig ddewis sydd rhyngddynt i'm byd i. Cyffredin, er nad
amhriodol, yn englyn *Aled* yw'r trawiad 'cyweiriaf: cryno',
ond y mae undod a chysondeb yn ei syniad, sy'n atgoffa dyn
am un epigram Groeg. Y mae undod a chysondeb hefyd yn
englynion *Simwnt*, ond nid yw'r syniad mor wreiddiol ag
eiddo *Aled* a buasai well gennyf y ffurf 'tlws' na 'cheindlws'.
Ni cheir cymaint o ffansi gan *Cyfarllwyd* – ffordd drawiadol
sydd ganddo a ddywedyd pethau mwy cyffredin. Hyd y gallaf
i farnu, englyn *Aled* yw'r gorau.

Y Prifardd Wil Ifan (y Parchedig William Evans Pen-y-bont
ar Ogwr) oedd yr enillydd, yr unig dro iddo ennill ar yr
englyn. Dilynodd ôl troed Dyfed fel prifardd yn ennill ar yr
englyn ar ôl ennill y gadair neu'r goron. Enillodd y goron yn
1913, 1917 a 1925. Tueddwn i anghofio'r ffaith mai ef oedd
enillydd y goron yn Eisteddfod y Gadair Ddu, Birkenhead,
1917. Ei orchest fwyaf fel bardd eisteddfodol oedd ei bryddest
awenyddol a gwreiddiol 'Bro fy Mebyd', un o bryddestau
gorau'r ugeinfed ganrif. Bu'n Archdderwydd o 1947 hyd 1950.

Yr oedd yn gyfaill triw i Fois y Cilie, ac efe a'u cyflwynodd i sylw'r genedl. Meddai Isfoel amdano mewn englyn:

> Bardd cadeiriol yn moli – talentau
> A helyntion digri;
> Tal a thad hael a theidi,
> Ein Shakespeare mewn coler ci.

Nac anghofiwn ei gyfraniad i'n llenyddiaeth. Yr un modd y Parchedig William Morris, Caernarfon. Ei englyn ef a osodwyd yn ail i un Wil Ifan. Ymddangosodd yr englyn yn y gyfrol *Canu Oes*. Erbyn 1981, blwyddyn cyhoeddi'r gyfrol, roedd y llinell gyntaf wedi ei chryfhau:

> Blwch-drysor balch ei drwsiad, – gemau'r iaith
> Gymraeg dan ei gaead;
> Hithau'r Awen â'i throad
> Yn sŵn ei glo'n swyno gwlad.

William Morris a enillodd y gystadleuaeth 'Cadwyn Gron o Saith Englyn Môn'. Yr Athro J. Lloyd Jones, Dulyn ar y pryd, oedd y beirniad a chanmolodd y gadwyn ragorol. Dyfynnodd yr englyn olaf i ddangos dawn William Morris:

> Bryniau mân, bron a maenor - llwybrau llon
> Lle bu'r llys a'r allor;
> Anwylach man ni ylch môr
> Iwerydd na'r gain oror.

Meddai adolygydd *Y Cyfansoddiadau* yn *Y Faner*, 4 Hydref, 1927: 'Diau bod y gadwyn gron o saith englyn yn syml a dirodres ac yn ddarlun pur gywir o Fôn. Eto cyswllt go ryfedd yw hwnnw yn "Tawel ei gorwel a'i gwaith" a phwy a 'adwaen hud ei hawen hi' – ai Goronwy, ai'r awdur? Ni ddylid bod yn amwys'.

Eisteddfod Genedlaethol 1928: Treorci

Yr unig dro i Gwm Rhondda groesawu'r Genedlaethol yn y ganrif ddiwethaf oedd yn 1928. Cynhaliwyd yr Eisteddfod yn Nhreorci. Testun yr englyn oedd 'Colyn' a'r beirniad oedd Pedrog (y Parchedig John Owen Williams, 1853-1932), ac ef yn beirniadu am y pedwerydd tro a'r tro cyntaf ar ei ben ei hun. Derbyniwyd 156 o englynion. 'Gallaf ddywedyd mai'r gwaith beirniadol mwyaf dychrynllyd a gefais i erioed oedd ynglŷn â'r gystadleuaeth hon, a chefais fwy nag un breuddwyd y bu dda gennyf ddeffroi ohono. Bûm ynghanol seirff a gwiberod, a'm calon mor llawn o golynnau â phincas gwniadwraig o binnau a nodwyddau dur,' meddai Pedrog wrth agor ei feirniadaeth.

Yn ôl y drefn eisteddfodol dosbarthwyd yr englynion i bedwar dosbarth. Y pedwerydd dosbarth oedd y dosbarth yr englynion 'gwallus a diobaith am unrhyw wobr'. Yr englynion annheilwng oedd y trydydd dosbarth. A yw brawddeg agoriadol yr ail ddosbarth yn egluro paham y bu i Pedrog ddarllen y deugain ac un englyn deirgwaith? Dyma hi: 'Wedi'r trydydd tro ar brofi pethau, eglur yw nad yw'r canlynol ymysg y goreuon'. Gwenais wrth ddarllen ffugenw un englynwr yn y dosbarth hwn: 'Y Wenynen Wyllt'! Yn y dosbarth cyntaf gosodwyd pedwar englyn ar bymtheg, a rhannwyd y dosbarth yn ddau is-ddosbarth. Ymysg yr un englyn ar ddeg yn is-ddosbarth (2) cafwyd ambell linell dda neu drawiad hapus. Canmolodd linell olaf englyn 'Dan ei Glwyf': 'Byrwaith ing, a brath angau'.

Darllenodd yr wyth englyn yn is-ddosbarth (1) nifer o weithiau ac ar 'wahanol adegau' a barnodd mai englyn 'Yr Hen Ficar' oedd y gorau:

> Ar ei ôl y bydd chwerw wylo, – gwaedd ing
> Ymgudd angau ynddo;
> Arf na cheir ei feinach o,
> A lli gwenwyn lle gwano.

Cadarnhaodd Pedrog ei ddewis:

> Yr unig reswm i mi betruso o gwbl ynghylch rhagoriaeth
> yr englyn hwn oedd ei baladr lled egwan. Lled gyffredin
> yw'r llinell gyntaf. Ond mae'r esgyll yn rhagorol, ac yn well
> disgrifiad o'r testun na dim a geir yn y gystadleuaeth. 'Nerth
> tarw yn ei gyrn, nerth ci yn ei ddannedd, a nerth englyn yn ei
> gynffon' – dyna ddihareb Trebor Mai ar y mater. Gwobrwyer
> *Yr Hen Ficar.*

Yr enillydd oedd George Rees, Harlesden, Llundain er mai
fel 'Gwilym' Rees yr enwir ef ar dudalen y 'Cynwysiad'. Does
ryfedd mai felly y ceir yr enw yn *Mynegai Cyfansoddiadau
1900-1990!* Dyma'r trydydd tro i George Rees ennill gwobr
yr englyn yn y Genedlaethol rhwng 1925 a 1928. Enillodd hefyd
ar hir-a-thoddaid 'Y Goedwig', dan feirniadaeth R. Williams
Parry; dyma'r eildro iddo ennill ar yr hir-a-thoddaid mewn
pum eisteddfod.

Yn yr eisteddfod hon cafwyd cystadleuaeth hir-a-thoddaid
coffa i Berw (y Parchedig Robert Arthur Williams, 1854-
1926), ficer Betws Garmon, Caernarfon. Beirniadodd Pedrog
ddeugain a chwech hir-a-thoddaid ond ataliodd y wobr. Nid
felly Robert Williams Parry yng nghystadleuaeth cywydd coffa
i Eifion Wyn. Cafwyd dau gywydd gwych yn y gystadleuaeth
a gwobrwywyd cywydd 'Cnicht', sef y Parchedig William
Morris, Bryn-du, Sir Fôn bryd hynny. Canmolodd R. Williams
Parry y diweddglo. 'Cywydd rhagorol, heb ynddo ry o ddim –
na rhwysg cynghanedd, na geiriau cyfansawdd, na beirniadaeth
lenyddol – dim ond barddoniaeth bur, lifeiriol,' oedd sylw
R. Williams Parry. Ac meddai, 'A dyma ddiweddglo yw hwn!':

> Trwy ofid hir aeafau
> Ei hun ni bydd yn y bau;
> Daw gwylanod y glennydd,
> Llateion y don, bob dydd,
> Draw o fôr yn drist i'r fan,
> A chrio uwch ei raean.

Ni chyhoeddwyd y cywydd buddugol yn *Cofnodion a Chyfansoddiadau* yr Eisteddfod. 'Ni ddaeth y cywydd i law,' yw nodyn y golygydd. Fe'i cyhoeddwyd yn y llyfr *Cyfansoddiadau Buddugol* a gyhoeddwyd adeg yr Eisteddfod, er na chyhoeddir ynddo enwau'r enillwyr. Mae'r cywydd can llinell i'w gael yn *Canu Oes*.

Eisteddfod Genedlaethol 1929: Lerpwl

Hon oedd yr Eisteddfod Genedlaethol olaf i gael ei chynnal dros Glawdd Offa. Ers ei sefydlu yn 1861, bu yn Lloegr seithwaith: 1866 (Caer); 1884 (Lerpwl); 1887 (Llundain); 1900 (Lerpwl); 1909 (Llundain); 1917 (Penbedw, Birkenhead) a 1929. Yr un fwyaf cofiadwy, wrth reswm, oedd un 'Y Gadair Ddu' yn 1917. Yn y pedair a gynhaliwyd yn ystod yr ugeinfed ganrif ataliwyd y wobr yng nghystadleuaeth yr englyn ddwywaith, 1900 a 1909. Mae'n amlwg bod naturiaethwyr ar bwyllgorau llên 1909, 1917 ac 1929! Testun Llundain, 1909, oedd 'Cennin Pedr', 'Llygad y Dydd' yn 1917 a 'Yr Helygen' yn 1929. Derbyniwyd 89 englyn yn 1900 a 1909; 187 yn 1917 a 132 yn yr eisteddfod dan sylw.

Am englyn y gofynnwyd yn yr eisteddfod hon ac nid englyn unodl union, fel y gwnaed yng Nghaergybi a Threorci. 'Yr Helygen' oedd y testun, a'r beirniad oedd y Parchedig J. J. Williams, Treforys. Roedd yn un o'r beirniaid a ataliodd y wobr yn 1909. Cloriannodd 132 o englynion. Dyma oedd ei sylwadau wrth agor ei feirniadaeth: 'Yn ôl eu harfer daeth yr englynwyr yn llu i'r ornest hon. Cywirach a fuasai dywedyd cystadleuwyr nag englynwyr canys o'r braidd y mae gan lu ohonynt hawl i'r enw'.

Yn ôl yr arfer dosbarthodd yntau'r englynwyr fel y rhai di-glem, dosbarth y gwendidau (hen drawiadau, aneglurder meddwl, ansoddeiriau anffodus, geiriau llanw, etc.). Am y dosbarth cyntaf meddai: 'Ychydig ohonynt sydd yn wir dda, ond dywaid pob un yr hyn a fwriadodd ei ddweud yn weddol raenus'. Neilltuodd naw ar hugain ar gyfer y dosbarth hwn ac yn eu plith yr oedd 'Sigma' 1, 2, 3, 4 a 5. Bu'n petruso rhwng dau englyn ar y diwedd. Dyma un ohonynt, englyn 'Cysgod y Graig':

Oer leianwen torlennydd, – yn ei chrwm,
   Laith ei chrimog beunydd;
Cares cyrs, ancres corsydd,
Eiliw gwae, Rahel y gwŷdd.

Meddai'r beirniad: 'Mabwysiadodd *Cysgod y Graig* ddull Eifion Wyn gyda "Blodau'r Grug", sef lluosogi cymariaethau. Yn ei ddwy linell gyntaf glŷn wrth gymhariaeth y "lleianwen". Ymedy â'r syniad hwnnw o hynny i'r diwedd a chyffelyba'r Helygen i "gares", "ancres" … a "Rahel". Nid i'w gondemio y dywedir hyn, canys y mae'r ffordd honno yn hollol gyf-reithlon'. Yn ôl Brinley Richards (1904-1981), Lewis Davies (1863-1951) o'r Cymer oedd *Cysgod y Graig*.

Aeth 'Du'r Bilwg' i gyfeiriad gwahanol. Dyma'i englyn:

Naiad ŵyl glyn a dyli, – gwerdd ei gwisg,
   Hardd ei gwedd, yn oedi
Uwch ei llun yn nrych y lli,
A'i nwyd trist yn hud trosti.

Meddai amdano: 'Dewisodd *Du'r Bilwg* ddull Wil Ifan yn ei englyn i "Englyn", sef glynu'n dynn wrth yr un gymhariaeth o'r dechrau i'r diwedd … Hyd y gwelaf i llwyddodd hwn i ddywedyd bron bopeth a ddywaid y lleill gyda'i gilydd, a llwyddodd hefyd i weithio'r cyfan i mewn i un darlun. Gallai arlunydd osod hwn ar gynfas heb adael sillaf allan, na gosod dim i mewn.'

Ar ôl darllen y englynion 'Du'r Bilwg' a 'Cysgod y Graig' nifer o weithiau barnai J. J. Williams fod mwy o loywder llenyddol yn englyn 'Cysgod y Graig'. Er hynny gan 'Du'r Bilwg' cafwyd darlun effeithiol mewn geiriau unsill bron i gyd. Penderfynodd wobrwyo 'Du'r Bilwg'.

James Ifano Jones, Penarth oedd y buddugwr. Ganwyd y llyfrgellydd a'r llyfryddwr hwn yn Aberdâr yn 1865. Bu farw ym Mhenarth yn 1955, ddeng mlynedd ar hugain bron ar ôl ymddeol o'i waith fel llyfrgellydd Cymraeg Caerdydd. Yr oedd ei wybodaeth am Gymru yn rhyfeddol yn ôl Walter Thomas Morgan (1912-90), Aberystwyth. Yr oedd yn eisteddfodwr brwd ac yn aelod o Orsedd y Beirdd. Bu'n fuddugol yn 1902 am ddrama'n 'portreadu bywyd Cymreig yn y ddeunawfed neu'r bedwaredd ganrif ar bymtheg', ac eilwaith yn 1904 am ddrama 'Rhys ap Tewdwr'. Yr unig dro iddo ennill yn yr adran farddoniaeth oedd yn yr eisteddfod hon.

Surodd y dramodydd, y llenor, y beirniad llenyddol a'r englynwr ymhell cyn iddo ymddeol oherwydd na chafodd ei lwyr werthfawrogi yn Llyfrgell Caerdydd. Perthynas i Ifano Joens oedd Dyfnallt (y Parchedig J. Dyfnallt Owen, 1873-1956), Prifardd y goron, 1907 ac Archdderwydd Cymru 1954-1956. Roedd mam Ifano Jones yn chwaer i fam-gu Dyfnallt, ac eglurodd mai siom fwyaf bywyd ei ewythr oedd peidio â chael ei wahodd i fod yn Llyfrgellydd cyntaf Llyfrgell Genedlaethol Cymru. John Ballinger, Prif Lyfrgellydd Caerdydd, a gafodd y swydd, gŵr y bu Ifano Jones yn cydweithio ag ef yn y llyfrgell o 1896 hyd 1908. Brithir *Y Cymru Coch* (1891-1927) a'r *Geninen* (1884-1928) gan ei waith. Dyma ddau englyn o'i eiddo:

Gronyn

Y lleiaf, decaf dicyn – o ddeunydd
    Diddinistr yw gronyn;
    Byd y bydoedd, nawdd abwydyn;
    A lleied yw, ni ddeall dyn.

                  (*Cymru*, 1900)

Er cof am Gwilym Eilian

Hedd eura ei ddaiaren – ac engyl
　　Ein cynghan ar aden
　　Godant i gudeg Eden
　　Ar risiau'i wawl o'r Groes Wen.

(*Y Geninen*, Gŵyl Ddewi 1912)

Brodor o Fachen, Caerffili yng ngwaelodion Cwm Rhymni
oedd Gwilym Eilian (William Coslett, 1831-1904), prydydd a
oedd yn swyddog mewn glofa.

Eisteddfod Genedlaethol 1930: Llanelli

Am yr eildro yn yr ugeinfed ganrif cynhaliwyd y Genedlaethol
yn Llanelli yn 1930. Enw newydd ymysg enillwyr yr englyn
yn y Genedlaethol a ddaeth i'r brig y flwyddyn hon, sef y
Parchedig John Edwards, Llanfynydd, Caerfyrddin, a hynny ar
destun cwbl addas i'r Genedlaethol yn Llanelli:

Dur

Nwydd llyfn, caledrwydd llafnau, – rhin haearn
　　Yw o'r ffwrnais olau;
　　Gwae llengoedd, arfwisg llongau,
　　A min pur eirf llym ein pau.

Cadwyd at y term moel 'Englyn' yn yr eisteddfod hon hefyd.
Am yr ail flwyddyn yn olynol, y Parchedig J. J. Williams oedd
yn beirniadu. Derbyniwyd 101 o englynion. Hoffais ei sylw
wrth agor ei feirniadaeth: 'Rhaid syrthio'n ôl ar yr hen arfer
barchus o'u dosbarthu yn unig'.

Gosododd bymtheg englyn ar hugain yn y dosbarth cyntaf,
am fod pob un ohonynt yn dweud ei feddwl yn weddol glir, a
chafwyd ambell fflach loyw yma a thraw, 'naill ai mewn

cynghanedd newydd neu syniad trawiadol'. Ar ôl iddo restru'r ffugenwau fe eglurodd: 'Nid gwaith hawdd a fu dewis y gorau, am nad oes yr un Saul ymhlith y proffwydi, ac am nad oes yr un englyn yn orau ym mhob peth'.

Fodd bynnag, meddai am yr englyn buddugol gan 'Gogerddan': 'Er na ellir honni ei fod yn orchestol iawn, y mae'n gryno a didramgwydd. Methais yn lân â darganfod ei well yn y pentwr i gyd'. Yr oedd y Parchedig John Edwards (Ffawdynog) gweinidog yr Hen Gorff yn Llanfynydd, wedi gwneud enw iddo'i hun fel englynwr yn eisteddfodau lleol sir ei febyd ers tro. Brodor o Ben-bre ydoedd ac fe ddechreuodd ar ei weinidogaeth yn Llanfynydd yn 1906. Bu yno tan 1929. Enillodd ym Mhorth Tywyn ar y testun 'Y Pistyll'. Fel hyn yr ymddengys yr englyn yn *Y Geninen*, 1901:

> Gwir enwog physigwr Anian ydyw'r
>   Rheidiol Bistyll dyddan;
>   Hoff burwr! a phib arian
>   Yn swyno cwm â sain cân.

Eisteddfod Genedlaethol 1931: Bangor

Yn Llanelli yn 1930, beirniad oedd Sarnicol; ym Mangor cystadleuydd ydoedd. Ef oedd Prifardd y gadair am ei awdl 'Aelwyd y Cymro' yn y Fenni yn 1913, ac ym Mangor, daeth yn drydydd yng nghystadleuaeth y goron, ac yn gyntaf ar yr englyn.

'Y Bompren' oedd y testun, a'r beirniad am y trydydd tro yn olynol oedd J. J. Williams. Ymddengys fod Pedrog yn cydfarnu ag ef oherwydd mae'n ei grybwyll yn ei feirniadaeth. Didolwyd y 229 englyn i dri dosbarth: yr englynion llawn camgymeriadau; englynion cyffredin iawn a'r englynion boddhaol. Gosodwyd deugain ac un englyn yn y dosbarth olaf a thrafodwyd saith o'r englynion hynny. Yn eu mysg englyn 'Amaethon', sef Garmon Wyn, Caernarfon. Canmolwyd ei esgyll:

> Iorwg a gudd ei deri
> A chen llwyd ei chanllaw hi.

R. H. Gruffydd, Penfforddelen, y Groeslon, Caernarfon, oedd 'Trystan'. Mynegodd ei hiraeth tyner:

> Rwy'n unig arni heno,
> A'r ddain ei grudd yn y gro.

Roedd ef yn gystadleuydd cyson ar yr englyn yn y Genedlaethol.

William Griffith, Hen Barc, Llanllechid, awdur 'Defaid William Morgan' oedd 'Hiraeth Trwm'. Darluniodd yn ei englyn eneth siomedig am y bompren:

> Yn y dŵr gwêl ddarlun dau
> Ar hon yn torri'u henwau.

Englyn 'Gwas y Gilfach' ac un 'Sigma' a gyrhaeddodd y rhestr fer am y wobr. Dyma englyn 'Gwas y Gilfach':

> Pont y pentre ydoedd, – arw'i chrefft,
>   Braich y rhyd; clo'r cymoedd;
> Ôl naddu hael ynddi oedd –
> Caer dawel caru deuoedd.

Sylwadau J. J. Williams arno oedd: 'O osod y chwyddwydr arno gwelir ei fod yn cyfrif 'arw' yn ddau sillaf yn lle un, a gwelir hefyd iddo osod "ydoedd" ac "oedd" i odli â'i gilydd. Beth bynnag a ellir ei ddweud tros hynny teimlwn y gallesid cael rhywbeth cyfoethocach mewn un englyn fel hyn. A phaham defnyddio'r amser gorffennol o gwbl? Dichon hefyd y gellid amau priodoldeb "braich y rhyd" a "clo'r cymoedd".'

Dyma englyn 'Sigma':

> Trwm drawst er tramwy drosto, – a chanllaw
>   Arw ei chynllun wrtho;
> Lle'r oed hwyr, lle hir dario,
> A dolen braff dwylan bro.

Meddai J. J. Williams:

> Y mae brycheuyn amlwg ar y gynghanedd yn y drydedd linell, sef *d h* yn cael ei ateb gan *d* yn lle *t*. Goddefwyd hyn am dymor, ond yn ddiweddar aed yn ôl at y meistri am ein safonau; ac y maent hwy yn bendant ar y pwnc hwn. Ar waethaf y brycheuyn teimlwn ein dau mai hwn yw'r englyn gorau. Wedi petruso gryn lawer barnwn mai ein dyletswydd yw ei wobrwyo, gan wneuthyr yn hollol glir mai ar waethaf ei nam y gweir hynny. Gwobrwyer *Sigma*.

Brodor o Gapel Cynon, Llandysul, Ceredigion, oedd Thomas Jacob Thomas (1873-1945), yr englynwr buddugol. Bu Sarnicol yn athro ysgol yn Abertyleri a Merthyr Tudful cyn cael ei benodi yn brifathro Ysgol Uwchradd Mynwent y Crynwyr, Merthyr Tudful. Ymddeolodd yn 1931 a symud i Aberystwyth lle bu farw ar 2 Rhagfyr 1945. Claddwyd ef ym Mynwent Bwlch-y-groes, Llandysul. Torrwyd englyn gan y Prifardd Cledryn (David Rees Davies, 1875-1964), Cwrtnewydd, Ceredigion ar ei garreg fedd:

> Yn su'r grug, yn nos hir y gro, – yn bêr
> I'n bardd y bo'r huno,
> A'r bore wawr dan wybr bro
> Fwyneiddiach nef wen iddo.

Mae ambell i beth y gallaf ddwyn i gof am Sarnicol. Daeth i'r brig gyda'i bryddest ar 'Gwawr y Ganrif' yn Eisteddfod Aberteifi, 1901, ond yn ôl tystiolaeth *Y Geninen*, 1909: '... drwy i'r awdur gamddeall rheolau'r eisteddfod, ni chafodd y Gadair'. Mae'n siŵr mai ei gerdd fwyaf adnabyddus erbyn heddiw yw ei delyneg 'Ar ben y Lôn'.

Y cyngor gorau a gafwyd yn y Genedlaethol ym Mangor oedd cyfarwyddyd Moelwyn (y Parchedig John Gruffydd Moelwyn Hughes, 1866-1944), awdur yr emyn 'Y Ddinas Gadarn', i feirdd tila cystadleuaeth y goron: '... cynghoraf hwy'n garedig, er mwyn eu hunain, a rhag poeni beirniaid, i beidio â chynnig eto am y Goron tan Eisteddfod 1951 – ugain mlynedd o ddirwest. Ac yn y cyfamser bydded iddynt ddarllen eu Beibl, a chlasuron eraill ein llenyddiaeth, drosodd a throsodd; a dysgu Llyfr Job, Proffwydoliaeth Eseia, Efengyl Ioan a Llyfr y Datguddiad ar dafod-leferydd'.

Eisteddfod Genedlaethol 1932: Aberafan

O'r eisteddfod hon, a gynhaliwyd yn Aberafan am y tro cyntaf, hyd Eisteddfod Genedlaethol Caernarfon, 1935, ni chyhoedd-wyd *Cofnodion a Chyfansoddiadau* y Genedlaethol. O 1881 hyd Bangor 1931, cyfnod o hanner canrif, y golygydd oedd Evan Evans (1851-1934), a urddwyd yn farchog yn 1909. Fel Syr Evan Vincent Evans y cyfeiriwyd ato yn dilyn hyn. A oedd y golygydd yn teimlo'i oed ac yn methu â chyflawni'r gwaith? Roedd awgrym o hynny yng nghyfrol cyfansoddiadau Bangor y flwyddyn flaenorol pan aeth rhai beirniadaethau ar ddisberod. Bu dylanwad E. Vincent Evans yn fawr ar y Genedlaethol fel Ysgrifennydd Cymdeithas yr Eisteddfod a'i golygydd.

Cyfrol wyth deg a phedair tudalen a gyhoeddwyd gan Wasg y Brython, Lerpwl. Teitl y gyfrol oedd *Yr Awdl, y Bryddest, a Darnau Eraill, Buddugol yn Eisteddfod Genedlaethol Aberafan–Port Talbot, 1932.* Dim ond y ffugenwau a geir yn y gyfrol; y papurau newydd a gyhoeddodd restr yr enillwyr.

Beirniad cystadleuaeth yr englyn oedd Gwili, a feirniadai'r englyn am y tro cyntaf. Derbyniwyd 208 o englynion ar y testun 'Cyfaill'. Yr enillydd am y pedwerydd tro oedd George Rees, Llundain. Enillodd yn 1925 ('Balm'); 1926 ('Tŷ To Gwellt', cydfuddugol ag Eifion Wyn) a 1928 ('Colyn'). Enillodd bedair gwobr arall yn Adran Farddoniaeth y Genedlaethol, dwy am gywydd a dwy am hir-a-thoddaid. Mae lle i gredu iddo gystadlu'n rheolaidd yn y Genedlaethol. Yn y rhestr o gerddi gan George Rees nas cyhoeddwyd yn y gyfrol *O! Fab y*

Dyn (gol. Brynley F. Roberts, 1976), gwelir 'Cywydd Coffa I. D. Hooson'. Bu'r cywydd hwn i mewn yng Nghaerffili, 1950 ond ataliwyd y wobr. Bu farw George Rees ar 1 Medi 1950. Yn *Y Goleuad*, 11 Hydref 1950, y cyhoeddwyd 'Ceiliog y Gwynt' a fu yn y gystadleuaeth yng Nghaerffili, yn ysgrif goffa y Parchedig D. Tecwyn Evans, MA, iddo.

O'r Rhondda yr aeth George Rees i Lundain, a'i waith yno oedd gwerthu llaeth. George Heycock oedd ei enw bedydd ond gan fod gwerthwr llaeth arall o'r enw 'Maycock' ar yr un rownd ag ef fe benderfynodd y Cymro newid ei enw rhag peri dryswch i'r cwsmeriaid, ac fe fabwysiadodd gyfenw morwynol ei fam, Rees.

Am yr ail flwyddyn yn olynol enillodd englynwr â chysylltiad ag Abertyleri ar yr englyn! Bu Sarnicol yn athro yn y dref a bu George Rees yn byw yno ac yn flaenor yng Nghapel yr Hen Gorff. Dyma englyn buddugol 1932:

Cyfaill

Rhed ei gariad i'w gerydd – ni'm gwrthyd,
  Ni'm gwerth yn dragywydd;
  Fy llyw da trwy f'holl dywydd,
  Lloer fy nos, lleuer fy nydd.

Eisteddfod Genedlaethol 1933: Wrecsam

Testun yr Englyn yn 1933 oedd 'Aderyn y To'. Bu'n destun Englyn Cywaith Ymryson y Beirdd y BBC un tro pan oedd Sir Feirionnydd yn cystadlu dros hanner canrif yn ôl. Dyma'r englyn:

Hyd y tai daw Llwyd y To, – a'i drydar
  Direidus o'r bondo;
  Anhydrin, hoff o frwydro,
  Lle bo'r ŷd gwyn fyd efô!

Dyma englyn Gruffydd o Fôn i 'Aderyn y To':

> Llu a'i gwad! Ai llygoden – yr awyr
> Yw o â'i fron lwydwen?
> Câr oedi lle ceir yden
> A dil to adeilad hen.

Ceir '1933' wrth gwt yr englyn yn *Cerddi Gruffydd o Fôn* (Gwasg Gwynedd, 1981).

Mae un gwelliant ar gyfrol fechan *Cyfansoddiadau* 1932 yn un Wrecsam. Ynddi enwyd y beirniad. Yr Athro T. Gwynn Jones, M.A., Aberystwyth, a feirniadai'r englyn yn 1933. Derbyniodd 213 o gynigion. Rhannodd y wobr rhwng 'Llwyd y Berth' ac 'Osian'. Dyma gynnig 'Llwyd y Berth':

> Drwy'i fuander o fondo – daw i'n dôr
> Yn edn â dawn cadno;
> Un di-gân yn mud gwyno
> A lleidr taer yw'r Llwyd o'r To.

Ac un 'Osian':

> O adar fil dewraf wyd, – yn daeog
> Ar doeau y'th wnaethpwyd;
> Ehedi i'r llawr yn lleidr llwyd
> I ryfel ymysg briwfwyd.

Bu J. W. Willesden, Llundain yn ddiflewyn-ar-dafod yn ei lythyr yn trafod y ddau englyn yn *Y Brython*, 14 Medi 1933. 'Dau englyn cymysg eu ffigurau a heb roddi disgrifiad teilwng o'r testun,' oedd ei frawddeg glo.

Cyngar, R. E. Jones, Llanberis (1852-1936) oedd 'Llwyd y Berth', brodor o Langefni a theiliwr wrth ei alwedigaeth. Wedi cyfnod ym Mhentraeth, Môn, symudodd i Lanberis lle treuliodd y rhan fwyaf o'i oes. Bu'n cynrychioli'r ardal ar Gyngor Sir Caernarfon, lle y gwnaeth ddiwrnod da o waith.

Roedd yn un o arwyr cyntaf y nofelydd T. Rowland Hughes. Ef oedd yn sail i'r portread o F'ewyrth Huw yn *O Law i Law*, 1943. Lluniodd y nofelydd ysgrif goffa nodedig i'w arwr yn *Seren Gomer*, 1936.

Ceir llun o'r englynwr caredig a chroesawgar yn y gyfrol *Bro a Bywyd T. Rowland Hughes 1903-1949* a gyhoeddwyd yn 1990. Enillodd am englynion coffa i Eifionydd yn y Genedlaethol ym Mangor, 1931. Yn ei ddydd, cyhoeddodd Eifionydd lawer o gerddi Cyngar a'i frawd, Hywel Cefni, Tal-y-sarn yn ei gylchgrawn *Y Geninen*. Cyhoeddwyd pedwar englyn gan Cyngar yn *Englynion Môn* (gol. Dewi Jones, Edward Jones, 1983). Dyma'r cyntaf:

> *Y Cwm Uchaf, Llanberis*
> Efo'r Wawr, fore o haf – am ennyd
>   Tua'r mynydd dringaf;
>   Hyd lethrau heirdd dilithr af
>   Am iechyd i Gwm Uchaf.

Y Parchedig William Morris, Caernarfon oedd yn gyd-fuddugol â Chyngar; Cyngar yn ennill ar yr englyn am y tro cyntaf a William Morris am y trydydd tro a'r tro olaf. Ym Methel, ddydd Sul y Sulgwyn, 1969 roeddwn wedi taro i mewn i gael sgwrs â J. R. Morris y llyfrwerthwr adnabyddus. A ninnau wrthi'n rhoi'r byd llyfrau yn ei le, pwy gerddodd i mewn ond William Morris! Roedd wedi bod yn cadw oedfa'r bore yn rhywle yn y cyffiniau ac yn dychwelyd i'w gartref yng Nghaernarfon. Eisteddodd gyda ni. Ymhen hir a hwyr fe gododd J.R. i fynd i'r gegin ac wrth fynd heibio i'r Cyn-Archdderwydd fe roddodd J.R. ei law ar ben William Morris. 'Dod ar fy mhen dy Sanctaidd Law' meddai'r pregethwr dan wenu.

Mewn llythyr at Mrs Beryl Jones, Dolgellau 24 Awst, 1951, meddai Llwyd o'r Bryn am y Genedlaethol yn Llanrwst yn gynharach yn y mis: '… Y Babell Lên aeth â hi eleni. Roedd William Morris yn anfarwol yn Ymryson y Beirdd bob dydd.

Ni feddyliais fod cymaint o hiwmor ynddo ac yn gyflym tu hwnt'. Mor wir ar hyd ei oes.

Meddai Derwyn Jones, Cyn-Lyfrgellydd Cymraeg y Brif-ysgol ym Mangor amdano, 'Ni bu hafal William Morris am englyn coffa ac englyn beddargraff, canys fe lwyddai'n ddi-feth i leisio barn y "cyffredin mud"'. Er enghraifft:

Tom Nefyn (1895-1958)

Bu was gwir, heb seguryd, – i'w Arglwydd
    Dan eurglod ac adfyd;
    Ac o'i bregethau i gyd
    Y fwyaf oedd ei fywyd.

Cerfiwyd yr englyn hwn, yr olaf o dri englyn coffa i'r efengylydd ar ei gofeb yn Rhydyclafdy, Llŷn.

Eisteddfod Genedlaethol 1934: Castell-nedd

Dyma'r eildro mewn un flynedd ar bymtheg i'r Genedlaethol ymweld â Chastell-nedd. Y tro hwn, testun yr englyn oedd 'Y Pentan' a'r beirniad, am yr eildro mewn dwy flynedd, oedd Gwili (y Parchedig John Gwili Jenkins, 1872-1936, Prifardd y goron 1901 ac Archdderwydd 1932-1935). Cyhoeddwyd beirniadaeth fer Gwili yn Y Brython, 16 Awst 1934. 'Englynion i'r "aelwyd" neu i'r gadair fawr ger y tân yw llawer ohonynt, ac nid wyf yn hollol foddhaus hyd yn oed ar y goreuon,' meddai. Dewisodd chwe englyn i'w hystyried am y wobr. Ar y dechrau, nid oedd am wobrwyo o gwbwl. Ond, 'Wedi hir ystyriaeth, er hynny, tueddir fi i wobrwyo englyn syml Meudwy'r Aelwyd er rhwydded yw nodi diffygion ynddo,' meddai Gwili.

Yr enillydd oedd J. W. Jones, Ynys-y-bŵl, Pontypridd gan ennill am y tro cyntaf, a'r unig dro ar yr englyn. Dyma ei unig wobr yn y Genedlaethol, fel Eldon, Llundain, a'r Parchedig

William Williams, Panteidal, Machynlleth, ac fel yn eu hachos hwythau, wn i fawr ddim am yr englynwr buddugol. Dyma'i englyn, y gorau allan o 169:

> I eiddil tan bwys dyddiau, – am newydd
> A chwmnïaeth ffrindiau,
> Hwn a erys yn orau
> Fan yr oed pan fo'n hwyrhau.

Cystadleuaeth o ddiddordeb teuluol i mi oedd y faled 'Efail y Gof'. Dyna pam y prynodd fy hen ewythr, Yncl Edward Tai'n Coed, y llyfryn chwe deg dwy o dudalennau. Unig frawd fy nain, mam fy nhad, oedd Yncl Edward. Ef a ddilynodd ei dad, Edward Hughes arall, yn ardal Rhoscefnhir yn 1919, a bu wrth y gwaith tan 1932 pan gymerodd fy nhad, Edward Hughes arall fyth, gyfrifoldeb o'r busnes. Crwys oedd yn beirniadu, a Gwilym Myrddin (William Jones, 1863–1946), Prifardd y Goron yn 1930, a enillodd 17 gwobr yn y Genedlaethol, yn cipio'r wobr. Enillydd yr hir-a-thoddaid i'r diweddar J. M Howell, Aberaeron oedd T. J. Samuel [*sic*] Sarnicol, Aberystwyth. Cyfenw cywir Sarnicol oedd Thomas. Ond yr hyn a dynnodd fy sylw at yr hir-a-thoddaid oedd ffugenw'r buddugol, sef *Sigma*! Dyna oedd ei ffugenw pan enillodd ar yr englyn, 'Pompren', Bangor, 1931. Yn Lerpwl, 1929, yng nghystadleuaeth yr englyn, 'Yr Helygen', roedd gan 'Sigma' bum englyn yn y dosbarth cyntaf! Enillodd dair gwobr yn Adran Ryddiaith Eisteddfod 1934 dan yr un ffugenw.

Eisteddfod Genedlaethol 1935: Caernarfon

Am y pedwerydd tro ers Abertawe, 1926 cafwyd y teitl 'Eisteddfod Genedlaethol Frenhinol Cymru' ar glawr llyfryn y cyfansoddiadau. Fe'i cafwyd yn Nhreorci, 1928 a Llanelli, 1930. Ni chafwyd y teitl ar *Y Cofnodion a Chyfansoddiadau* yn 1926, 1928 na 1930.

Testun yr englyn yng Nghaernarfon oedd 'Gerddi Bluog'. Y beirniad oedd y Parchedig D. J. Davies, Capel Als, Llanelli – y tro cyntaf iddo feirniadu'r englyn yn y Genedlaethol. Beirniadodd 103 o englynion. Wrth agor ei feirniadaeth a gyhoeddwyd yn *Y Brython*, 26 Medi 1935, dywedodd: 'Er mai pedair llinell sydd mewn englyn y mae'n syn gymaint o wallau a gwendidau a ddaw i'r gystadleuaeth ar ysgwyddau'r pedwariaid bach'. Yng nghanol ei feirniadaeth dywedodd hyn am y testun: 'Ofnem fod iddo'i beryglon. Yr oedd cymaint o'i gylch yn ogystal ag ynddo. Pryderem wrth feddwl am yr englyn bach yn mynd i Gerddi Bluog. Cerbyd yn gofyn am lwyth cryno yw'r englyn; a'i orlwytho a gafodd. Dawn i ddethol oedd eisiau'.

O'r 21 englyn gorau dewisodd saith i'w hystyried am y wobr, ac o blith y rhain dewisodd dri: *Guto Wyn*, *Llais o'r Berth* a *Pererin*. 'Gwobrwyer *Pererin* am ei englyn gwych', oedd ei benderfyniad. Yr enillydd oedd Gruffydd o Fôn. O'r diwedd, llwyddodd Robert Hugh Gruffydd (1889–1967), Pennffordd-elen, y Groeslon i blesio beirniad yr englyn. Bu'n gystadleuydd cyson. Mae ei gyfrol, *Cerddi Gruffydd o Fôn*, yn cynnwys o leiaf ddau englyn ar bymtheg ar destunau'r Genedlaethol. Dyma'i englyn buddugol i'r 'Gerddi Bluog':

Arafaf! Hud canrifoedd – sy'n y lle,
   A sŵn llif aberoedd;
I Brys, ar lwybr yr oesoedd,
Colofn yw, cêl hafan oedd.

Wrth droed yr englyn yn y gyfrol o'i gerddi ceir nodyn: 'Buddugol yn Eisteddfod Genedlaethol 1935. Daeth englyn arall ar yr un testun yn ail, ac un arall yn drydydd'.

'Bu llawer o bererindota i'r Gerddi Bluog i gofio Edmwnd Prys: ond bellach mae ymchwiliadau Bob Owen a Mr David Jenkins o'r Llyfrgell Genedlaethol wedi rhoddi goleuni newydd inni', eglurodd T. I. Ellis (1889–1970) yn *Crwydro Meirionnydd*, 1954. Yr oedd Edmwnd Prys (1544–1623) yn

Archddiacon Meirionnydd ac wedi ymgartrefu yn Nhyddyn Du, Maentwrog yn 1580; ymgymerodd â bywoliaeth Llandecwyn, Talsarnau yn ogystal â bod yn Archddiacon. 'Y ffaith yma, mae'n debyg, a barodd gychwyn y traddodiad anghywir mai yn y Gerddi Bluog, ger Harlech, yr oedd ei gartref,' esboniodd Y Bywgraffiadur Cymreig. Bu Morgan Prys, mab Edmwnd Prys, yn byw yn y Gerddi Bluog ar ôl iddo briodi.

Brodor o Lanfaelog, Ynys Môn, oedd Robert Hugh Gruffydd ond pan oedd tua deg oed symudodd ei deulu i Dyddyn Gyrfar, Llandrygan. Brawd iddo oedd y Parchedig W. T. Gruffydd (1885-1981), enillydd y Fedal Ryddiaith yn Aberdâr, 1956. Addysgwyd Robert Hugh yn Ysgol Sir Llangefni a'r Coleg Normal, Bangor. Treuliodd ei yrfa yn ysgolfeistr yn yr hen Sir Gaernarfon. Bu'n brifathro yn Ysgol y Rhiw, Llŷn ac oddi yno symudodd i fod yn brifathro Ysgol Penfforddelen, y Groeslon. Bu'n ddyn arbennig o weithgar yn y ddwy ardal. Ymfalchïai yn ei englyn buddugol yn 1935. Yn ddiweddarach, cynhwyswyd 'Gerddi Bluog' yn Awen Arfon (1962), Englynion Môn (1983) ac yn Y Flodeugerdd Englynion (1978).

Eisteddfod Genedlaethol 1936: Abergwaun

Am y tro cyntaf ers y Barri, 1920 cafwyd cystadleuaeth Englyn Digri yn Abergwaun. J. D. Thomas, Conwy a enillodd. Roedd y testun yn agored ac fe ganodd yr enillydd i'r 'Ferch Fodern'. Derbyniwyd 110 o gynigion. Testun yr englyn yn y Genedlaethol gyntaf i ymweld â Dyfed oedd 'Hiraeth'. Y beirniad oedd Dewi Morgan, Aberystwyth (Prifardd y Gadair ym Mhwllheli, 1925 ac enillydd yr englyn yn 1915, 1919 ac 1925). Derbyniwyd 185 o englynion. Dwy frawddeg agoriadol y feirniadaeth oedd: 'Wedi bwrw golwg drostynt gellid meddwl bod yr englynwyr yn ddiweddar yn bodloni ar gyffwrdd â, ac nid gafael yn y testun. Wedi'r cwbl, y gamp ar englyn da yw ei fod yn llawer mewn ychydig'.

Ei gyngor i'r trydydd dosbarth oedd i ddal ati, 'bu pawb yn sgrifennu fel hyn rywbryd'. Ysgrifennu er mwyn ysgrifennu oedd yr ail ddosbarth, 'mynd drwy y moshiwns' yn unig. Gosododd 29 englyn yn y dosbarth cyntaf ond am iddo ysgrifennu sylwadau ar bob copi yn y gystadleuaeth ni nododd fawr ond ffugenwau saith ar hugain ohonynt. Dewisiodd drafod y ddau orau yn y gystadleuaeth. Dyma englyn 'Bili':

> Am gâr neu wlad, dyma don – o alar
>   Dylif hen atgofion;
>   I roi ei aeth yn y fron
>   Sedd wag mewn tŷ sy ddigon.

Eglurodd Dewi Morgan iddo gael ei gyffwrdd gan y llinell olaf. Er bod gwendid yn y llinell gyntaf a'r drydedd fe apeliodd symledd ac eglurder yr englyn ato.

'Galarnadwr' oedd awdur yr englyn buddugol:

> Toredig atgo'n trydar, – a'r enaid
>   Dan driniaeth edifar;
>   Wylo'i gŵyn mae'r sawl a gâr,
>   A'i nef yn ddarn o'i afar.

Roedd yn yr englyn hwn fwy o ddyfnder. Yr enillydd oedd Richard Hughes (1879-1945). Birkenhead ar y pryd. Ymhen rhyw bedair blynedd roedd wedi symud i fyw i Ashlands, Glanconwy. Brodor o Garreg Wen, Cefn Meiriadog, Llanelwy oedd Richard Hughes. Treuliodd flynyddoedd lawer yn gweithio yn swyddfeydd y Co-op ar Lannau Mersi. Bu farw tra'n dychwelyd o'r llwyfan ar ôl derbyn gwobr yn Eisteddfod Môn, Llangefni, 1945. Ef a enillodd y gadair yn yr Eisteddfod honno am ei awdl 'Y Dychwel'. Testun yr englyn oedd 'Marwydos' ac yr oedd yn gyd-fuddugol ag ef ei hun. Dyma un englyn:

Eu hud llosg mewn amdo llwyd – a oera'n
 Araf dan fy nghronglwyd;
 Min y chwa byth mwy ni chwyd
 Farwolion claf yr aelwyd.

Bardd cystadleuol oedd Richard Hughes. Enillodd o leiaf un wobr ar bymtheg yn y Genedlaethol a nifer eto mewn eisteddfodau llai. Er enghraifft, enillodd gadair Eisteddfod Môn ym Mhorthaethwy yn 1913 am awdl, 'Brwydr Porthaethwy 1194', enillodd ar y delyneg 'Glannau'r Fenai' ac am yr englyn 'Yr Ysgolfeistr'. Yn Eisteddfod Rhosllannerchrugog, 1945 enillodd dair gwobr: Cywydd 'Clawdd Offa'; Baled 'Tomos Bartley' a '12 o Gerddi Addas ar gyfer plant ysgol'. Fel y nodwyd uchod, roedd wedi marw Sulgwyn y flwyddyn honno ac felly fel y diweddar Richard Hughes y cyfeirir ato yn *Y Cyfansoddiadau*.

Eisteddfod Genedlaethol 1937: Machynlleth

Ar gyfer yr eisteddfod hon cyhoeddwyd adroddiad olaf Cymdeithas yr Eisteddfod Genedlaethol. Y flwyddyn hon unwyd y Gymdeithas â Gorsedd y Beirdd i ffurffio un corff llywodraethol i'r genedlaethol. Meddai'r Golygydd, D. R. Hughes, Llundain (Myfyr Eifion, 1874-1953): 'Yn ystod hanner canrif ei bodolaeth gwnaeth Cymdeithas yr Eisteddfod Genedlaethol gyfraniad pwysig i'n llenyddiaeth trwy gyhoeddi *Cyfansoddiadau a Beirniadaethau* yr Eisteddfod o flwyddyn i flwyddyn, ond am resymau sy'n wybyddus ni wnaed hyn yn ystod y blynyddoedd diweddar. Cyhoeddid y Cyfansoddiadau arobryn gan y pwyllgorau lleol a gwneir hynny eleni gan bwyllgor Machynlleth.'

Yn yr adroddiad olaf, cyhoeddwyd beirniadaethau Abergwaun 1936 a Machynlleth yn unig. Yn y llyfrynnau y cyhoeddwyd y cyfansoddiadau buddugol. Ym Machynlleth, felly, y daeth y drefn o gyhoeddi llyfryn o'r farddoniaeth fuddugol yn unig, i ben. Hughes a'i Fab, Wrecsam, a gyhoeddodd un Machynlleth. Yn y llyfryn 58 tudalen ni chyhoeddwyd enwau bedydd yr enillwyr na'r beirniaid. Dychwelwyd at y teitl 'Eisteddfod Genedlaethol Cymru'!

Testun yr englyn oedd 'Ernes' a'r wobr ariannol oedd gini. Cafwyd enw newydd fel beirniad ond nid enw dieithr i eisteddfodwyr ac englynwyr eisteddfodol, sef John Williams (1872-1944) a oedd yn fwy adnabyddus fel J.W. Llundain. Derbyniwyd 99 o englynion, ac meddai'r beirniad yn syth: 'Onid oes gamp ar yr englynion eleni, nid ar y testun y mae'r bai'. Ymhellach eglurodd: 'Ni ddisgwylir i neb grynhoi i'r englyn bob peth sydd i'w ddwyedyd ar y testun, y cwbl a ofynnir ydyw rhoddi dyfaliad neu ddisgrifiad ohono trwy gymorth ffigwr a fo'n gymwysadwy at un neu ragor o'r gwahanol gysylltiadau sydd i'r gair a hynny'n gryno a chelfydd.'

Yn eisteddfodol draddodiadol, rhannodd yr englynion yn dri dosbarth. Cymerodd wyth a deugain eu lle yn naturiol yn y trydydd dosbarth. Adroddwyd yr un hen stori amdanynt. Y cwestiwn sy'n brigo i'r wyneb dro ar ôl tro wrth ddarllen am y trydydd dosbarth yw a oedd y cystadleuwyr hyn yn darllen y beirniadaethau o flwyddyn i flwyddyn?

Gosodwyd dau a deugain yn yr ail ddosbarth. A oedd yr englynwyr hyn wedi mynd drwy y felin eisteddfodol leol a thalieithol? A oeddynt wedi cael sylwadau ar eu henglynion gan englynwr profiadol cyn mentro i'r Genedlaethol?

Am fod naw englynwr wedi dweud eu neges yn weddol rwydd ac eglur mewn iaith a chynghanedd gywir gosodwyd hwy yn y dosbarth cyntaf. Ond nid oedd dim neilltuol yn yr englynion. Er enghraifft, un 'Ar y Maes':

> Sêl ar amod, oesol rwymyn – yn dal
> Bargen deg mewn gefyn;
> Arwydd yw y ceir i ddyn
> Ei lawn dâl yn ei dilyn.

Un o ddau sylw ar hwn oedd bod 'gefyn' yn derm rhy gryf; ni roddai 'gefyn' gyfle i anrhydedd weithredu.

Dyma englyn 'Seren Fore':

> Rhan i ddyn o'r hyn a ddaw, – a rhyw saig
> Dros ei egwyl ddistaw;
> O'i lawn bryd dyma flaen braw
> Y rhoddir wedi'r addaw.

Ni tharodd hwn ddeuddeg oherwydd geiriau llanw, 'egwyl ddistaw' a thrydedd linell wan. Englyn di-fai ond prin ei naws a gafwyd gan 'Tant Eden':

> Rhodd a'i swm yn arwydd sydd – o'r amod
> A rwyma'r bargeinydd;
> Sêl ar eiriau dau y dydd
> Y gwelant eisiau'i gilydd.

'Y mae'r meddwl yn amwys', ebe J.W., 'a ffurf y mynegiant yn wan yn y llinell olaf'.

Gan na chafwyd ym Machynlleth yr un englyn o 'greadig-aeth awenyddol' ataliwyd y wobr, y tro cyntaf ers 1913. Masnachwr llechi o Dŷ Capel, Rhostryfan oedd J.W. Ef oedd brawd hynaf yr hanesydd lleol William Gilbert Williams (1874-1966). Symudodd i Lundain yn 1900 a bu yno am ddeugain mlynedd. Yn 1940, dychwelodd i fyw yn Llandwrog, Caernarfon, lle bu farw 3 Mai, 1944.

Yn Llundain daeth i gysylltiad â nifer o lenorion da o Gymru a dechreuodd yntau ymddiddori yn y mesurau caeth. Ymhen amser darlithiai a chynhaliai ddosbarth ar y cynganeddion gan ysgrifennu erthyglau ar y gynghanedd i'r *Brython* 1934-1938. Yn 1943, cyhoeddwyd ei hunangofiant, *Hynt Gwerinwr*, sy'n cynnwys englynion ac emynau o'i waith.

Nid fel awdur nac fel gŵr 'Y Pethe' yn Llundain y cofir am J.W. ond fel prif golbiwr englynion buddugol y Genedlaethol yn y wasg am flynyddoedd.

Bu'r Genedlaethol yng Nghaerdydd ddwywaith ar ddiwedd y bedwaredd ganrif ar bymtheg, sef yn 1883 a 1899. Eisteddfod 1938 oedd ei hymweliad cyntaf â phrif dref yr hen Sir Forgannwg yn yr ugeinfed ganrif. Yn wahanol i eisteddfodau 1883 ac 1899 fe gafwyd cadeirio yn Eisteddfod Genedlaethol 1938, gyda'r Prifardd Gwilym R. Jones, Lerpwl bryd hynny, yn dod i'r brig am ei awdl 'Rwy'n edrych dros y bryniau pell'.

Roedd David Rowland Hughes, Ysgrifennydd Cymdeithas yr Eisteddfod Genedlaethol, wedi nodi yn adroddiad olaf y Gymdeithas yn 1937: 'Amcenir y flwyddyn nesaf, gyda chyd-weithrediad Pwyllgor Caerdydd, gyhoeddi Cyfansoddiadau a Beirniadaethau, 1938 yn un llyfr ac mewn pryd iddo fod ar werth ar ddiwrnod y cadeirio yn yr ŵyl honno', ac mae'n braf gweld i hyn gael ei wireddu.

Ffaith nodedig arall am yr eisteddfod hon oedd mai dyma'r flwyddyn yr enillodd Dewi Emrys wobr yr englyn am y tro cyntaf, a hynny ar y testun 'Yr Ywen'. Cafwyd pum tudalen o feirniadaeth gan Meuryn. Agorodd drwy ddweud: 'Disgwyliwn liaws mawr o englynion tan gamp i'r "Ywen", ond siomiant a gefais. O blith 204 englyn ni allwn osod mwy na phump yn y dosbarth cyntaf, ac ni fynnwn haeru bod hyd yn oed y rheini yn englynion campus.'

Mae'n gosod 26 englyn o'r neilltu oherwydd eu bod yn ddisynnwyr neu'n wallus. Cyn rhannu'r gweddill yn bedwar dosbarth mae'n trafod *Meudwy'r Glyn* a *Glan yr Afon* am eu bod 'wedi lladrata oddi ar ei gilydd, neu'r ddau oddi ar rywun arall.' Y mae'r un peth yn wir am 'Llawllech' a 'L'allegro'. Dyma'r englyn sy ganddynt hwy ill dau:

> Uwchlaw'r mur a chlai'r meirwon – y gwinga
>   Ei hen gangau preiffion;
>   Ywen werdd! da edwyn hon
>   Lwm oer wely marwolion.

'Yr oeddwn yn gwybod am yr englyn hwn ers blynyddoedd lawer', meddai Meuryn. Yr un hen gwynion a wyntyllwyd gan Meuryn ag a fynegwyd gan feirniaid y gorffennol: llinellau disynnwyr, englynwyr wedi ymdrechu'n annaturiol i gynganeddu'n gryf a heb lwyddo i fynegi hen syniad mewn dull newydd.

Pum englyn a osodwyd yn y dosbarth cyntaf. Plesiwyd ef gan gyrch ac ail linell 'Crugybar': 'un hir haf yw canrifoedd iddi'. Yr awdur oedd Isgarn (Richard Davies, 1887-1947) o ardal Tregaron. Difethodd y drydedd linell englyn 'Llywarch': 'Eiliw haf bythol yw hi'. Canmolodd linell agoriadol 'Murmur y Nant': 'Hon a dyf ar ffiniau deufyd'. Gorffennodd 'Ionoron' ei englyn yn dda:

> Pair afar: ond pa ryfedd?
> Wrth ei bôn mae porth y bedd.

'Somna' oedd ffugenw Dewi Emrys, yr enillydd:

> Fel nos rhwng coed yn oedi – y saif hon,
>   A'r dwysaf faes dani;
>   Mae cwsg y bedd i'w hedd hi,
>   A'i gaddug yn frig iddi.

Gan fod ymadroddi coeth a medrus, a'r bardd yn feistr ar ei gyfrwng a bod mwy o newydd-deb ac awyrgylch yn yr englyn hwn, ni phetrusodd Meuryn ei wobrwyo.

Hon oedd y drydedd wobr ar ddeg i Ddewi Emrys (David Emrys James, 1881-1952) ei hennill yn y Genedlaethol. Am soned i 'Henaint' ym Mhwllheli, 1925 yr enillodd y gyntaf. Yr enw swyddogol yn *Y Cyfansoddiadau* yw 'Mr D. E. James, Llanfihangel-ar-arth'. Y flwyddyn ddilynol, enillodd y goron yn Abertawe, dan yr enw y Parchedig D. Emrys James, Caerfyrddin gyda 'Rhigymau'r Ffordd Fawr'. Yn y *Western Mail*, 20 Hydref 1964, cafwyd adroddiad gan Lynn Owen Rees yn dweud bod casglwr o Geinewydd, Ceredigion, wedi prynu'r goron am deirpunt yn 1936 mewn siop wystlo yn Abertawe. Yn yr eisteddfod honno enillodd ddwy wobr, un ohonynt yn gyd-fuddugol ag Awena Rhun, Blaenau Ffestiniog yn y gystadleuaeth 'Cerdd mewn Tafodiaith Leol'. Y beirniaid oedd Wil Ifan ac R. Williams Parry. Teitl cerdd Dewi Emrys oedd 'Pwllderi'. Yn 1939 roedd yn cael ei adnabod fel Dewi Emrys, Llundain, ac ers rhyw dair blynedd yr oedd yn olygydd 'Pabell Awen' *Y Cymro*.

Mae'r tair buddugoliaeth, un 1925, 1926 a 1938, fel mynegbyst ym mywyd cythryblus Dewi Emrys. Yn ystod 1938 y cyhoeddwyd ei werslyfr ar Gerdd Dafod, sef *Odl a Chynghanedd*. Fe ddywedodd yr Athro T. Gwynn Jones amdano: 'Y mae wedi ei gynllunio'n wyddorus a gofalus, ei ysgrifennu'n glir a diddorol gyda llawer o sylwadau beirniadus yng ngwir ystyr y term – y peth prin hwnnw sy'n cynorthwyo dyn i ddeall a chael diddanwch mewn crefft lenyddol'.

Eisteddfod Genedlaethol 1939: Dinbych

Do, fe enillodd D. Emrys James (Dewi Emrys) wobr yn yr eisteddfod hon hefyd. Daeth yn gyd-fuddugol ag Evan Jenkins, Ffair-rhos am gasgliad o gerddi, casgliad a ddaeth yn rhan o'i gyfrol *Cerddi'r Bwthyn* (Gwasg Aberystwyth, 1948). Am yr unig dro yn hanes y Genedlaethol nid oedd neb yn deilwng o'r gadair na'r goron! Tom Parry, Syr Thomas Parry (1904-1985) yn ddiweddarach, oedd yn beirniadu'r Cywydd. Dywedodd yn ei feirniadaeth, beirniadaeth y dylai pob un sydd â diddordeb yn y mesur ei ddarllen: 'Eithr pa gymaint bynnag o barch a fo gan fardd i gynghanedd, ni ddylai adael iddi flaenori ar y farddoniaeth. Wedi'r cyfan, darn o brydyddiaeth yw cywydd, a gwaith i brydydd yw ei gyfansoddi. Nid yw fel yr englyn, yn rhywbeth y geill dyn heb fod yn fardd ei lunio.'

O ddarllen beirniadaeth J. Lloyd Jones, Prifardd y Gadair yn Rhydaman 1922, ar y 185 englyn a dderbyniodd ar y testun 'Yr Hen Eglwys', mae'n amlwg mai dynion heb ysbryd englynwr oedd y mwyafrif llethol, '... [yn] amddifad o'r anhepgor hwnnw sy'n gwneuthur englyn yn gyfanwaith byw'.

Pum englyn a osodwyd yn y dosbarth cyntaf. Roedd paladr 'Tant Atgof' yn llawer iawn gwell na'i esgyll. Gwan oedd trydedd linell 'Gwrgant'. Trwsgl ei mynegiant oedd llinell gyntaf 'Twrog'. Roedd dau englyn da ar ôl, sef rhai 'Wrth y Mur' ac 'Arlunydd'. Trueni na fuasai'r beirniad wedi dyfynnu'r ddau englyn yn ei feirniadaeth.

Meddai am englyn 'Wrth y Mur': 'Englyn da ydyw hwn, a gresyn bod yn odl gyntaf sain ei belydr ... ffurf na ellir ei chyfiawnhau mewn Cymraeg llyfr na llafar. 'Llan lle ca'r adar oedi' oedd y llinell dan sylw. Nid *ca*, ond *caiff* yw 3ydd unigol presennol *cael*, a chan ei fod mewn safle mor bwysig yn y gynghanedd yma, tynnir sylw at ei afrywiogrwydd ar unwaith ... Petae heb yr amryfusedd a nodwyd – petae hyd yn oed wedi defnyddio *câr*, 3ydd unigol *caru* – hwn fyddai'r englyn gorau'.

Awdur yr 'englyn da' arall oedd 'Arlunydd'. Englyn a saernïwyd yn bur gelfydd, heb fod yn orchestol, ond englyn llyfn a naturiol. Gan i 'Wrth y Mur' faglu yn ei linell gyntaf, englyn 'Arlunydd' aeth â'r wobr. Dyma'r englyn buddugol:

> Treisiwyd ei heirdd fwtresi, – ar y llawr
>   Y mae'r llyfn bileri;
>   A lle'r oedd ei hallor hi
>   Mae iorwg a mieri.

Yn y gyfrol *Barddoniaeth a Beirniadaethau* swyddogol ni cheir enw bedydd 'Arlunydd'. Ym mis Medi 1963, yn Llyfrfa Pendref, Bangor, siop y diweddar Goronwy Hughes, prynais 37 cyfrol o Gyfansoddiadau'r Genedlaethol rhwng 1904 a 1959. Eu perchennog cyntaf oedd y Parchedig D. Llewelyn Jones, Llanidloes, sef darllenydd proflenni nofelau T. Rowland Hughes.

Yr oedd yn gasgliad gwerth ei brynu oherwydd yr wybodaeth ychwanegol a ysgrifennodd Mr Jones ynddynt. Er enghraifft, wrth ochr 'Arlunydd' yn y Cynnwys fe nododd mewn pensil 'John Jones, Sir Fynwy'. Dim ond 'John Jones' a geir wrth yr englyn yn *Englynion a Chywyddau* Aneirin Talfan Davies.

Yn *Y Goleuad*, 28 Rhagfyr, 1966 ceir teyrnged fer i John Jones – Ioan Glan Hywi, Bryn Cynon, Coed-duon yn yr hen Sir Fynwy. Bu farw'r brodor o'r Bont-ddu ger Dolgellau yn 87 oed. Meddai'r deyrnged: 'Ymgydnabu â'r gynghanedd pan oedd yn llanc ifanc ... Yr oedd ef a'r Cyn-Archdderwydd Trefin (Edgar Phillips, 1889–1962) yn gyfeillion mawr, ac yr oedd yn ddarllenwr eang o lenyddiaeth Gymraeg...'

Bob Huws y Gof (1880–1968), Yr Efail, Glasfryn, Corwen oedd 'Wrth y Mur'. Ceir yr englyn 'Yr Hen Eglwys' yn *Gwreichion y Gof* (Gwasg y Sir, y Bala, 1969). Dyma'r englyn diwygiedig:

> Man lle câr adar oedi, – a mwsog
>   Yn ymosod arni;
> Briw yw rhestr ei ffenestri,
> Lle'r wadd yw ei hallor hi.

Y Prifardd Mathonwy Hughes, Dinbych fu'n tywys *Gwreichion y Gof* drwy'r wasg, ac meddai: 'Crefftwr oedd R. J. Huws, crefftwr wrth eingion a chrefftwr wrth lunio englyn'. Meddai Gwilym R. Jones yn yr olaf o bedwar englyn coffa iddo:

> O'i eingion, gwreichion ei gred – dasgai'n don
>   Ar y galon galed;
> Ŵr addfwyn â'i air aeddfed
> Ni wêl oes mo'i hyd na'i led.

Eisteddfod Genedlaethol 1940: Aberpennar

Bu Caerwyn (Owen Ellis Roberts, 1871-1959), Llangefni, Ynys Môn, yn rhan anhepgor o raglen y Brifwyl am ddeng mlynedd ar hugain. Yn sgil y ffaith uchod, dyna pam mae'r gyfrol *Caerwyn* gan Maredydd ap Rheinallt ac Owen D. Thomas (Cyhoeddiadau Modern Cymreig, 2010) yn ychwanegu at hanes y Genedlaethol. Ynddi mae'n sôn am Eisteddfod 1940:

> Gwrthodwyd caniatâd i gynnal yr Eisteddfod ym Mhen-y-bont ym 1940, yn ôl y bwriad gan y bernid fod y lleoliad yn rhy beryglus a phenderfynwyd ei symud i Aberpennar. Fis ymlaen llaw, derbyniwyd gair gan y llywodraeth yn ystyried Aberpennar erbyn hynny hefyd yn ardal anniogel, a threfnwyd Eisteddfod Radio i'w darllen o stiwdios y BBC yn ei lle. Tua'r adeg yma, ffurfiwyd pwyllgor brys bychan oedd yn cynnwys Cynan, Crwys, W. J Gruffydd, I. D. Hooson, Thomas Parry, Caerwyn, ac eraill, a rhoddwyd iddo'r awdurdod i gadw'r Eisteddfod yn fyw dros gyfnod y Rhyfel.

Yn rhagair *Cyfansoddiadau a Beirniadaethau* yr Eisteddfod meddai Cynan a D. R. Hughes, cyd-ysgrifenyddion Cyngor yr Eisteddfod Genedlaethol: 'Er inni fethu cynnal yr Eisteddfod Genedlaethol yn Aberpennar eleni oherwydd sefyllfa a aeth yn drech na holl ffyddiog arfaeth y Cyngor ac na holl ddarpariaeth y Pwyllgor leol eiddgar, y mae'n sicr gennym y bydd yn llawen gan ein cyd-wladwyr gael y gyfrol hon o feirniadaethau a chyfansoddiadau yn ychwanegol at y detholion o'r rhaglen y bu modd eu darlledu trwy gydweithrediad swyddogion Cymreig y BBC.'

Eisteddfod hynod oedd un 1940. Testun yr englyn oedd 'Llwydrew'. Onid oes mwy o afael y gaeaf ar y gair 'barrug'? Y beirniad oedd y Parchedig Fred Jones (1877-1948), Tal-y-bont, Ceredigion. Ef oedd yr hynaf o Fois y Cilie a'r cyntaf i feirniadu'r englyn yn y Genedlaethol. Yn 1948 y beirniadodd y Parchedig Simon B. Jones (1894-1964) gyntaf ac Alun Cilie (1897-1975) yn 1963.

Derbyniwyd cant pum deg naw englyn, a chafwyd saith englyn gwych:

Haen o wynder dros Weryd – Anian lom
   O dan len o dristyd;
   Arianlliw bore rhynllyd,
   Oer ias y bedd dros y byd.

Sub Rosa
(Dewi Emrys)

Cannwr cae, ernes gaeaf – â'i oer ias;
   Gwelwa'r rhosyn olaf;
   Ar rostir, gorchudd tristaf
   Ein daear hen, amdo'r haf.

Epsilon

Amdo'r haf, Medi a'i rhydd – fore a hwyr
   Ar fron oer y meysydd;
   Wynned yw ym min y dydd,
   Oered yw pawb o'i herwydd.

Dafydd

Ar lain oer eilun eira – yw'r swynwr
   Sy heno yn difa;
   Â'i liaws sêr o lys Iâ
   Daw fel hun a diflanna.

Ger y Drws
(Gruffydd o Fôn)

Ar ei gost caiff cwm, trosto, – oera' llwch
   Arlliw ôd yn amdo;
   Gan ei ias pan ddisgyn o
   Ni wŷr henwr bêr huno.

Syr Barrug

Ond yr oedd dau englyn ar y blaen. Dyma yn ohonynt:

Gannwr dôl, wyd gynnar di – a hynod
   Arluniwr ffenestri;
   Ernes fod mwy o oerni
   Liw nos yn ein haros ni.

Man gwan englyn 'Ffraid' oedd y drydedd linell. '... [G]resyn iddo fethu osgoi'r haniaeth "oerni" ym mhen llinell', sylwodd Ffred Jones. W. D. Williams (1900-1985), y Bermo a'r Bala, oedd yr awdur. 'Na-pw' oedd ffugenw awdur yr englyn gorau:

> Yn oer drwch ar dir uchel – daw ei gen
> Wedi Gŵyl Fihangel;
> A daw i'r coed fel lleidr cêl
> Gan eu diosg yn dawel.

Yn ôl y beirniad, 'Os beriniada rhywun mai ymadrodd cynghanedd yw *tir uchel* mi gofiaf innau am dyddyn mewn ucheldiroedd lle y lladd y llwydrew bob afal a ddaw i'r coed'.

Un o feirdd tir uchel Ceredigion oedd yr awdur, Evan Jenkins (1894-1959). Fel cynganeddwr a thelynegwr yr oedd ymhlith goreuon beirdd y sir. Roedd yn aelod o dîm ymryson enwog yr hen Sir Aberteifi. Ceir llun ohono ar dudalen 65 *Bro a Bywyd T. Llew Jones*. Os câi hwyl arni roedd yn ymrysonwr sicr ei drawiad, ond os na fyddai gwynt yn ei hwyliau rhad ar y tîm wedyn! Ym Chwefror 1959 cyhoeddwyd ei unig gyfrol o farddoniaeth, *Cerddi Ffair Rhos*, a'r Prifardd T. Llew Jones (1915-2009) a'i llywiodd drwy'r wasg, un o'r cyfrolau cyntaf gan feirdd Ceredigion iddo ymwneud â hi. Fel llengarwyr, tueddwn i anghofio'r cyfraniad enfawr a wnaeth T. Llew Jones yn y maes hwn.

Yn ei ragair i'w drydedd gyfrol o gerddi, *Storom Awst* (1978), dywedodd y Prifardd Dic Jones (1934-2009): 'Erbyn hyn y mae nifer y cyfrolau y bu fy nghyfaill T. Llew Jones naill ai yn eu golygu, eu casglu neu eu hebrwng drwy'r wasg, ynghyd â thoreth mawr ei gynnyrch ef ei hun yn siŵr o fod yn cyrraedd yr ugeiniau. Wele, un arall at y rhestr faith honno.'

Yn ystod ei fywyd enillodd Evan Jenkins saith gwobr yn y Genedlaethol. Yn 1938 enillodd ar y soned ac am ei gasgliad o delynegion, a'r beirniad yn y ddwy gystadleuaeth oedd E. Prosser Rhys (1901-1945). Yr Athro W. J. Gruffydd a osododd gasgliad Evan Jenkins o gerddi caeth neu rydd neu

gymysg yn gyd-fuddugol â Dewi Emrys yn 1939. Tair
Eisteddfod olynol lwyddiannus i'r bardd o Ffair-rhos.

Eisteddfod Genedlaethol 1941: Hen Golwyn

Aeth gwobr yr englyn yn Ninbych i Sir Fynwy, aeth y wobr
yn Aberpennar, trwy'r radio, i Sir Aberteifi ac i Sir Fôn o Hen
Golwyn. Yr enillydd a chysylltiad ag Ynys Môn oedd Myfyr
Môn (Richard Rowlands, 1875-1956). Ef oedd y pedwerydd
englynwr o'r ynys i ennill yn y Genedlaethol: Parchedig William
Morris Tŷ Mawr a Bryn-du; R. E. Jones (Cyngar) brodor o
Langefni; R. H. Gruffydd (Gruffydd o Fôn), brodor o Lan-
faelog, oedd y tri arall.

Brodor o Lannerch-y-medd oedd Myfyr Môn, y newydd-
iadurwr a fu'n byw yn Rhos-meirch am flynyddoedd. Yn
ôl Caerwyn, dysgodd Myfyr Môn y gynghanedd a rheolau
barddas yn nosbarth Pedrog (y Parchedig John Owen Williams,
1853-1932) yn Lerpwl. Enillodd o leiaf saith gwaith yng
nghystadleuaeth yr englyn yn Eisteddfod Môn. Mae'n siŵr
mai'r englyn mwyaf adnabyddus o'i englynion buddugol yn
Eisteddfod Môn yw 'Penmon', buddugol yn Llangefni, 1943:

> Unig barth o olwg byd, – a daear
>   Y meudwyaidd fywyd;
>   Yno'r hen greiriau o hyd
>   O oes arall a sieryd.

Cyhoeddwyd deg englyn o'i eiddo yn y gyfrol *Englynion Môn*
(1983). Yn eu mysg ceir pedwar englyn ar destunau englynion
y Genedlaethol.

Enillodd Myfyr Môn wobr yr englyn dan feirniadaeth Sarnicol
(y Prifardd Thomas Jacob Thomas, 1872-1945), enillydd yr
englyn ym Mangor, 1931. Derbyniwyd 127 englyn yn Hen
Golwyn ar y testun 'Y Pren Afalau'. Am y tro cyntaf yn hanes
yr englyn yn y Genedlaethol fe ddosbarthodd y beirniad yr

englynion dan benawdau, chwech ohonynt: Gwallus, Gweinion, Gweddol, Gwell, Gwell eto a Gwych. Yr hyn a'm trawodd yn y dosbarth Gwallus oedd englyn 'Newcas':

Hen Bictiwr calon mamgu – y gorau
  Oedd ail gariad Tad-cu;
Unwaith eto'n tynnu llu
A llwy fawr y Deryn Du.

'Ni chefais gynddrwg hwn erioed mewn cwrdd te ar Fanc Siôn Cwilt!' meddai Sarnicol.

Un o linellau'r dosbarth nesaf – 'Gweinion (a gwallus yn aml)' – oedd llinell glo englyn 'Ap Deryn': 'Hudolus felus afal'. Tynnodd y beirniad sylw at gwpled twt 'Blodwen' yn nosbarth y 'Gweddol (a Gwell)':

Hwn a'i felys afalau
Yn rhwydd iawn a loriodd ddau

Gosodwyd englyn 'Eryri Wen' ac eraill yn y dosbarth 'Gwell'. Yn ei englyn ef cafwyd llinell gofiadwy: 'Aeth yn adwyth yn Eden'.

Yn nosbarth 'Gwell eto' darllenais gwpled gan 'Afal Coch Cynnar':

Arno ceir natur yn cau
Haf a haul mewn afalau.

'Down yn awr at rai "Gwych" (o'u cymharu â'r gwan) er na chanfyddaf y "Godidog" yn eu mysg, na Gem yn disgleirio drwy ganol y cwbl, Gem i lonni calon beirniad', meddai Sarnicol wrth osod wyth englyn yn y dosbarth hwn. Hoffodd yn fawr gwpled 'O'r Ffordd':

Am y wal, a'i gnwd melyn
Eto deil i demtio dyn

Y ddau englyn gorau oedd un 'Afaladda' ac 'Y Dant Melys'. Dyma englyn y cyntaf:

> Pren a blas hen demtasiwn – arno yw;
>> Herwin nef a'i phardwn
>> A'i gwael eilwaith, pe gwelwn
>> Rywun hoff dan y pren hwn.

Un syniad byw sy'n rhedeg drwy'r englyn trawiadol a chofiadwy hwn. Ei wendid yw'r ail linell, y cyfuniad 'heriwn' a 'phardwn'. Meddai Sarnicol: '... efallai mai *annwn* fai'r gair gorau, a newid *heriwn*'.

Dyma englyn 'Y Dant Melys':

> Ernes yw'r blodau arno – y daw Awst
>> Gyda'i wên i'w hulio;
>> A'i arlwy brid yn gwrido
>> At ei frig dring plant y fro.

'Sylwer,' meddai Sarnicol, 'nad yw'r llinell gyntaf yn newydd – os oes rhywbeth newydd dan haul!' Nid oedd yn gwbl hapus â'r drydedd; iddo ef roedd hi'n rhodresgar. Awgrymodd welliant: 'Pan fo'i ffrwyth prid yn gwrido'. Ar ôl cryn betruso, gwobrwyodd englyn 'Y Dant Melys', sef Myfyr Môn '... am ei fod yn syml, hyfryd i'r glust, ac yn union ar y testun'.

Cafodd Meuryn, y beirniad yn y gystadleuaeth tri englyn coffa, ei blesio gan Myfyr Môn, y cyn-saer a ddaeth yn ohebydd i'r papur wythnosol *Herald Môn*. Coffâu tri o Gymry adnabyddus y cyfnod oedd y dasg, sef T. Hopkin Evans, cerddor; John Breese Davies, llenor a'r gŵr a sefydlodd gystadleuaeth y Fedal Ryddiaith ac Ioan Brothen, englynwr. Bu'r tri farw yn 1940. Dyma englyn Myfyr Môn i'w gydenglynwr o Lanfrothen, Meirionnydd:

> Un o ddawn ddibrin oedd o, – rhôi anian
>> Ei chyfrinach iddo;
>> Bu'n noddydd i brydydd bro,
>> Ei delyn ga'dd o'i dwylo.

Dychwelodd y Genedlaethol i'r dref lle y cynhaliwyd yr eisteddfod gyntaf erioed, dan nawdd Rhys ap Gruffydd (yr Arglwydd Rhys), yng Nghastell Aberteifi, 1176. Dyma ymweliad cyntaf y Genedlaethol â thref ac ardal gyfoethog ei thraddodiadau eisteddfodol.

Testun yr englyn oedd 'Carreg yr Aelwyd', a'r wobr yn bunt. Yn beirniadu'r englyn am y tro cyntaf yn y Genedlaethol roedd y Parchedig William Morris, Caernarfon (1889-1979), enillydd yr englyn yn 1918, 1923 a 1933 a phrifardd y Gadair, Castell-nedd, 1934. Ei ddwy frawddeg agoriadol oedd: 'Hudodd y testun eleni fwy nag arfer o feirdd i'r gystadleuaeth hon. Y mae'n debyg na ddaeth cynifer o englynion i law ers blynyddoedd lawer, os daeth erioed'.

Derbyniwyd 279 englyn, y pedwerydd tro i'r nifer fynd dros ddau gant. Derbyniwyd 237 yng Nghorwen, 1919; 220 yn Abertawe 1926; 229 ym Mangor, 1931; 204 yng Nghaerdydd, 1938! Ers 1942 dim ond dwywaith y cafwyd mwy o englynion yn y gystadleuaeth, sef 347 yng Nghaerffili, 1950 a 285 yng Nghaernarfon, 1959.

O edrych ar y ffigyrau, synhwyraf lengarwyr de Ceredigion yn ymfalchïo yn y tri uchaf! Yn eu tref nhw y cafwyd y nifer mwyaf yn hanner cyntaf y ganrif; T. Llew Jones a enillodd yng Nghaerffili a'i frawd-yng-nghyfraith, Jac Alun Jones, Llangrannog yn ennill yng Nghaernarfon!

Roedd William Morris yn feirniadol iawn o'r englynwyr a yrrai fwy nag un englyn i'r gystadleuaeth, a'r englynion hynny yn debyg i'w gilydd. Cynghorodd hwy i ofalu bod yr englynion yn wahanol i'w gilydd mewn mynegiant a chynnwys. Cyngor i'w gofio. Sylw'r beirniad am yr englynion gwan, gwan oedd bod 'delw englyn ar bob un', un ar hugain ohonynt! Yn y dosbarth englynion glanach mewn iaith a chywir o ran saernïaeth ceir englyn gan 'Lôn Pit' ac fe apeliodd y cwpled hwn ataf:

Hen gerpyn iddi'n garped
O rwydau mân redi mêd.

Oni welaf fat rags Anti Nan Butler, Bangor yn y cwpled? Yn
yr ail ddosbarth y gosodwyd englyn 'Celt' a chanmolwyd ei
esgyll:

Er pob stŵr, pawb â'i stori,
Hapus ŷm o'i chwmpas hi.

Gosodwyd wyth englyn yn y dosbarth cyntaf. A'r ddau
englyn gorau yn y dosbarth oedd 'Wrth y Tân' a 'Maen-
Clochog'. Dyma englyn 'Wrth y Tân':

Bu ddiflin y penlinio – arni hi,
A'r hen iaith yn tanio;
Mae haen o galch balch lle bo,
A mawnen yn fflam yno.

Englyn yn glynu yn y cof, 'fel rhai Ioan Brothen gynt', am ei
fod yn rhoi darlun byw o hen garreg aelwyd Gymreig. Ond
englyn 'Maen-Clochog' a enillodd:

Carreg ateb clych mebyd, – a'i gorfod
Yn fagwrfa bywyd;
Dihafal sylfaen deufyd,
A maen clo pob cymun clyd.

Canmolodd William Morris yr englyn hwn:

Nid yw *Maen-Clochog* wedi cyfyngu ei englyn i garreg aelwyd
arbennig fel yna, ac oherwydd hynny canodd yn decach ar y
testun. Yr unig air gwan, neu amwys, yn yr englyn yw'r gair
'gorfod'. Nid yw'n ffitio'n rhy dda, a pherthyn i'r fagwrfa yn
hytrach na'r garreg y mae. Prun bynnag am hynny, y mae'r
meddwl sy tano'n hollol glir i mi, ac y mae'r gynghanedd yn
newydd. Am weddill yr englyn, y mae'n llawn o feddwl, a

hwnnw wedi ei grynhoi'n brydferth … a dyfarnaf iddo'r wobr a'i anrhydedd.

Yr enillydd oedd y Parchedig Ernest Llwyd Williams (1906-1960), Rhydaman, ef y trydydd prifardd i ennill ar yr englyn cyn cael ei gadeirio. Enillodd deunaw prifardd ar yr englyn yn ystod y ganrif. Hon oedd ei ail wobr yn y Genedlaethol. Yr oedd Waldo Williams, W. R. Evans a Llwyd Williams yn gyfeillion, 'yn drindod gellweirus', chwedl *Beirdd Penfro*. Gweithiodd W. R. Evans wyth englyn coffa i Llwyd. Dyma'r cyntaf:

> O'i gapel, cawr a gipiwyd, – a hynaws
>   Awenydd a dorrwyd.
>   Mor brudd i mi yw'r breuddwyd
>   O roi'n y llan Erni Llwyd.

Y Parchedig Enoch Jones (Isylog), brodor o Ysbyty Ystwyth, a ficer Eglwys Gymraeg San Bened, Llundain oedd yn ail yn y gystadleuaeth. Ceir tair cerdd o'i eiddo yn *Awen Aberteifi* (1961).

Eisteddfod Genedlaethol 1943: Bangor

Mae'n rhaid bod nifer o'r englynwyr ym Mangor naill ai wedi anwybyddu cyngor y beirniad yn Aberteifi y flwyddyn cynt neu heb drafferthu darllen y feirniadaeth. 'Methodd mwy nag un ei fodloni ei hun; ac anfonodd ychwaneg nag un englyn i mewn. Yn ofer y deisyfodd y Beirniad y llynedd am ddoethineb gyda'i ddawn i fardd,' oedd brawddegau agoriadol beirniadaeth y Parchedig D. J. Davies (1885-1969), Capel Als, Llanelli, prifardd cadair Aberafan, 1932.

Synnodd iddo dderbyn 237 englyn ar y testun 'Y Llwybr Troed', gan iddo dybio mai testun telyneg yn hytrach nag englyn oedd y testun gosodedig. Ei gyngor i'r dosbarth gwannaf oedd: 'Nid cystadleuaeth i ddysgu yw hon. Y mae honno'n nes adref'. Cyngor sy'n dal mor wir heddiw. Rhannodd y dosbarth cyntaf yn ddau gan gyfaddef mai chwaeth bersonol a'u tynnodd i'r dosbarth. Y rhan gyntaf oedd y 'rhai da' a gosododd dri englyn ar ddeg yn 'rhai ychydig yn well'.

Ni chafodd y beirniad anhawster i ddewis y gorau o'u plith. Roedd un gwell na'r cyfan yn y gystadleuaeth, sef un 'Ifan'. Meddai'r beirniad: 'Syfrdanodd fi ar y darlleniad cyntaf â'i symlrwydd a'i uniongyrchedd. Dilynodd fi'n ddiollwng drwy'r ugeiniau a'r cannoedd. Y mae 'Ifan' a'r 'Llwybr Troed' yn un ac yn un da iawn hefyd. Ni phetrusaf ei gyhoeddi'n deilwng o'r wobr am englyn y flwyddyn'.

Y Llwybr Troed

'Rwy'n hen a chloff, ond hoffwn – am unwaith
    Gael myned, pe medrwn,
  I'm bro, a rhodio ar hwn;
  Rhodio, lle gynt y rhedwn!

Yr enillydd oedd J. T. Jones (1894-1975), Bangor. Brodor o Langernyw ydoedd, ysgolhaig a chyfieithydd a fu'n cyfoethogi diwylliant Porthmadog am flynyddoedd wedi 1943. Yr oedd yn gyfaill oes i'r telynegwr y Parchedig William Jones, Tremadog (1896-1961), awdur 'Y Llanc Ifanc o Lŷn'. Cafwyd ganddo englyn telynegol cofiadwy; englyn sydd wedi mynd â'm bryd i; hwn yw fy hoff englyn. Yn ôl ei fab, Dafydd Franklin Jones, Wrecsam dyma sut yr aeth ei dad ati i weithio'r englyn:

Ym 1942 symudodd fy nhad i Borthmadog i fod yn brif-athro'r Ysgol Fodern yno a dilynwyd ef yno gennym ninnau weddill y teulu ym 1943. Dechreuodd grwydro'r wlad ar gefn ei feic. Un o'i hoff deithiau oedd dilyn y ffordd i gyfeiriad Cricieth a throi, wrth gyrraedd y Wern, i'r chwith i fyny heibio Capel Brynmelyn at eglwys Treflys ar lethr Moel y Gest. Yno mae Bronyfoel, cartref Hywel y Fwyall a ddewis-wyd yn gwnstabl castell Cricieth gan y Brenin Edward III yn dilyn brwydr Crecy. Oddi yno, dros Ystumllyn, gellir gweld y castell a thraw, ymhellach, Penrhyn Llŷn ac wrth gwrs fynyddoedd Eryri. Yno yr oedd pan gyfansoddodd yr englyn 'Y Llwybr Troed'.

Cofio yr oedd am ardal ei febyd, Llangernyw ym Mro Hiraethog. Roedd Llangernyw yn golygu llawer iddo ac yn ei feddwl beunydd, rwy'n credu. Dyma fro yr 'ysgolheigion' William Salesbury a Henry Jones (roedd yn adnabod Henry Jones). Oddi yno, cafodd fynd i Ysgol Rad, Llanrwst ac yna i astudio wrth draed Syr John Morris-Jones. Yno yr ysbrydolwyd ef i gyfieithu gwaith William Shakespeare. Credai y gallai'r Gymraeg fod yn gyfrwng digon ysblennydd i fynegi a chynnal prif weithiau'r byd.

Cofiai, yn arbennig, am Rhwng-y-ddwyffordd, y bwthyn a fu'n gartref iddo yn ystod ei blentyndod a'i ieuenctid. Yn agos at Rwng-y-ddwyffordd roedd llwybr troed yn mynd i gyfeiriad fferm Y Glog Ddu. Bu'n rhedeg ar hyd-ddo lawer tro tra'n mynd ar neges neu chwarae gyda phlant 'Y Llan'.

Yn ystod ei ieuenctid bu'n ffodus o gael cyfle i fanteisio ar fyd addysg a chael plentyndod hapus a dyna fel y bu iddo, wrth gofio, lunio'r 'pennill lwcus hwnnw', chwedl yntau, ar lethrau Moel y Gest.

Eisteddfod Genedlaethol 1944: Llandybïe

Yn ystod can mlynedd o yrfa yr Eisteddfod gwelwyd gogwyddiadau gwahanol ym mater a modd yr englyn unodl union. Caed cyfnod yr englyn cynhwysfawr pan dybid y dylid datgan y cwbl a ellid am y testun yn ei ddeg-sill-ar-hugain. Dadlau hefyd a glywyd gynt ynghylch yr angenrheidrwydd o enwi'r testun yn yr englyn, a niferus fu'r englynion a ddechreuai 'Y peth a'r peth …, – yw …'. Yn dilyn Dewi Havhesp a Trebor Mai hefyd caed tuedd i edrych ar yr englyn fel cyfle i fynegi doniolwch yn bennaf. Ond uwchben popeth, yr oedd yn rhaid i'r cynganeddion fod yn gryf neu yn clecian.

'Yn ein canrif ni datblygodd yr englyn yn beth mwy urddasol yn nwylo'r prifeirdd yn yr englyn coffa epigramantaidd, ac yn ddiweddarach fyth yn delynegol'. Dyna sylwadau agoriadol y Parchedig W. Roger Hughes (1898-1958), y bardd-offeiriad o Fryneglwys wrth feirniadu cystadleuaeth yr englyn yn Llandybïe. Bardd dynoldeb ydoedd, yn ôl Euros Bowen. Dyma'i englyn beddargraff i'w fam:

> Yma y mae mam i mi, – fu annwyl;
>   Fu unwaith yn heini;
>   Hi erys, er ei hoeri,
>   Yn fyw o hyd ynof i.

Testun yr englyn oedd 'Y Neidr'. Am y drydedd flwyddyn yn olynol derbyniwyd dros ddau cant o englynion: 279 yn Aberteifi, 1942; 237 ym Mangor, 1943, a 224 yn Llandybïe. Roedd y 'rhan fwyaf ohonynt yn englynion cyflawn, llawer ohonynt yn englynion da, ychydig yn well na'r rhelyw'. Rhannodd yr ymdrechion i chwe dosbarth. Gosododd ugain englyn yn yr ail ddosbarth, a thri englyn yn y dosbarth uchaf. Dyma englyn 'Meudwy'r Llwyn':

> Distaw ei hyd a estyn – ar y llawr,
>   Daw o'r llwyn yn sydyn;
>   Mewn eiliad y mae'n elyn
>   A pharod i daro dyn.

'Y mae'n syml – yn wir yn rhy syml. Ymadrodd gwan yw "mewn eiliad", a rhy amwys yw'r gair "taro",' barnodd W. Roger Hughes.

Englyn cryfach yw un 'O'i Gafael', ond fe welodd y beirniad ddau nam arno a'i cadwodd rhag y wobr gyntaf, sef 'ar dor' yn hytrach nag 'ar dy dor', yn y llinell gyntaf ac 'ar d'arfau di' yn hytrach nag 'yn d'arfau di' yn y llinell olaf.

Yn llathr ar dor y llithri; – dy wenwyn
  Yn dy wân a gleddi;
Y mae gwaedd lle'r ymguddi,
Ac angau ar d'arfau di.

Isylog oedd ei awdur. Dyma'r englyn buddugol gan *S.S.*:

Dan genwisg, daw'n y gwanwyn – o'i hirgwsg
  Yng nghôl argel tewlwyn;
Merch y tes ym mraich y twyn,
Yn deg onid ei gwenwyn.

Er nad oedd y beirniad yn fodlon â'r ymadrodd ystrydebol
'yng nghôl' a diwedd y drydedd linell cafod ei foddhau gan
rediad syml a chelfydd yr englyn. 'Y mae "cenwisg" yn dis-
grifio croen y neidr yn gywir a phendant, ac y mae mynegiant
cryf y gwir gelfydd yn y llinell olaf wych', meddai'r Parchedig
W. Roger Hughes wrth gloi ei feirniadaeth.

Yr englynwr buddugol oedd Edward Owen Jones (E.O.J.,
1871-1953), newyddiadurwr o Bentreberw, Ynys Môn. Fe'i
ganwyd ym mis Mai 1871 yn Welford, Swydd Northampton
lle'r oedd ei dad Berwron yn gofalu am fferm. Dychwelodd y
teulu i Fôn yn 1875. Yn 1887 prentisiwyd ef gyda chwmni'r
North Wales Chronicle ym Mangor a bu'n eu gwasanaethu hyd
fis Medi 1951! Yn 1903 dechreuodd fel golygydd *Y Clorianydd*
yn Llangefni, a bu yno tan 1951.

Yn ei ysgrif goffa iddo, 'Yr Hen Olygydd', dywedodd Percy
Hughes (1898-1962), Benllech a fu'n cydweithio ag E.O.J:
'Rhoddodd o'i orau i feirdd ifanc a bu yn ddiwyd yn cyfar-
wyddo pob addewid a chafodd weld tri o'r rhai a ddechreuodd
anfon eu gwaith cyntaf iddo yn Brifeirdd y genedl: Rolant o
Fôn, John Eilian a Tom Parry Jones'. Ymhellach, meddai:
'Byddai yn cynnig bob blwyddyn ar yr englyn yn y Genedlaethol
a dod allan yn uchel. Dim ond unwaith yr enillodd, yn Llan-
dybïe (1944), am yr hyn a ddisgrifiai ef ei hun fel 'un o'r petha
sala ddaru mi rioed'. Bu'n weithgar iawn gydag Eisteddfod

Gadeiriol Môn o'i sefydlu yn 1907. Bu'n aelod o'i Phwyllgor Sirol, yn gadeirydd y Pwyllgor Llên ac ysgrifennai Gronicl yr Eisteddfod yn ei ddull hapus ei hun.

Mewn ysgrif goffa i newyddiadurwr arall, sef John Thomas (Cloriannydd), yn Eisteddfod Môn, Llangefni 1977 meddai Frank Grundy am John Thomas yn symud o Gaergybi i weithio yn Llangefni: 'Yma y gweithiodd E. O. Jones sych a chlasurol, enillydd ar yr englyn i'r 'Neidr' yn Llandybïe a chywirdeb orgraff a chystrawen yr iaith yn fater o fywyd a marwolaeth iddo'.

Eisteddfod Genedlaethol 1945: Rhosllannerchrugog

Gan i bwyllgor Plas Mwynwyr (y Stiwt), y Rhos gynnig ei adeilad at wasanaeth Pwyllgor Brys y Genedlaethol am wythnos i Rosllannerchrugog yn hytrach nag i'r Bala yr aeth y Genedlaethol yn 1945. Meddai Ernest Roberts, Bangor, a fu'n Ysgrifennydd Cyngor yr Eisteddfod am flynyddoedd yn ei gyfrol *Briwsion Y Brifwyl* (Gwasg Gwynedd, 1978):

> Dechreuodd Eisteddfod y Rhos fel Eisteddfod Rhyfel, gorffen-nodd fel Eisteddfod Heddwch, a hynny, mae'n debyg, a'i gwnaeth yn Eisteddfod gofiadwy i bawb a oedd yno bnawn Gwener yr wythnos honno. Yn gwbl ddirybudd gwelodd y gynulleidfa Elfed yn dod i'r llwyfan ym mraich y Parchedig Wyre Lewis, y Cadeirydd lleol, gydag Emyr Williams, Dr David Evans, J. T. Jones (y Rhos) a J. T. Edwards, Ysgrifen-nydd y Pwyllgor lleol yn dilyn. Cyhoeddodd J. T. Edwards fod Siapan wedi ildio mor syml a digyffro â phetai'n cyhoeddi y byddai'r oedfaon y Sul nesaf fel arfer. Ni churwyd dwylo ac ni chlywyd bonllef o hwrê – daeth rhyw 'Awel' ddwys i'r pafiliwn. Tywyswyd Elfed at y meicroffon, ac megis wrth reddf weddïgar, cododd y gynulleidfa i ddisgwyl am hyfrydlais ei genau cyhoeddus. Nis siomwyd. Diweddodd y patriarch ei weddi gyda'r deisyfiad:

Arglwydd Iesu, arwain f'enaid
At y Graig sydd uwch na mi.

Arweiniwyd yr emyn gan David Evans ar y dôn 'In Memoriam'
o waith Caradog Roberts un arall o feibion Rhosllannerch-
rugog...

Yr Athro Thomas Jones, Aberystwyth (1910-1972), oedd
beirniad yr englyn. Hwn oedd y tro cyntaf iddo feirniadu yn
y Genedlaethol a'r unig dro ar yr englyn. Y testun oedd
'Hunllef'. Derbyniodd 171 o englynion, neu'n fanylach, fel y
dywedodd y beirniad, '168 o englynion, a 3 o ryw betheuach
nad oes gan Gerdd Dafod enw arnynt'! Ychwanegodd: 'Na
chreder ychwaith fod yma 168 o englynwyr: deil rhai
cystadleuwyr i yrru ambell englyn digon cyffredin i mewn gan
newid gair neu ymadrodd hwnt ac yma fel petaent yn ceisio
esgor ar ryw ddrychfeddwl chwyldroadol neu'n perffeithio
campwaith – a'r beirniad druan heb weld bod y mân
gyfnewidiadau yn gwneud llawer o wahaniaeth.'
    O gofio cyngor y beirniad yn Aberteifi, 1942, sef y Parchedig
William Morris, a'r hyn oedd gan Thomas Jones i'w ddweud,
rhaid gofyn a oedd englynwyr y cyfnod yn hunanfeirniadu
eu gwaith? A oedd diffyg yn yr agwedd honno o farddoni
bryd hynny fel ag y sydd heddiw? Siomedig iawn fu safon
gyffredinol y gystadleuaeth ac roedd wedi disgwyl cael llawer
mwy o englynion canmoladwy. Dosbarthodd y cynigion i
bum dosbarth. Yn nosbarth dau cafwyd yr englynion a oedd 'â
rhyw gymaint o arbenigrwydd ynddynt ar wahân i gywirdeb
moel'.
    Gan enillydd yr englyn yng Nghaernarfon, 1935, Gruffydd
o Fôn, y cafwyd yr englyn gorau yn y dosbarth hwn:

A'i hanfod mewn gormodedd – daw ag ofn,
    Breuddwyd, gwaedd a llesgedd;
    Ei threm oer a'i thrwm orwedd
    A chwerwa hun: ni cheir hedd.

119

Gosododd chwe englyn yn y dosbarth cyntaf. Un ohonynt gan 'Tylluan':

> Awr gwdihŵ mewn brig duon – y dring
>   Ar dro o dref gwyllon.
>   A'i ffurf rith fe fferra fron,
>   Hwn a'r fall yw'r efeillion.

Creodd yr englynwr awyrgylch briodol yn y paladr ond nododd mai benywaidd yw 'hunllef' ac mai 'efeilliaid' sy'n gywir.

Yr englyn gorau oedd un 'Y Ffrwd Freudiol'. Canmolwyd yr englynwr am beidio â gwastraffu geiriau a'i fod yn feistr ar gynghanedd; 'y mae'r cyfansoddwr hwn wedi myfyrio ar y testun a llwyddo i fynegi ei fyfyrdodau yn ei ffordd a'i idiom ei hun,' meddai Thomas Jones. Yr awdur oedd y Parchedig P. J. Beddoe Jones, Dyfri. Dyma'r englyn:

> Dan gwsg, pasiant y chwantau, – amhur ryw,
>   Mor real y rhithiau!
>   Bywyd cêl yn gawdel gau,
>   Stôr sadist o arswydau.

Brodor o Dreforys oedd Philip J. Beddoe Jones a fu'n brentis gof cyn troi ei olygon tua'r Weinidogaeth gyda'r Hen Gorff. Rhywbryd wedi mis Mai 1917 ac yntau yn 'Heddychwr Crefyddol' fe'i trosglwyddwyd o Wormwood Scrubs, Llundain i garchar Dartmoor.

Ymhlith y nifer o Gymry a groesawodd y criw bychan o Lundain i'r carchar yr oedd Gwenallt. O'r dydd hwnnw ymlaen bu'r ddau'n gyfeillion. Ym mis Medi 1919 aeth y ddau yn fyfyrwyr i'r Brifysgol yn Aberystwyth. Yn ystod eu hail flwyddyn yno cydletyent yn 24 North Parade, Aberystwyth – cartref y newyddiadurwr a'r Prifardd Dewi Morgan a'i wraig. Roedd Dewi Morgan flwyddyn ynghynt wedi ennill ar yr englyn yng Nghorwen, 'Y Bluen Eira'. A fu gwell llety erioed i feirdd ifanc? Cydfyfyriwr â hwy yn Aberystwyth oedd Evan Jenkins, Ffair-rhos. Meddai Gwenallt amdanynt yng nghofiant Idwal Jones, Llanbedr Pont Steffan, a oedd yn y coleg gyda hwy:

Cofiaf i'r Athro T. Gwynn Jones roi inni un bore ddarlith ar y gwahanol fathau o gywydd, sef cywydd mawl, cywydd marwnad, cywydd serch, cywydd llatai, cywydd Eiddig a chywyddau ymryson: a phan ddaeth i'r ystafell ymhen yr wythnos gwelodd tua hanner dwsin o gywyddau wedi eu pinio ar y bwrdd du. Lluniodd Mr Evan Jenkins, Ffair Rhos (Ianto Ffair Rhos fel y gelwid ef y pryd hwnnw) a Mr Philip Beddoe Jones gywyddau ymryson, lluniais i gywydd serch ac Idwal Jones gywydd llatai. Y cwpled cyntaf yn unig a gofiaf erbyn hyn:

Ianto Ffair Rhos, dos y diawl,
Was cilwgus Colegawl...

ac fe aeth yr ymryson, os cofiaf yn iawn, dipyn yn gas cyn y diwedd. Yn ffodus, cadwodd Miss Cassie Davies, MA, y cywydd llatai a luniodd Idwal iddi hi.

Eisteddfod Genedlaethol 1946: Aberpennar

Tair ffaith sy'n brigo i'r wyneb am gystadleuaeth yr englyn yn yr eisteddfod lawn gyntaf wedi'r Ail Ryfel Byd. Yn yr eisteddfod hon y cafwyd yr englyn *vers libre* cyntaf! Yn ail, W. D. Williams, y Bermo yn beirniadu'r gystadleuaeth am y tro cyntaf, ef yr unfed ar ddeg yn olynol i wneud hynny. Yn drydydd, y Parchedig W. T. Ellis, Porthmadog yn cipio'r wobr, y trydydd englynwr buddugol â chysylltiad â'r dref honno. Yr oedd ef hefyd yr wythfed englynwr yn olynol i ennill unwaith yn unig ar yr englyn.

Dyma baragraff agoriadol beirniadaeth W.D.:

> Anaml y digwydd i gystadleuydd mewn Eisteddfod Genedlaethol lwyddo i gyfansoddi englyn y gellir dywedyd amdano: 'Dyma fo, yr union beth wedi ei fynegi yn y ffordd orau'n bosibl'. Yn amlach na pheidio, yr hyn a geir yw lliaws yn cyrchu at y nod, a rhyw ychydig bron â'i gyrraedd, ond oherwydd gair llanw, cystrawen amheus, hen drawiad, neu linell wan yn syrthio'n fyr. Yna'r beirniad yn crafu ei ben ac yn colli ei gwsg wrth geisio mesur a phwyso'r goreuon ac ystyried y dyfarniad. Felly y bu eleni: rhaid cyfaddef na lwyddodd neb o'r beirdd i wneud yr hyn y gwelais ambell lanc cyhyrog yn ei wneud yn Ffair Gorwen Fawrth erstalwm, sef codi'r ordd fawr a tharo'r stwmpyn pren nes bod y gloch yn tincial ar ben y polyn uchel.

Darllenodd W.D. 227 englyn, bron i drigain yn fwy nag a gafwyd yn 1945. Y testun yn galw'n gryfach! Dosbarthodd hwy i bum dosbarth: Rhai â siâp englyn ar eu gwaith, ar wahân i un; 'Gwan'; 'Gweddol'; 'Gobeithiol' a'r 'Goreuon'. Yn y dosbarth cyntaf gosododd ddwsin o englynion: 'Gydag ychydig newid gellid gwneud englynion da iawn o rai o'r rhain,' meddai. Un ohonynt oedd 'Twr Gwyn':

> Ei thinc a lŷn wrth ein clyw, – gwae a hedd
> A gyhoedda'n hyglyw;
> Galwedydd ysgol ydyw
> A gwŷs gras o gysegr yw.

'"A lŷn *yn* ein clyw" fyddai'r ffurf orau', yn ôl W.D. 'Gair gwan yw "Galwedydd" hefyd. Cyrch ac ail linell dda'.

Pan ymddangosodd yr englyn hwn yng nghyfrol gyntaf R. J. Roberts, yr englynwr Flaenau Ffestiniog a dreuliodd ran helaeth o'i oes yn Lerpwl, *Clychau'r Gynghanedd* (Gwasg Gee, 1965), ni ddilynodd yr awdur y beirniad!

O'r deuddeg, tynnodd restr fer o 4 englyn. Nid oedd digon o dinc y gloch yn englyn cryf a barddonol 'Bedwyr':

Mae dunos angau amdani; – a dawn
    Y Dydd i'w thelori;
    Llwch yn drwch hyd ei haur hi;–
    Arthur yn disgwyl wrthi.

Paladr cryf yn englyn 'B.H.' ac esgyll cwmpasog:

    Herodr hen pob llawenydd, – hoen yw dawns
      Ei llon dinc i'n broydd;
      A'i sain yn wylofus sydd
      Uwch llannerch y llwch llonydd.

Englyn dymunol iawn a gafwyd gan 'Syntax Llwyd'. Roedd y beirniad yn amheus o'r drydedd linell:

    Geilw y saint i eglwys Iôr – â seiniau
      Sy'n swyno pob goror;
      Pan ddown i'r erw dan dderw ddôr
      Wyla'i chnul uwch ein helor.

Y Parchedig Gwilym R. Tilsley (1911–1997) oedd awdur yr englyn. Bardd oedd yn cerdded yn hyderus tuag at y gadair oedd ef yn y cyfnod hwn.

Am fod englyn 'Ifan' yn llawnach o ystyr ac y gellid dweud fod ei englyn yn glir fel cloch fe enillodd y wobr o bunt.

    Llon gennad llan ac annedd, – a dawnus
      Ledaenydd gorfoledd;
      Geilw at Iôn wrêng a bonedd,
      A dilyn bawb hyd lan bedd.

Y buddugol oedd y Parchedig W. T. Ellis, Porthmadog a oedd yn ail yn 1943. Yn ei gyfrol *Eifionydd*, Cyfres Broydd Cymru (Gwasg Carreg Gwalch, 1998), meddai Guto Roberts wrth grwydro Porthmadog: 'Rhaid fydd croesi'r Stryd Fawr gan fynd heibio i Siop Woolworth (lle gynt y bu Neuadd y Dref efo'i thŵr a'i chloc) i weld Capel y Garth (M.C.) sydd bellach wedi ei gau er Sul olaf 1996. Bu'r Parchedig W. T. Ellis yn weinidog yma. Roedd hefyd yn ddramodydd cynnar yn y dref ac yn Eisteddfod Genedlaethol Cymru, Aberpennar 1946 daeth yn fuddugol ar yr englyn.'

Yn ôl y Parchedig Gareth Edwards, Degannwy, a fu'n weinidog ym Mhorthmadog roedd parch mawr iddo yn y dref. Bu'r Parchedig W. T. Ellis (1871-1948) yn weinidog Capel y Garth o 1905 ymlaen ac yn 1911 ychwanegwyd y Capel Saesneg at yr ofalaeth. Bu yno hyd 1948. Daeth i Borthmadog o Aberllefenni, lle bu'n gweinidogaethu am ddwy flynedd.

Brodor o Bwllheli ydoedd a bu'n gweithio mewn siop groser yn y dref cyn mynd i'r weinidogaeth. Roedd ymhlith y cyntaf i ennill gradd B. D. Prifysgol Cymru. Gŵr a oedd yn llenor coeth a bardd, a roddodd o'i orau i'r dref a'r Cyfundeb. Cofir amdano fel un o nifer bach o weinidogion yr Hen Gorff a oedd yn fwy nag awyddus i gael y Parchedig Tom Nefyn Williams (1895-1958) yn ôl i'r gorlan, bedwar ugain mlynedd yn ôl.

Eisteddfod Genedlaethol 1947: Bae Colwyn

Yn yr eisteddfod hon beirniadwyd yr englyn, 'Y Gorwel', gan D. Gwenallt Jones (Gwenallt, 1899-1968), Prifardd 1926 a 1931. Hwn oedd y tro cyntaf iddo wneud hynny. I englynwyr y cyfnod roedd ganddo dri chyngor buddiol, cynghorion sydd yr un mor briodol heddiw.

Ei gyngor cyntaf oedd: 'Tynnodd 'Y Lluniwr Coch' lun y Gorwel a theipio ei englyn arno. I'r Adran Gelfyddyd y dylid danfon lluniau; beirniadu'r englyn yw fy swydd i; y mae'n drueni na roddodd 'Y Lluniwr Coch' fwy o liw a llun yn ei englyn'.

Wrth drafod englynion yr ail ddosbarth, lle y gosododd y beirniad y rhan fwyaf o'r 220 englyn, yr englynion ystrydebol, dywedodd:

Gadawodd Trebor Mai a Dewi Havhesp un dylanwad anffodus ar yr englynwyr ar eu hôl, sef llunio llinell olaf englyn yn gyntaf, a honno yn llinell drawiadol, ysgubol; a llunio'r tair llinell arall wedyn, llinellau llanw. Dull anghelfydd o lunio englyn yw hwn. Dylai fod yn yr Englyn unigol, fel ymhob math arall o farddoniaeth, undod; dylai'r englyn fod yn gyfan-waith bychan.

Yn drydydd, cynghorodd y cystadleuwyr i fod yn hyddysg yn hanes yr englynion, darllen englynion y prif englynwyr a dysgu rhai ohonynt ar eu cof i osgoi eu syniadau a'u cleciadau. Dywedodd fod angen grym ewyllys a disgyblaeth ddygn i wneud y gwaith.

Barnodd fod dau englyn ar bymtheg yn well na'r gweddill, a thri ohonynt ar flaen y dosbarth cyntaf: 'Peblig', 'Hwsmon yr Hafod' ac 'Al Fresco'. 'Peblig oedd yr unig un a ganodd i fywyd cyfoes:

Y Gorwel, Dover, 1940

Dros y dŵr, ysu diras – maes y grym;
    Iesu Grist, mor atgas
   Gweld o ddyn lun galanas
   Ym miragl hir y môr glas.

'Gair gwan yw "ysu" a ducpwyd "Iesu Grist" i mewn er mwyn cynghanedd', cofnododd Gwenallt.

Dyfalu a wnaeth 'Hwsmon yr Hafod' fel yr hen gywyddwyr ac roedd ei englyn yn llawn pechod parod y canu cynganeddol, y gynghanedd yn trin y geiriau ac nid y cynganeddwr. Dyma'r englyn:

Rhod olau'n cylchu'r dalar, – ymylwe'r
    Moelydd pell a'r braenar;
   Caer o ros uwch cyrrau'r âr,
   Mur Duw am erwau daear.

Dewi Emrys oedd 'Hwsmon yr Hafod' ac ef hefyd oedd 'Al Fresco', awdur yr englyn buddugol – ef yn ennill am yr eildro. Dyma'r englyn:

Wele rith fel ymyl rhod – o'n cwmpas,
   Campwaith dewin hynod;
   Hen linell bell nad yw'n bod,
   Hen derfyn nad yw'n darfod.

Sylwadau Gwenallt ar yr englyn hwn oedd:

Y mae yn yr englyn hwn undod; y mae yn gyfanwaith bychan.
Disgrifir y Gorwel fel rhith, rhith a waned gan ddewin; pan
eir at y gorwel, nid yw yno, dyna'r rhith, ond fe welir y
gorwel ymhellach. Ceir y syniad hwn gan lawer o'r englyn-
wyr yn y gystadleuaeth hon, ond nis mynegwyd fel yn yr
englyn hwn. Y mae i englyn ei ddull ymadrodd ei hun; dull
clir, cryno, cwta a chynhwysfawr. At hynny fe ddylai englyn
redeg yn llyfn ac yn bersain. Gwendid llawer o'r englynion
oedd eu hanystwythder a'u clogyrnwch. Yr ail linell yw'r
wannaf yn englyn *Al Fresco* am fod ynddi gymhariaeth a geir
yn rhai o gywyddau Gwynn Jones a cherddi natur Eifion Wyn.
Am y rhesymau hyn gwobrwyer *Al Fresco*.

Yn *Barddas* (Gorffennaf/Awst 2002) cyhoeddwyd llythyr
gan Robert K. Kyffin, Harrow lle y dywed:

Nos Sul cyn yr Eisteddfod a Derwyn [Derwyn Jones, Moch-
dre, Bae Colwyn, 1925-2002] yn disgwyl trên ym Mangor
gwelodd Dewi Emrys yntau yno ar yr un gorchwyl a thros
baned yng nghaffi'r stesion cafwyd seiat rhwng y bardd ifanc
addawol a'r hen law brofiadol. Yn sydyn trodd Dewi at Derwyn
a gofyn a oedd yn cynnig am yr englyn. Gallai Derwyn ateb
gyda chydwybod dawel nad oedd, felly aeth Dewi ymlaen i
ddweud ei fod yn falch o glywed hynny gan na fuasai'n hoffi
ei guro; roedd yn gwbl argyhoeddedig ei fod am ysgubo pob
cystadleuydd arall o'r neilltu gan mor dda oedd ei englyn.
Ac wrth gwrs dyna beth a ddigwyddodd. Daeth yr englyn
buddugol i'r brig fel un o hoff englynion y genedl (os nad y
prif un).

Fodd bynnag, rhaid nodi nad yr englyn buddugol oedd ffefryn
Dewi Emrys ond yr un a gynigiodd o dan y ffugenw 'Hwsmon
yr Hafod'!

'Daliwyd ysbryd perthynas dyn a'i orwel gan Dewi Emrys,' meddai Rhys Dafis, Llansannan wrth ddewis ei hoff englyn yn y Genedlaethol. Ychwanegodd: '... a bydd yr englyn campus hwn ar gof a chadw tra bydd y Gymraeg'. Yr un englyn a ddewisodd Dai Rees Davies, Rhydlewis: 'I mi, mae popeth bron yn yr englyn hwn, ein heinioes, ein ffydd, a'n dirnadaeth. Ac mae'r cyfan o fewn rhyw ffin, a'r ffin honno'n anweledig am nad yw'n bod'.

Eisteddfod Genedlaethol 1948: Pen-y-bont ar Ogwr

Am yr eildro yn hanes y Genedlaethol yn ystod y ganrif fe gadeiriwyd bardd a oedd wedi ennill cystadleuaeth yr englyn y flwyddyn cynt. Yn 1933 yn Wrecsam daeth y Parchedig William Morris, Caernarfon yn gyd-fuddugol â 'Chyngar' am englyn i'r 'Aderyn y To'. Blwyddyn yn ddiweddarach yng Nghastell-nedd fe'i cadeiriwyd am ei awdl hoffus 'Ogof Arthur'. Dewi Emrys a enillodd y gadair ym Mhen-y-bont ar Ogwr am ei awdl 'Yr Alltud', flwyddyn ar ôl ennill ar yr englyn ym Mae Colwyn.

Y ffaith gyntaf am eisteddfod 1948 a ddaw i feddwl eisteddfodwr yw mai Thomas Richards, Llanfrothen a enillodd ar yr englyn, un a ddaeth yn boblogaidd iawn. Y testun oedd, 'Y Ci Defaid', testun nad yw rhywun yn ei gysylltu â bro'r eisteddfod. Bu'n destun yr englyn ugain mlynedd ynghynt yn eisteddfod leol Pont-rhyd-y-groes, Mehefin 1928. Daeth Tom Morgan, Cwmystwyth yn gydradd gyntaf. Ei enw barddol oedd Ufelwyn (1887-1940). Cyhoeddwyd cyfrol o'i waith, *Cerddi Ufelwyn* (gol. Gwilym J. Thomas, Llan-non gynt) gan Gymdeithas Lyfrau Ceredigion, 1997. Dyma ei englyn:

Dihafal heliwr defaid – a lluniaidd
        Was llonwych diniwaid;
    Dof ei ryw, byw a di-baid
    Gi hwylus i fugeiliaid.

127

Derbyniwyd 218 englyn ym Mhen-y-bont ar Ogwr. Y beirniad oedd y Parchedig S. B. Jones (1894-1964), Peniel, Caerfyrddin ar y pryd. Ef, yr ieuengaf ond un o deulu'r Cilie, oedd yr ail ohonynt i feirniadu'r englyn yn y Genedlaethol. Ef oedd Prifardd y Goron yn 1933 a'r Gadair yn 1936. Wrth feirniadu'r englyn am y tro cyntaf yn y Genedlaethol sylwodd, er iddo ddarllen 218 englyn, mai tua 150 o englynwyr oedd wedi gweithio englyn '... ac y mae hynny, ynddo'i hun, yn rhywbeth i lawenhau amdano'.

Yn ôl y drefn eisteddfodol dosbarthodd hwy i bum dosbarth, o'r rhai anghywir i'r rhai 'a barodd ffwdan' iddo '... gan guro'n aml wrth y drws, bob un ohonynt yn ei dro'. Wrth ddosbarthu, cadwodd mewn cof yr hyn a ddywedodd R. Williams Parry, sef 'mai camp anodd yw llunio englyn da, ac nad ar chwarae bach y gweir unrhyw fath o englyn'. Yn naturiol ddigon, cafwyd llinellau unigol gafaelgar mewn nifer o'r englynion, er enghraifft: 'Yn werth ei weld wrth ei waith', 'Radar amaethwr ydyw', 'A'u gwyliwr yn rhith gelyn', 'A hud gwiw i'w lygaid gwâr'.

Dewisodd ddeuddeg englyn i'r dosbarth cyntaf. Yn eu mysg yr oedd un o waith Evan George Jones (1892-1953), Blaencelyn ger Llangrannog, amaethwr, llenor a bardd, ac un o frodyr y beirniad. Ef oedd *Tri Trei* (1). R. H. Gruffydd (Gruffydd o Fôn), englynwr buddugol Caernarfon 1935, oedd 'Edmygydd (2)':

> Gorau gwas, gŵyr a geisi, – a llocia'n
>   Y llecyn a fynni,
> Anwylach ffrind ni weli –
> Dawn ei gwm, dewin o gi.

Hen drawiad yn y drydedd linell. Ni hoffai'r beirniad 'Dawn ei gwm', ymadrodd trwsgl yn ei farn ef.

Os hen drawiad a gafwyd yn nhrydedd linell Gruffydd o Fôn, nid felly yn englyn 'Ar y Bryniau'. Gem yr holl englynion oedd hi. Dyma'i englyn:

Symud ag esgud osgo – yw ei ddull
    A'i ddeallus Grio;
    Ôl ei braidd yw ei lwybr o,
    A gyr adref a grwydro.

Awdur yr englyn oedd J. Huw Griffiths (1875–1960), Goginan, Ceredigion. Ond englyn gorau'r gystadleuaeth oedd un 'Tyddynwr' [*sic*] (2):

Rhwydd gamwr hawdd ei gymell – i'r mynydd
    A'r mannau anghysbell;
    Hel a didol diadell
    Yw camp hwn yn y cwm pell.

Sylwadau'r beirniad ar yr englyn oedd: 'Ar ôl agor ag ymadrodd braidd yn rhyddieithol, â'r englyn hwn yn ei flaen yn llithrig a da hyd y diwedd. Y mae wedi ei gynganeddu yn gryf drwyddo, a chynnwys ddarlun hapus a chyfan'.

Awdur yr englyn a ddaeth yn ffefryn llengarwyr oedd Thomas Richards (1833–1958), y Wern, Llanfrothen. Roedd yn borthmon adnabyddus yng ngogledd orllewin Cymru yn ei ddydd. Dywedwyd amdano mewn erthygl yn *Yr Herald Cymraeg*, 26 Awst 1957, y soniwyd amdani gan Marian Elias yn ei rhagymadrodd i gyfrol ei thaid, *Y Ci Defaid ac Englynion Eraill* (1964): 'Ond wrth ennill yn yr eisteddfodau lleol fe'i denwyd i gystadlu yn yr Eisteddfod Genedlaethol ac ennill yng nghystadleuaeth yr englyn ar 'Y Ci Defaid' … oedd yr ysbardun mawr i'w yrru i englyna o ddifri. O'r cyfnod hwnnw ymlaen yr oedd ei gynnyrch yn doreithiog iawn ac fe ysgrifennodd bron i dri chwarter ei waith ar ôl 1948.'

Gwyddai'r Parchedig S. B. Jones yn burion am werth ci defaid da. Oni fu am gyfnod yn was bach yn y Cilie? Yn ei bryddest hunangofiannol 'Rownd yr Horn', fu'n fuddugol yn Eisteddfod Genedlaethol Wrecsam, 1933 mae'n sôn:

Pan elo Mot at Alun
I edrych hynt yr ŵyn,
Sy'n pori ar Fanc Llywelyn
Uwch dyfnder mawr Pwll mwyn
Bydd hwyliau gwyn Tripolia
Yn agor dros ei gwar,
A minnau'n mynd o Walia
I'r byd sy' dros y bar.

Eisteddfod Genedlaethol 1949: Dolgellau

Derbyniwyd 218 englyn ar y testun 'Y Ci Defaid' ym Mhen-y-bont ar Ogwr, 1948 ac yn rhyfeddol derbyniwyd yr un nifer yn union yn Nolgellau! Dyma'r unig dro i hyn ddigwydd yn ystod y ganrif. Testun amaethyddol, i raddau, a gafwyd yn Nolgellau hefyd, sef 'Yr Hirlwm'. Yn y gyfrol *Cymru Evan Jones* (gol. Herbert Hughes, Gwasg Gomer, 2009), yn y bennod 'Doethineb Llafar' ceir Hen Enwau ar fisoedd y flwyddyn ac enwir Mis Mawrth yn fis yr hirlwm.

Y beirniad yn Nolgellau oedd Edgar Phillips, Coed-duon (y Prifardd Trefin, 1889-1962). Dyna'r unig dro iddo feirniadu'r englyn yn y Genedlaethol. Galwodd Trefin y dosbarth gwaelod yn 'feirdd Herbertaidd' ac meddai wrthynt: 'Yn hytrach na cheisio llefaru'n huawdl ar nifer y gwendidau hyn, credaf mai doethach awgrymu i'r nifer a welir yn y dosbarth isaf astudio'r *Cyfansoddiadau* blynyddol, oblegid erbyn hyn, maent yn gyfres o werslyfrau buddiol iawn'.

Rhannodd y gweddill, 208, i bedwar dosbarth. Dosbarthodd dosbarth 1 yn dosbarth 1(b) a dosbarth 1. Yn nosbarth 1(b) gosododd 35 englyn a 9 englyn yn nosbarth 1. Un o'r tri englyn gorau yn nosbarth 1(b) oedd un 'Aderyn Du':

Crinllyd y cwm, llwm pob llain – ac adar
    Y goedwig heb gywain;
  Yr iâ'n drwm, eira'n y drain –
  Mawr yr awch – mwy yr ochain.

Awdur yr englyn oedd Gruffydd o Fôn. Diolchodd Trefin i 'Cwmcoy' am ddod â thipyn o hiwmor i'r gystadleuaeth:

> Llym dymor, llyma dwymyn – ymwelydd
> Milain ddaw pob blwyddyn,
> Dim i fuwch, dim i fochyn,
> Na chawl i ddiawl nac i ddyn.

Yr englyn buddugol oedd un 'Y Gaer Ddu':

> Adeg dysgub ysgubor – hir gyni
> A'r gwanwyn heb esgor,
> Y trist wynt yn bwyta'r stôr
> Hyd y dim rhwng dau dymor.

'[Y]r un a rydd i mi y syniad cliriaf o gyni'r tymor a'r cyfyngder a deimlir ynddo yw eiddo'r *Gaer Ddu*, a chan hyderu y caiff dderbyniad cynnes, iddo ef y dyfarnaf y wobr,' oedd sylw terfynol Trefin. Y buddugol oedd A. Jones, Blaencelyn, Llandysul yn ôl *Y Cyfansoddiadau*, ond yn fwy adnabyddus fel Alun J. Jones, y Cilie neu 'Alun Cilie' i bobl y Pethe.

Ef oedd cyw melyn olaf teulu'r Cilie. Ganed ef ar 4 Mawrth, 1897 a bu farw ym Mhentalar, Pontcarreg, 1 Mawrth 1975. Yn 1961 fe ddywedwyd amdano, 'Yn ifanc daeth i amlygrwydd fel telynegwr ond yn ddiweddar ei hoff fesurau yw'r englyn a'r cywydd a'r soned'. Ymhen tair blynedd fe ddywedwyd amdano, 'Syllodd ar natur yn ei gwg a'i gwên'. Canu o brofiad a wnaeth prif englynwr de Ceredigion. Rhestrai ei englyn 'Yr Hirlwm' ymhlith yr wyth englyn gorau a weithiodd. Ychydig fisoedd cyn iddo farw, a lolfa Dolnant, Pontcarreg wedi cael ei throi yn Babell Lên, clywais T. Llew Jones yn adrodd yn gyfareddol 'Yr Hirlwm'; pennill agoriadol ac un clo Cywydd Coffa 'Moss ci'r Cilie', a'r soned orchestol 'Sgrap'. Dyna brif weithiau Alun Cilie i mi.

Defnyddiodd Alun Cilie enw un o gaeau'r fferm yn ffug-enw yn Nolgellau yn y gyfrol *Cerddi Pentalar*, ail gyfrol o

gerddi Alun Cilie (gol. T. Llew Jones, Gwasg Gomer, 1976);
ceir tri englyn arall ganddo i'r 'Hirlwm':

Bro noeth hyd y bryn eithaf – ac oedi
    Ein gadael mae'r gaeaf;
    Egwyl hir wrth ddisgwyl haf
    O gynilo'r dogn olaf.

Hir ofwy draw'n yr Hafod, – sobr a hesb
    Oer ysbaid ddiddarfod;
    Y mae gofyn am gafod
    A bref ddwys am borfa i ddod.

Oer egwyl ffin, a'r agor – wedi mynd
    A Mawrth hyd ein goror;
    Y ddaear lesg heb esgor
    A disgwyl dwys o gil dôr.

Am y drydedd Eisteddfod Genedlaethol yn olynol cafwyd
englyn a enillodd galon llengarwyr.

Eisteddfod Genedlaethol 1950: Caerffili

Cofir am Eisteddfod Genedlaethol Caerffili am dri rheswm
gwahanol. 'Am y tro cyntaf yr oedd Y Rheol Gymraeg (neu'r
Egwyddor Gymraeg, chwedl Cynan) mewn grym … Golygai
hynny fod yr Eisteddfod Genedlaethol, ar ôl ymwadu â'i
chyfrifoldeb i'r Gymraeg am ymron ganrif, yn ymaflyd mewn
difrif yn y dasg y sefydlwyd hi i'w chyflawni mor bell yn ôl ag
1860, sef hyrwyddo'r iaith a'r diwylliant Cymraeg ymhob
maes o fewn ei chwmpas', eglurodd Hywel Teifi Edwards
wrth drafod yr eisteddfod yn seithfed gyfrol *Cyfres y Cymoedd*
(Gwasg Gomer, 1999). Yn ail, am y tro cyntaf ers Eisteddfod
Abergwaun, 1936, gosodwyd cystadleuaeth englyn digri. Am
Englyn Ffraeth y gofynnwyd amdano yn y Barri, 1920. I mi,
mae mwy o afael yn y term hwnnw. Tybed ai testun yr

englyn, 'Ceiliog y Gwynt', wedi'r cyfan, sy'n rhoi cymeriad i'r eisteddfod hanesyddol hon?

Cofnododd T. Llew Jones (1915-2009): 'Gyrrais englyn i Eisteddfod Genedlaethol Caerffili, 1950 ac fe enillais y wobr gyntaf ar y testun 'Ceiliog y Gwynt' allan o yn agos i bedwar cant englyn!'. Ceir hanes yr hyn a ddigwyddodd i'r englynwr a'r englyn yn y gyfrol *Fy Mhobl I* gan T. Llew Jones (Gwasg Gomer, 2002). Mae'r stori bellach yn rhan o chwedloniaeth yr Eisteddfod. Am dros hanner can mlynedd fe gafodd T. Llew hwyl ar ei dweud ledled Cymru.

Beirniad y gystadleuaeth oedd Gwenallt, yr eildro iddo feirniadu'r gystadleuaeth. Ef a wobrwyodd Dewi Emrys am 'Y Gorwel' ym Mae Colwyn bedair blynedd ynghynt. Taranodd ym mharagraff cyntaf ei feirniadaeth:

> Profiad cymysg yw profiad beirniad ar ôl darllen 347 o englynion. Y mae'n dda ganddo fod cymaint o weithgarwch llenyddol yn y tir; y mae yn glod i ddiwylliant Cymru. Ar y llaw arall, y mae'n ddigalon ar ôl darllen cynifer o englynion aflêr. Y mae llawer ohonynt wedi eu hysgrifennu yn aflêr ar dameidiau o bapur, y papur rhataf yn siop Woolworth; ac y mae'r cynganeddu yn aflêr. Cynnyrch diwylliant esgeulus ydynt; cerddi cenedl siabi.

Gosododd yr englynion mewn pedwar dosbarth gan roi'r mwyafrif llethol ohonynt yn yr ail ddosbarth. Llond tudalen o ffugenwau! Yn ôl Gwenallt, mynegi'r pethau cyntaf a ddaeth i'r meddwl a wnaethant, y pethau mwyaf amlwg ynglŷn â'r ceiliog. Nid oeddynt wedi ceisio myfyrio ar y gwrthrych, a cheisio ei gymharu â rhywbeth ym mywyd dyn. Cafwyd tri englyn digri yn y dosbarth hwn, yn cynnwys un gan 'Hwthwm', sef Isfoel (Dafydd Jones, 1881-1968), un o fois y Cilie:

> Gwelwch y gwalch hy a'i gest, – y ffŵl dwl,
>   Ond ffowl dewr ac onest;
> Os East fydd corn yr ornest
> Neidia ei din i *dead west*!

Chwe englyn yn unig a osodwyd yn y dosbarth cyntaf. Roedd dau gan T. Llew Jones yn eu mysg, ac fe osodwyd y ddau ar y blaen. Ef oedd 'Banc y Felin':

> Ar uncoes ddur yn strancan – ar ei dŵr,
>   Aderyn penchwiban;
>   O'i anfodd try'n ei unfan
>   I diwn y gwynt, fel dyn gwan.

Nid oedd Gwenallt yn hapus gyda'r llinell gyntaf oherwydd bod ansoddair dianghenraid tan yr acen. Iddo ef, roedd ansoddair acennog fel cnoc rhwng y gynghanedd. Awgrymodd ei newid: 'Ar ei uncoes yn strancan' neu 'Ar uncoes yn ystrancan'. Yr englyn buddugol oedd:

> Hen wyliwr fry mewn helynt – yn tin-droi
>   Tan drawiad y corwynt;
>   Ar heol fawr y trowynt
>   Wele sgwâr polis y gwynt.

Dyma sylwadau Gwenallt ar yr englyn:

> Cafodd hwn ei odlau yn hawdd; corwynt, trowynt, gwynt. Gair gwan yw 'helynt' yn y llinell gyntaf. Pa helynt sydd ar y Ceiliog? Y mae'r cyrch a'r ail linell yn wych. Ceir yn yr esgyll hefyd dynnu darlun; llunio cymhariaeth briodol. Nid wyf yn hoffi sŵn y ddwy 'o' yn y drydedd linell, ac y mae yn yr olaf fwy o bwys ar sgwâr yr heol nag ar y plismon. Ai mentrus fyddai awgrymu un newid bach?

> Wele sgwâr bolis y gwynt.

Cloriannodd y chwe englyn. Cafodd ynddynt linellau da, ambell esgyll da ond, ar y llaw arall, daeth ar draws ansoddeiriau llac a llinellau llipa. Y gwendid mwyaf oedd diffyg dal ati, diffyg dyfalbarhad. Wrth gloi ei feirniadaeth dywedodd: 'Wrth lunio englyn rhaid treio llinell fel hyn ac fel arall; ymlafnio, naddu, morteisio; ac ynghanol y llafur fe ddaw, yn aml, y gair iawn fel fflach, ond y mae'n rhaid aros amdani'. Gair i gall yn bendant, sydd mor addas i heddiw a chymaint yn bwrw iddi i gynganeddu ac englyna. Am mai gan 'Iolo' (T. Llew Jones) yr oedd yr ymgais orau ef a gafodd y wobr. Yng Nghaerffili, fel ym Mae Colwyn, Pen-y-bont ar Ogwr a Dolgellau, cafwyd englyn a enillodd le yng nghalon mynychwyr y Babell Lên. Pedwar englyn yn olynol – tipyn o record!

Am y tro cyntaf yn hanes yr englyn yn y Genedlaethol fe gafwyd dros 300 o englynion. Y nifer agosaf at hynny oedd 285 yng Nghaernarfon naw mlynedd yn ddiweddarach. Y tro diwethaf y cafwyd dros 200 oedd yn y Bala, 1967! Roedd T. Llew Jones wrth ei fodd yn ein hatgoffa mai ef a ddaliai'r record. Wrth ennill yng Nghaerffili roedd yn dilyn ôl troed Dewi Morgan, William Morris ac E. Llwyd Williams drwy ennill ar yr englyn cyn cael ei gadeirio. Er bod 'Ceiliog y Gwynt' yn ffefryn gen i, y gerdd o waith T. Llew Jones sy'n fy ysgwyd bob tro y darllenaf hi yw ei gywydd coffa i Dilys, disgybl wyth oed o ysgol Coed-y-bryn a fu farw'n sydyn iawn mewn capel yn Llandysul yn ystod Cymanfa Ganu'r Urdd, 1964. Mae'n sôn am y digwyddiad trist yn ei gyfrol *Fy Mhobl I*.

Eisteddfod Genedlaethol 1951: Llanrwst

Wrth gwrs, Ymryson y Beirdd oedd llwyddiant mawr y Babell Lên eleni: ac eithaf peth fydd pwysleisio cymaint yr oedd dawn a phersonoliaeth William Morris fel holwr yn ei gyf-rannu at y llwyddiant; cymaint hefyd yr oedd y gynulleidfa'n ei gyfrannu. Nid wyf fy hun yn cael llawer o flas ar wrando ar Ymryson y Beirdd ar y radio; mae gormod o naws arholiad yn y capel ar yr awyrgylch, ond gallaf feddwl y byddai'r darllediadau'n fwy hwyliog o dipyn pe gwneid hynny yng ngŵydd cynulleidfa.

Dyma sut y bu i D. Meurig Rhys grynhoi ei fyfyrdodau yngylch yr eisteddfod hon yn 'Dyddiadur Eisteddfodwr', *Y Genhinen* (Hydref 1951).

Ym Mhabell Lên Llanrwst y sefydlwyd Ymryson y Beirdd fel rhan o weithgareddau'r babell. 'Yr oedd Pwyllgor Llên yr ŵyl honno dan arweiniad goleuedig ei lywydd, R. E. Jones, wedi gwadd prydyddion gwahanol ranbarthau'r wlad i ymryson â'i gilydd', meddai W. D. Williams yn 1978. Y Parchedig William Morris oedd y Meuryn cyntaf. Ar ôl gweld y gefnogaeth i'r ymryson yn Llanrwst, penderfynodd Sam Jones (1898-1974), cynhyrchydd gyda'r BBC ym Mangor, leoli rownd derfynol Ymryson y Beirdd (*Welsh Home Service*) ar lwyfan Pabell Lên y Genedlaethol brynhawn Mercher bob blwyddyn o hynny allan.

Testun yr englyn oedd 'Goleuni'r Gogledd' a'r beirniad oedd J. T. Jones (Porthmadog), awdur 'Y Llwybr Troed', englyn buddugol Bangor, 1943. Meddai T. Arfon Williams (1934-1998) wrth drafod englynion gan J. T. Jones (*Barddas*, Gorffennaf/Awst 1992): 'Camgymeriad yn *Englynion a Chywyddau* [gol. Aneirin Talfan Davies, Llandybïe, 1958] yw priodoli iddo englyn arobryn Eisteddfod Genedlaethol Llanrwst, 1951'.

Beirniadodd J. T. Jones 276 englyn. Rhannodd hwy yn chwe dosbarth. I'r pumed dosbarth casglodd 129 englyn a chynghorodd y rhai yn y dosbarth hwn i astudio mwy ar ramadeg a chystrawen y Gymraeg. Ymysg y 72 englyn yn y pedwerydd dosbarth yr oedd englyn 'Ec-si-ma', yr unig englyn bwriadol ddoniol yn y gystadleuaeth:

> Rhyw sgêm hwyr i'r Escimô – a'i dir oer
>   Ydyw draw, pan noso:
>   Trydan nid rhaid at rodio,
>   Na gwawl lamp i'w Iglŵ o.

Gosododd 7 englyn yn y dosbarth cyntaf am eu bod fymryn yn well na'r 16 yn yr ail ddosbarth. Roedd gan T. Llew Jones ddau englyn yn eu plith:

Llafnau llachar diaros, – o wagle'r
Gogledd yn ymddangos;
Hardd dân ar ruddiau dunos,
Tywyn haul ar gant y nos.

O'r Gwyll (1)

Rhes o gymariaethau sydd yn yr englyn, fel yr un a osodwyd
yn ail. Englyn prydferth iawn:

Golau hwyr fel glaw arian, – neu euraid
Faneri'n cyhwfan;
Lliwiau hud yn troi llydan
Nwyfre Duw yn fôr o dân.

O'r Gwyll (2)

Sylwodd J. T. Jones bod T. Llew Jones wedi gadael 'h' o flaen
y brif acen ddwywaith heb ei hateb, sef yn y llinell gyntaf a'r
drydedd. 'Byddai'r penceirddiaid gynt yn ofalus iawn rhag
siomi'r glust yn y modd hwn', meddai.

'Englyn lliwgar, byw' oedd englyn 'Nordlys', sef yr un
buddugol:

Dunos y Pôl yn olau: – rhudd a gwyrdd
Yw gwawr gerddi'r nennau.
Onid Duw Gwyn sy'n teg wau
I'r nef iasoer, enfysau?

Yr unig wendid, yn ôl J. T. Jones, oedd yr ansoddair 'iasoer'.
Teimlai mai'r gynghanedd yn bennaf, oedd yn gofyn amdano.
Sut bynnag, edmygai gryfder syml y gynghanedd ac fe'i
plesiwyd gan unoliaeth y darlun ac uniongyrchedd y meddwl.

Yr englynwr buddugol oedd y Parchedig Gwilym Ceri
Jones, Clydach, Cwm Tawe (1897-1963), brodor o Rydlewis,
Ceredigion, a ymunodd â Dewi Morgan, William Morris,
E. Llwyd Williams a T. Llew Jones fel darpar brifardd yn
ennill yr englyn yn gyntaf. Cadeiriwyd ef ym Mhwllheli, 1955
am ei awdl 'Gwrtheyrn'. Roedd o fewn trwch blewyn i ennill

137

y gadair yn y Rhyl ddwy flynedd ynghynt. Yn 1964 golygodd y Parchedig J. Eirian Davies (1918-1998) gyfrol o'i gerddi, *Diliau'r Dolydd*.

Eisteddfod Genedlaethol 1952: Aberystwyth

Am yr eildro mewn deng mlynedd dychwelodd y Genedlaethol i Sir Aberteifi. Yn Aberteifi, 1942, ataliwyd y gadair, ac am yr eildro mewn saith mlynedd ataliwyd y goron yn Aberystwyth. Flwyddyn ynghynt yn Llanrwst roedd T. Glynne Davies yn lwcus yn ei feirniad, ond Harri Gwynn yn anlwcus yn Aberystwyth. Yn ei erthygl yn *Y Genhinen*, Hydref 1952, 'Beirniadu'r Beirniaid', mae W. Leslie Richards, Llandeilo yn bwrw golwg dros yr eisteddfod ac yn holi: 'A oes awgrym o lwc ac anlwc, o hap a damwain yn hyn, neu a yw'n wir mai'r peth pwysicaf i gystadleuydd yw, nid cyrraedd safon, ond adnabod ei feirniaid a gwybod am eu barn a'u rhagfarn – ac yn enwedig eu rhagfarn?'

O sôn am y beirniaid yn Aberystwyth, roedd tri yn yr Adran Lenyddiaeth yn bersoniaid yn yr Eglwys, dau yng Nghymru ac un yn Llundain. Rydym yn dueddol i anghofio Personiaid Llengar yr ugeinfed ganrif a'u cyfraniad i'r Genedlaethol. Daeth pedwar yn brifeirdd, sef Euros Bowen, Emrys Edwards, D. Emlyn Lewis a Gwynn ap Gwilym. Bu tri arall yn beirniadu'r englyn: Berw, W. Roger Hughes ac Isylog. Beirniadodd Berw'r gystadleuaeth un ar ddeg gwaith rhwng 1900 a 1925. Ef oedd un o'r tri beirniad a wobrwyodd Eifion Wyn yn 1906 am englyn 'Blodau'r Grug'. Unwaith yn unig y beirniadodd W. Roger Hughes yr englyn a hynny yn 1944, Llandybïe. Yn 1932, cyhoeddodd *Cerddi'r Offeiriad*, casgliad o'i gerddi cynnar.

Beirniad cystadleuaeth yr englyn yn Aberystwyth, 1952, oedd y Parchedig Enoch Jones, Ficer Eglwys Gymraeg San

Bened, Llundain ar y pryd. Enw barddol y brodor o Ysbyty Ystwyth oedd Isylog. Defnyddiwyd y term 'Englyn Unodl Union' am y tro cyntaf ers 1927 yn yr Eisteddfod hon. Cynhaliwyd hefyd gystadleuaeth Englyn Digri dan feirniadaeth Waldo Williams. Pwysleisiodd: 'Mae'n bwysig inni gadw'n digrifwch a'n hoffter o'r englyn yn bethau cyffredin yn ein cenedl'. Ychwanegodd bod yr englyn yn talu ei ffordd fel cyfrwng donioldeb. Ond nid fel cystadleuaeth eisteddfodol, ddywedwn i; Ymryson y Beirdd yw gwir gartref yr englyn ffraeth. Ac onid yw englyn ffraeth yn well enw ar y gystadleuaeth nag englyn digri neu ysgafn?

Testun yr englyn yn 1952 oedd 'Clo'. Derbyniwyd 255 o gynigion ond llithrodd amryw ohonynt at allwedd yn hytrach na glynu wrth glo. Onid dyna oedd y feirniadaeth ar englyn 'Bryn Eryr', a osodwyd yn ail?

> Molaf dy glo am eiliad, – annwyl of;
>   Daw'r Hen Leidr ar drawiad.
>   Medd at fy nôr agoriad
>   Sy'n rhyddhau holl gloeau gwlad.

'Beth bynnag', meddai Isylog, 'credaf mai haws ei farnu na llunio'i well'. Yn gynharach yn ei feirniadaeth dywedodd:

> Hawdd credu i lawer o'r englynwyr hyn ymdrechu ymdrech deg, a chanmolir hwynt am hynny. Cystal addef nad yw cystrawen neu ramadeg neu orgraff rhai ohonynt yn ddifai, ond y mae diogel obaith amdanynt gan iddynt eisoes ddysgu cynganeddu. Gwn am fwy nag un ysgolhaig a fethodd yn lân wneud hynny. Rhaid geni englynwr.

O'r saith englyn a gyrhaeddodd y dosbarth cyntaf ni phetrusodd y beirniad ynghylch y gorau. Hoffodd yr englyn cytbwys, diwastraff a ffyddlon i'r testun o'r darlleniad cyntaf. Dyma'r englyn:

Trwy'i oes, gwarcheidwad drysau – â'i ofal
Am gyfoeth a theiau;
A chwerwaf ing carcharau
Yw rhinc hwn a'r gloer yn cau.

Ffugenw'r englynwr oedd 'Iâl'. Ei enw swyddogol oedd W. D. Williams (1900-1985), W.D., y Bermo, un o wynebau mwyaf adnabyddus y Babell Lên yn ei gyfnod. I mi, ef yw hanesydd Ymryson y Beirdd y pedwar a phumdegau'r ganrif ddiwethaf. Yn ei gyfrol *Cân ac Englyn* (Gwasg Aberystwyth, 1950) cyhoeddwyd ei dri englyn byrfyfyr buddugol mewn tair eisteddfod. Rhagflaenydd i Englyn y Dydd ymhen deugain mlynedd! Y testun yn Ninbych, 1939 oedd 'Y Babell Lên':

Nef ydyw i 'Steddfodwr – a hafan
Ddifyr i ymwelwr;
Fe'i troed hi'n stydi ddi-stŵr
Eleni i englynwr.

Yn Hen Golwyn, 1941 y testun oedd 'Noddedigion', sef Faciwîs neu Blant Cadw:

Dianc i'n henfro dawel – fu eu rhan,
Ar frys am le dirgel;
A hwy'n rhydd, ryw ddydd a ddêl,
Ai diochain eu dychwel?

'Pris y Baco' oedd y testun ym Mangor, 1943:

Gan ei uched gwn ochain, – o'i achos
Rhoir chwechyn am Wdbain;
Nid gwiw mewn ciw yw cywain
Stwff mor ddrud ar fyd mor fain.

Yn yr Eisteddfod hon, lle yr enillodd W. D. Williams am yr unig dro ar yr englyn (y trydydd darpar brifardd i ennill yn olynol), y gweithiwyd un o englynion mwyaf adnabyddus

140

Ymryson y Beirdd y BBC neu'r *Welsh Home Service* bryd hynny, sef englyn cywaith Sir Aberteifi, 'Gorsedd y Beirdd':

> Nid y cledd ond y weddi, – a'i harddwch,
>   A rydd urddas arni;
>   Mae nodded tu mewn iddi
>   I'r Gymraeg rhag ei marw hi.

Eisteddfod Genedlaethol 1953: Y Rhyl

Do, fe gadwyd at y term englyn unodl union yn yr eisteddfod hon ac fe gafwyd cystadleuaeth englyn digri. Hon oedd y drydedd Eisteddfod i'w chynnal yn y Rhyl ers sefydlu'r Ŵyl yn 1861. Y tro cyntaf oedd yn 1892 a'r eildro yn 1904. Testun yr englyn yn y gyntaf oedd 'Y Pelydryn'. Nodir yn y *Cyfansoddiadau* yn 1895:

> Wedi i'r Beirniaid, Eifionydd a Chlwydfardd, fethu cydolygu yng nghylch teilyngdod yr Englynion Canlynol, anfonwyd hwy i mi i'w beirniadu. Wele yr Englynion:–

> Am eiliad, ffladriad melyn – a'i ganaid
>   Ogoniant i'w ganlyn, –
>   Yn chwareu, drwy'r goleu gwyn
>   Paladrawg, yw'r pelydryn.
>   *Paladr 1*

Eto –

> Pelydryn melyn am eiliad:– Llef Duw:–
>   Llif o dân dadguddiad, –
>   A gwên yn rhoi dadganiad
>   I'r meidrol o'r dwyfol Dad.
>   *Dewi Wyn*

Y mae'r ddau englyn yn ddi-fai parth cynghanedd, ond englyn *Dewi Wyn* yw yr egluraf a'r mwyaf barddonol ac felly efe yw y goreu er nad ydyw y peth ddylasid gael. Yn onest Hwfa Môn'.

Dewi Ffraid oedd yr enillydd. Ddeuddeng mlynedd yn ddiwedd-arach roedd Eifion Wyn yn gydfuddugol â Dewi Medi, Llanelli am englyn 'Y Dwyreinwynt'. Y tro cyntaf i Eifion Wyn ddod yn gydfuddugol ar yr englyn ac ailadroddodd y gamp yn 1923 a 1926. Yr unig dro i Dewi Medi ennill gwobr am englyn oedd yn yr eisteddfod honno.

Nid oedd yn rhaid i Meuryn (y Prifardd R. J. Rowlands, 1881-1967), y beirniad, alw ar ganolwr na rhannu'r wobr yn 1953. Allan o'r 277 englyn a dderbyniodd i 'Pry'r Gannwyll' (neu 'Pry'r Teiliwr'), cafodd un englyn oedd yn cynnwys 'disgrifiad cofiadwy o bry'r testun'. Meddai Meuryn yn ei frawddeg agoriadol: 'Nid y peth hynotaf yn y gystadleuaeth hon yw'r ffaith fod cymaint â 277 yn cystadlu ond bod cymaint â 48 o'r "englynion" yn wallus, a bod mwy na hanner hynny (26) heb gymaint ag un llinell o gynghanedd ynddynt'.

Fel arfer yn y gystadleuaeth cafwyd rhai englynion digrif, yn enwedig eu hodlau. Dyma un gan Alun Cilie:

> Try i'w hynt a'i hwyr antics – i'r gannwyll
>   Gan lurgunio'i sterics,
>   Ni fydd dro wedi'i feddw drics
>   Ar ôl dim ond ei relics.

Gwenais wrth ddarllen llinellau fel y rhain: 'Ffrio ei gorff ar y gwêr' a 'Ni all hwn actio'r Tri Llanc'.

Beirniadaeth amlycaf Meuryn ar y gystadleuaeth oedd bod llawer iawn o'r englynion yn dweud yr un peth mewn llawer dull a modd. Nid felly englyn 'Ap Gwêr':

> Er huno rhyw fer ennyd – â'i asgell
>   O'r plisgyn y cyfyd:
>   Garan holl wybed gweryd,
>   A'i gorff brau yn goesau i gyd.

Englyn da, er bod ei baladr braidd yn gyffredin, ond yr esgyll yn gampus. Yr enillydd oedd Charles Jones (1907-1979), brodor o Fynytho a fu'n athro yn Ysgol Botwnnog. Brawd iddo oedd y Prifardd Moses Glyn Jones (1913-1994). Bu'n mynychu dosbarthiadau R. Williams Parry a meddyliai'n uchel iawn ohono. Englynwr trawiadol oedd Charles Jones. Ceir ei englyn 'Gweddi' yn *Awen Arfon* (1962); nifer o englynion yn *Englynion o Lŷn* (1978) ac Emyn a Phenillion Telyn ym *Mlodeugerdd Llŷn* (gol. Moses Glyn Jones, Cyhoeddiadau Barddas 1984). Cyhoeddwyd cyfrol o'i gerddi yn y gyfres *Beirdd Bro* (Rhif 6, 1977). Ei englyn mwyaf adnabyddus yw 'Coed Nanhoron yn yr Haf' – clasur o englyn:

> Yn hir yng Nghoed Nanhoron – oedai'r haf
> Gyda'r hen gyfoedion;
> Hwythau blethasant weithion
> Rwyd o liw ar hyd y lôn.

Hon oedd yr ail Eisteddfod i Feuryn feirniadu'r englyn ynddi. Beirniadai yng Nghaerdydd, 1938 a gwobrwyodd Dewi Emrys am ei englyn 'Yr Ywen'. Wrth ddarllen 'Pwy yw'r Meuryn? Ar drywydd anturiaethwr y daeth ei enw yn air' (*WA-w!*, Rhifyn 8, Medi 2010) fe'm hatgoffwyd am fywyd a gwaith Meuryn. Disgrifiwyd ef fel 'Dyn bychan, gwelw yn cerdded gyda herc ... ac yn barod a phendant iawn ei farn'. Bu'n olygydd cydwybodol *Yr Herald Cymraeg* o 1921 hyd 1954, ac yn olygydd Colofn Farddol *Y Cymro* o 1952 hyd 1967. Tueddwn i anghofio iddo ysgrifennu nifer o nofelau datrys a rhai ditectif. Meddai colofnydd yn *WA-w!*: 'Doedd o ddim yn nofelydd perffaith o bell ffordd – ond yr oedd yn ddylanwadol ac fe lanwodd fwlch mawr ym maes nofelau antur Cymraeg'.

Cyngor doeth iawn yn y Genedlaethol hon oedd un y Prifardd Wil Ifan wrth feirniadu cerdd goffa 'Eirug' (y Parchedig Brifardd T. Eirug Davies, 1892-1951), pan ddywedodd nad oes 'rhaid "barddoni" popeth, gan anghofio y gall gwir farddoniaeth siarad iaith syml iawn'.

Eisteddfod Genedlaethol 1954: Ystradgynlais

Anerchwyd Gorsedd y Beirdd yn Ystradgynlais gan Dyfnan (John Jones, 1885-1963), un o englynwyr bro fy mebyd, Rhoscefnhir, Ynys Môn. Cyhoeddodd ei anerchiad o bum englyn yn y *Cylchgrawn Sir Môn*, Hydref 1954. Dyma'r englyn agoriadol:

Annwyl yw'r Orsedd inni, – iaith ein plwy,
   Iaith ein plant sydd ynddi,
   A glanach na'r goleuni
   Yw y cylch o'i hamgylch hi.

Yn *Wrth Grwydro Môn* (Llyfrau'r Dryw, 1957), sonia Bobi Jones am ei ymweliad â'r Wigadd, cartref Dyfnan: 'Ni wŷr y sawl a siarado am oerni'r Monwyson ddim oll amdanynt; nid oedd ond gwres a gwledd ar aelwyd Wigadd'.

Am yr ail flwyddyn yn olynol beirniadwyd cystadleuaeth yr englyn unodl union gan Meuryn. Y tro diwethaf i hyn ddigwydd oedd ar ddiwedd y 1920'au, dechrau'r 1930'au. Y beirniad bryd hynny oedd y Parchedig J. J. Williams, Treforys a fu farw 6 Mai 1954. O 1936 tan 1954 dim ond Meuryn a Gwenallt a feirniadodd fwy nag unwaith yn ystod y cyfnod. Testun yr englyn yn 1954 oedd 'Y Dyn Dŵad'. 'Nid cywir fyddai dywedyd bod 169 o englynion wedi eu derbyn i'r gystadleuaeth hon, canys anfonodd pymtheg rigymau cwbl ddigynghanedd i'r gystadleuaeth, a chredaf na ddylid hyd yn oed gynnwys eu ffugenwau hwy yn y feirniadaeth', meddai Meuryn wrth agor ei sylwadau. Felly 154 englyn a feirniadwyd, y nifer lleiaf er 1941.

I awduron y 140 englyn na ddaeth i'r dosbarth cyntaf, mor addas oedd sylw'r Parchedig William Jones, Tremadog (1896-1961), wrth feirniadu'r delyneg yn Ystradgynlais. Dywedodd mai un o ddiffygion mawr nifer o'r telynegwyr oedd diffyg hunanfeirniadaeth ac y dylai bardd feirniadu ei waith yn llym cyn ei ollwng o'i law.

Pedwar englyn ar ddeg a osodwyd yn y dosbarth cyntaf, am fod eu hawduron yn fwy o feistri ar eu gwaith ac wedi cyflwyno cywirach portread o'r 'Dyn Dŵad'. Y tri englyn gorau yn y dosbarth oedd 'Dôl Wylan', 'Cnwc y Glep' a 'Cefnbychan'. Dyma englyn 'Dôl Wylan':

Dyn braf wedi dod i'n bro – ond rhyfedd
    Y trafod fu arno;
Araf dreth ar ei fedr o
Fu ennill ei blwyf yno.

Ei awdur oedd Alun J. Jones, Alun Cilie, englynwr buddugol Dolgellau, 1949. Fel hyn y gwelodd 'Cnwc y Glep' 'Y Dyn Dŵad':

Un yw heb wraidd yn ein bro – a damwain
    Ei ddod yma i dario;
Mae'n darged bwled lle bo
I lid ardal a'i dwrdio.

Fred Williams, Llwyndafydd, nai Bois y Cilie, oedd ei awdur.
    Yr englyn gorau, am ei fod yn un syml a naturiol oedd un 'Cefnbychan', sef y Parchedig Evan Cadfan Jones, Blaenau Ffestiniog (1893–1985):

Er bod o uniawn rodiad, – a'i ynni
    A'i ddoniau'n ddiymwad,
Nid oes dim a gwyd ei stad –
Onid yw yn 'Ddyn Dŵad'?

Ar ôl ei ddyddiau ysgol yn Maenofferen a'r Ysgol Sir leol bu'n gweithio yn y chwarel. Fel llawer o'i gyfoeswyr, gadawodd y gwaith caled am y weinidogaeth. Testun yr englyn yn Eisteddfod y Myfyrwyr, Bangor ar ddechrau'r 1920'au oedd 'Caffi Robert Roberts' (Bobi Bobs) ym Mangor, cyrchfan boblogaidd i fyfyrwyr y cyfnod. Dan feirniadaeth Syr John Morris-Jones fe enillodd E. Cadfan Jones y wobr. Daeth yr englyn yn boblogaidd ac arferai fod ar fwydlen y caffi.

Am de gyda thamaid iach – ac ymgóm
  A geir lle rhagorach?
  Rhannwyd llawer cyfrinach
  Rhwng dau wrth y byrddau bach.

Yn 1924, ar ôl gyrfa golegol lwyddiannus, fe'i sefydlwyd yn weinidog gyda'r Annibynwyr yn Saron, Aberaman, Cwm Cynon. Ymhen tair blynedd symudodd i ofalu am Gapel Libanus, Glynebwy. Yn 1945 fe'i penodwyd yn Diwtor-Drefnydd Cymdeithas Addysg y Gweithwyr ym Meirionnydd a pharhaodd yn ei swydd hyd nes ei ymddeoliad yn 1963. Gwasanaethodd ei ardal fel Cynghorydd ar Gyngor yr hen Sir Feirionnydd a ddaeth i ben yn 1974.

Eisteddfod Genedlaethol 1955: Pwllheli

Am yr eildro mewn deng mlynedd ar hugain cynhaliwyd y Genedlaethol ym Mhwllheli. Testun yr englyn yn 1955 oedd 'Y Bargod', a'r beirniad oedd W. D. Williams, ef wrth y gwaith am yr eildro. Allan o'r 168 englyn a dderbyniwyd (yr ail flwyddyn yn olynol i'r nifer fod dan ddau gant) fe gafodd y beirniad ddeunaw englyn a graen arnynt. Nododd fod rhyw-beth yn tynnu oddi wrthynt i gyd. Yr englyn mwyaf arbennig yn y gystadleuaeth oedd un 'Y Gwas Bach':

Rhy'n ddi-daw tra fo'n glawio – seiniau mwyn
  Fel sŵn mil yn godro;
  Pan geir rhew yn dew ar do
  Daw hynod dethau dano.

Meddai W. D. Williams:

Dyma fardd wedi clywed ac wedi gweled rhywbeth drosto'i hun, ac y mae hynny'n amheuthun mewn cystadleuaeth ag ynddi gynifer wedi bod yn syllu drwy lygaid Dafydd ab Gwilym

146

ac eraill. Ni cheisiodd ddisgrifio'n fanwl nac amgylchu'r testun; dim byd ond mynegi'n syml ymateb *Y Gwas Bach* i'r hyn a welodd ac a glywodd o'r Bargod. Mae'r berthynas agos sydd rhwng *godro* (yn y paladr) a *tethau* (yn yr esgyll) yn rhoi undod i'r englyn.

Dywedodd mai bardd oedd 'Y Gwas Bach' a roddodd inni 'mewn arddull ddigon cyffredin ddau ganfyddiad newydd sbon'. Y bardd hwnnw oedd Ellis Jones, Llanllyfni (1906-1996), brodor o Rostryfan a aeth i fyw i Fryn Teg, fferm ar gyrion Llanllyfni, Dyffryn Nantlle. Bu farw Ellis Jones ar 31 Mawrth 1996, rhyw ddeufis wedi iddo gyrraedd ei naw deg. Yn Adran Englynion y gyfrol *The Oxford Book of Welsh Verse* (1962), dewisodd y Golygydd, Thomas Parry, 34 englyn, pedwar ohonynt yn englynion buddugol yn y Genedlaethol. Dewisodd 'Blodau'r Grug', 'Gwrid' 'Y Gorwel' ac un Ellis Jones, 'Y Bargod'. Ef, felly, ysgwydd yn ysgwydd ag Eifion Wyn a Dewi Emrys.

Yn Aberystwyth, 1952, ef oedd yn fuddugol yng nghystad-leuaeth yr englyn digri dan feirniadaeth Waldo Williams. Dyma'r englyn i 'Gwlanen Goch':

> Fy ewyrth sy'n rhy fywiog, – yntau'n hen
> Eto'n ŵr cyfoethog;
> O wisgo'r wlanen enwog
> Ar oer hin – difarw yw'r rôg.

Trychineb y gystadleuaeth yn ôl Waldo Williams oedd i englyn 'Heriwr Angau' fod yn fyr o sillaf! Dyma'r englyn:

> Os am wlad heb wichiadau – ymlaen
> Am y wlanen, hogiau.
> O roi hon ar y fron frau
> Byddem heb dorwyr beddau.

Gan fod 'Gobaith Gwan' (ffugenw Ellis Jones) yn cyflwyno'r un syniad â 'Heriwr Angau' mae lle i gredu mai ef oedd awdur yr englyn naw sill ar hugain.

Gan i bapurau Ellis Jones fynd ar goll pan chwalwyd y cartref mae hi'n anodd cael gafael ar ei englynion. Yn ôl pob sôn, yr oedd yn cael blas ar gystadlu mewn eisteddfodau lleol ac mewn ardaloedd eraill. Cefais wybod gan ei blant, Eurwen Jones a Gwynedd Rhun, iddo ennill ar yr englyn digri yn Eisteddfod Llanfachreth ger Dolgellau yn 1985. Y testun oedd 'Bys Bach':

> Ei effaith sydd ar goffi, – os yn fach
> Synnaf weld, o'i godi,
> Ddynes grand yn rhoi brandi
> Yn nhe Twm Twm sy'n T.T.

O ddarllen *Llên y Llannau* gwelwn iddo ennill hefyd ar yr englyn digri yn 1980, 1983 a 1989 yn Llandderfel. Yno, yn 1978, enillodd ar yr englyn 'Y Bore'. Yn 1985 enillodd yr englyn 'Ffenestr' yn Eisteddfod Llangwm.

Ffugenw T. Llew Jones yn y gystadleuaeth ym Mhwllheli oedd 'Gwydion' ac roedd ganddo ddau englyn yn y dosbarth cyntaf. Dyma un ohonynt:

> Isel ar dai 'slawer dydd – oedd ei wellt,
> Heriodd wae'r ystormydd;
> Noddai'i adain ddiwedydd
> Adar cerdd a'r gwrandäwr cudd.

'Hawdd fuasai gwella llinell olaf hwn, o ran sŵn a synnwyr, i wneud yr englyn yn un o'r tri gorau yn y gystadleuaeth', oedd barn W. D. Williams. Ni newidiodd T. Llew Jones y llinell pan gyhoeddodd y ddau englyn yn ei gyfrol gyntaf o'i gerddi, *Sŵn y Malu* (Gwasg Gomer, 1967).

Eisteddfod Genedlaethol 1956: Aberdâr

Ni chafwyd cystadleuaeth englyn digri am y drydedd Eisteddfod yn olynol! Testun yr englyn unodl union oedd 'Craith', a'r beirniad oedd y Prifardd Brinli (Brinley Richards, 1904–1981), Maesteg. Ef a enillodd y gadair yn Llanrwst, 1951. Bu'n Archdderwydd Cymru o 1972 i 1975. Cyn bwrw iddi i drafod yr englynion, 236 ohonynt, mae Brinli yn ei amddiffyn ei hun: 'Dibynna'r dyfarniad ar chwaeth y beirniad ac y mae honno'n fynych yn ddealladwy simsan. Y mae cymaint o amrywiaeth yn ein chwaeth. Annheg a fyddai disgwyl bob blwyddyn rywbeth gwych fel englyn Dewi Emrys i'r "Gorwel".'

Ond er hynny disgwyliai ef englyn cytbwys a'r 'gynghanedd [ynddo] yn rhywbeth amgenach na meistres ormesol'. Didolwyd hwy i chwe dosbarth: englynion gwallus (22); englynion heb fawr o gamp arnynt; englynion ychydig yn well; englynion mwy graenus eto; englynion yn ymylu ar fod yn y dosbarth cyntaf (19) a'r dosbarth cyntaf (14).

Y pedwar englyn gorau oedd rhai 'Emyr', 'O'r Anialwch', 'Hwntw' a 'Crythor Creithiog'. Dyma englyn 'Emyr', sef T. Llew Jones:

> Hen wrym nas tynnir ymaith – wedi gloes
> Diogel asiad perffaith,
> O gael hon trwy glwy unwaith,
> Rhaid ei dwyn ar hyd y daith.

Mae Brinli'n disgrifio'r englyn fel hyn: 'Englyn syml ac uniongyrchol. Y mae'r llinell olaf yn eiddo i amryw yn y gystadleuaeth, a'r syniad yn debyg i hwnnw yn y llinell gyntaf. Gormod yw dau ansoddair yn yr ail linell. Yr oedd eisiau 'perffaith' er mwyn odl. Os yw'r asiad yn berffaith, ychydig o ôl y graith a ddylai fod. Saif yn uchel yn y gystadleuaeth ...'. Jac Alun Jones, Llangrannog, brawd-yng-nghyfraith T. Llew Jones, oedd 'O'r Anialwch'. Cynganeddwr cadarn a weithiodd englyn ar thema anarferol, sef 'gwewyr mam':

Cwyn hirnos yw'r cen arni – a'r addfwyn
　　Reddfau oedd yr eli;
Mae gwewyr mam i'w grym hi,
A'r merthyr sy'n rhwym wrthi!

Fred Williams, Llwyndafydd, cefnder Jac Alun Jones, oedd 'Hwntw':

Rhigol las y torrwr glo – a gwrym hagr
　　Ei marc amlwg arno;
　　Y garreg wedi sgorio
　　Nod ei waith yn ei gnawd o.

Craith y glöwr sydd dan sylw gan Fred Williams yn ei englyn syml a chartrefol. Pam y gosododd Brinli yr englyn hwn mor uchel ar ôl sylwi: 'Yn yr ail linell, hawlia'r gair "amlwg" y pwyslais, ac nid oes ateb iddo yn y gair cyrch'?

'Englyn meddylgar' 'Crythor Creithiog', sef Emlyn Aman, 'cynganeddwr sicr ei gyffyrddiad' a wobrwywyd.

Lle bu archoll heb orchudd – galwai'r gwaed
　　Geulwyr i gamp gelfydd
　　I smentio, pontio'r pantydd,
　　A gwyrth fawr o graith a fydd.

Brodor o Rydaman oedd Emlyn Aman Evans (1892-1963) a fu'n löwr cyn ymuno â thîm gweinyddol y Bwrdd Glo yn Ynyscedwyn. Gŵr diwylliedig a enillodd bedair gwobr i gyd yn y Genedlaethol. Yn ogystal ag englyn Aberdâr enillodd ar yr englyn digri ('Yn y Ciw') yn y Rhyl, 1953. 'Nid yw'r englyn yn fy ngwirioni, ond gall wella o'i ailddarllen', meddai Llwyd o'r Bryn mewn llythyr 12 Awst 1956.

Wrth adolygu'r Eisteddfod yn *Y Genhinen*, Hydref 1956, awgrymodd Dyfed Evans syniad chwyldroadol: 'Bu beirniadu go lawdrwm ar yr englyn buddugol eleni a mwy cymeradwy gan beth wmbredd o bobl oedd yr un a ddyfynnid o'i flaen yn y feirniadaeth [*Hwntw*].' A dyma sgwarnog: 'Pam gadael y dewis terfynol i chwaeth un dyn? Tybed a oes cyfle yma i greu atyniad o'r newydd i'r Babell Lên? A gytunech chwi â chynllun fel hyn? Cael un beirniad i ddewis rhestr fer o ryw ddwsin, dyweder, o englynion o'r pentwr mawr a ddaw i law, ac yna cael panel o feirniaid i bleidleisio arnynt ar ddiwrnod arbennig yn y Babell Lên'.

Yn 1970, dan olygyddiaeth Dafydd Owen, cyhoeddwyd cyfrol i gofio Emlyn Aman. Yn ei ragair mae'r golygydd yn dwyn i gof gyfarfod anrhydeddu Emlyn Aman yng Nghapel Bethania, Rhosaman yn 1922, ac yntau newydd ennill ei ail gadair. Erfyniodd y Parchedig John Llewellyn, ei weinidog, ar y bardd ifanc i beidio â chasglu cadeiriau mor rhwydd ag Alfa neu byddai angen benthyg Capel Bethania i'w storio! Roedd Alfa, gweinidog Capel Hermon, Brynaman, yn bresennol yn y cyfarfod! Mae'r stori hon yn dwyn i gof englyn Gwyndaf (Griffith Davies), Llanuwchllyn. Un flwyddyn yn Eisteddfod Llangwm cadeiriwyd bardd aml ei gadeiriau, ac meddai Gwyndaf:

> Yn nhŷ y bardd, dim byrddau – na stolion
>   Erstalwm na meinciau;
>   Ei dŷ a droed hyd y drws
>   Yn warws i gadeiriau.

Eisteddfod Genedlaethol 1957: Sir Fôn

Am yr eildro yn ei hanes cynhaliwyd yr Eisteddfod yn Sir Fôn. Cynhaliwyd y gyntaf yng Nghaergybi, 1927. Gwaharddwyd ei chynnal yn Llangefni yn 1943 oherwydd yr Ail Ryfel Byd. Bedair blynedd ar ddeg yn ddiweddarach, cynhaliwyd hi ar gaeau Pengraig ar gyrion y dref.

Cadwyd at y teitl 'englyn unodl union' ac, am y tro cyntaf er 1953, cafwyd cystadleuaeth englyn digrif. Am y pedwerydd tro mewn ugain mlynedd, Meuryn a feirniadai'r englyn, a'r testun gosodedig oedd 'Ysgyfarnog'. Ac yntau'n olygydd Colofn Farddol *Y Cymro* ar y pryd, dywedir iddo gael ei siomi yn ansawdd yr holl englynion, 260 ohonynt. Bwriwyd allan o'r gystadleuaeth 14 cynnig arall, sef un englyn Saesneg a chynigion nad oeddynt yn englynion! Gosodwyd 11 englyn yn y Dosbarth Cyntaf. Dyma sylwadau Meuryn:

Fel y dywedais eisoes, nid oes hyd yn oed yn y Dosbarth Cyntaf, yr un englyn digon campus i osod arbenigrwydd ar y gystadleuaeth hon, ac efallai mai gormod oedd disgwyl am englyn felly. Anfynych y ceir englyn diangof i ddisgrifio anifail. Ymddengys i mi nad ydyw y rhan fwyaf o lawer o'r cystadleuwyr hyn yn gwybod digon am yr Ysgyfarnog. Gellid casglu oddi wrth liaws mawr o'r englynion hyn mai creadur y mynydd yn unig ydyw'r Ysgyfarnog. Nid cywir hynny, wrth reswm; y mae'n greadur gwaelod gwlad hefyd. Y mae'r disgrifiad ohoni fel 'aeres' neu 'ferch' yr anial, sef y tir gwyllt, yn llawer cywirach. I'r Ysgyfarnog fynydd y canodd amryw o'r englynwyr.

Dywedodd mai englynion da oedd yn y dosbarth ond fod un gair yn andwyo rhai ohonynt. Er enghraifft, 'Meudwy'r Pant' yn defnyddio'r ffugair "aden" fel prifodl. Yn bendant, y ddau orau ganddo oedd:

Diog ni waeth ba dywydd, – elain wyllt
    Y wâl noeth ar fynydd;
Ond fel bollt o ufel bydd
O chlyw sŵn cŵn y cynydd.

Tudur Eto

Iach, raenus ferch yr anial, – hir ei chlust,
    Sicr ei chlyw, a dyfal;
Rhed o wewyr y dial
I'w byd ei hun heb ei dal.

Esau 1

Ni allai Meuryn dderbyn yr ansoddair 'diog' i ddisgrifio'r Ysgyfarnog. Nac ychwaith mai ar y mynydd y ceir ei gwâl. Canmolodd esgyll englyn 'Tudur Eto' a phetai'r paladr cystal â'r esgyll buasai wedi bod yn anos dewis y gorau. Gan fod englyn *Esau 1* yn cau'n gampus ac yn cynnwys y disgrifiad gorau o'r Ysgyfarnog yn y gystadleuaeth ef a gafodd y wobr.

Yn ei ysgrif wythnosol yn *Y Dydd*, papur lleol Dolgellau a'r Cylch, 9 Awst meddai'r Parchedig O. M. Lloyd:

> Ymgeisiodd 274 ar lunio englyn i Ysgyfarnog, ond hen law a'i daliodd, sef Thomas Richards, Wern, Llanfrothen. Ef a fu'n ddigon esgud gynt i ddal 'Y Ci Defaid' mewn englyn … Y funud yr adroddwyd ef clywais un englynwr profiadol yn nodi gwendid ynddo, sef peth ailadrodd yn y cyrch, a 'dial' yn rhy gryf am 'hela'. Ers talwm byddai beirniadu'r englyn buddugol yn rhan o'r hwyl eisteddfodol. Eithr y mae'r englyn gorau eleni yn un digon hapus.

Rhoddodd yr englynwr-borthmon o'i orau i'w fro ac yr oedd y Wern, lle yr aeth i fyw yn 1923, yn aelwyd ddiwylliedig nodedig. Dewisaf englyn R. A. Humphreys, Cwmlline, i'w gofio:

> Daeth dydd rhoi'r doeth o'i dyddyn – yn y llwch,
>   Cyfaill hoff yr englyn;
>   Bu'i gamp o mewn bro a bryn
>   Yn deilwng o'r hen delyn.

Eisteddfod Genedlaethol 1958: Glynebwy

Am y pedwerydd tro ers ailsefydlu'r Genedlaethol yn 1881 cynhaliwyd y Genedlaethol yn yr hen Sir Fynwy. 'Bu'r Eisteddfod yn gyfrwng i chwalu'r amheuon hyn ac ni ddichon neb mwyach chwaith wadu nad ydyw Mynwy yn rhan annatod o Gymru a'r cyfeillion oll yng Nglynebwy hwythau o dan gyfaredd dilysrwydd eu Cymreigrwydd', ysgrifennodd y Parchedig T. Alban Davies, Tonpentre, Rhondda wrth adolygu Eisteddfod 1958 yn *Y Genhinen*. Am yr ail flwyddyn yn olynol fe gafwyd cystadleuaeth Englyn Digrif. 'Rasel Drydan' oedd y testun a'r Parchedig E. Llwyd Williams yn beirniadu. Gweinidog gyda'r Annibynwyr hefyd oedd yn beirniadu'r Englyn Unodl Union, sef y Parchedig S. B. Jones, Peniel, Caerfyrddin. Gwŷr Gwent yn hoffi gweinidogion Sir Gaerfyrddin!

Roedd S. B. Jones yn beirniadu'r englyn am yr eildro mewn deng mlynedd. Ef a wobrwyodd Thomas Richards, Llanfrothen am ei englyn 'Y Ci Defaid' ym Mhen-y-bont ar Ogwr. Derbyniodd 220 englyn i'w cloriannu, ac wrth baratoi at y gwaith cofiodd beth a ddywedodd Syr John Morris-Jones wrth feirniadu yn Eisteddfod y Myfyrwyr ym Mangor pan oedd S. B. Jones yn y coleg yno. Gan gadw geiriau'r Athro mewn cof, dyma gynghorion S.B. i'r englynwyr:

1. Da fyddai ped ysgrifennid pob englyn ar bapur gwahanol neu y mae eu dosbarthu'n drefnus yn gwbl amhosibl.
2. Nid yw papur mor brin na ellir rhoddi maint go lew ohono i bob englyn. Arfer ambell englynwr yw defnydd-io'r siswrn a thorri'r papur yn glos gydag ymyl yr englyn! Dyna baratoi gofid i bawb.
3. Peidier ag ysgrifennu cyfres o englynion neu byddant yn pwyso ar ei gilydd – a syrthio gyda'i gilydd.
4. Na ddisgwylier i'r beirniad ddewis y ffurf orau ar linell neu gwpled. Gwaith yr awdur ei hun yw hynny.

Cafwyd englyn Saesneg yn y gystadleuaeth. Nid ei roi o'r neilltu a wnaeth beirniad Glynebwy ond nodi ei fod yn werth ei gadw:

Y Dorth (*Sliced*)

Ready cut for the butter, – ready poised,
    Ready packed in paper;
    There it lies, each slice a slur
    On Liza, wife of leisure.

'Ap Twrog' a ddefnyddiodd W. D. Williams yn ffugenw.

Yn ôl y beirniad, yr oedd yn weddol hawdd iddo ar y darlleniad cyntaf gael y dosbarth isaf a'r un uchaf. Gosododd 29 englyn ar y gwaelod. Daeth 7 i'r 'rownd derfynol', a 15 yn dynn ar eu sodlau. Yn *Y Genhinen*, Hydref 1958, cyhoeddwyd pedwar o'r pum englyn oedd gyda'r ddau fuddugol yn y rownd derfynol:

Gweddus fai epig iddi, – boed diolch
    Pob tyaid amdani;
  Lluniaeth a tharddell ynni
  Aneirif dorf ydyw hi.

Fel yna

Y gwlith ar le'r wenithen yn ei chŵys,
    Yna chwa a heulwen;
  Y Foel gan Awst yn felen –
  O wyrth haf dyma dorth wen.

R. J. Rowlands

Mae hud yr hau a'r medi, – a miragl
    Y tymhorau ynddi;
  O'r gwleddoedd mae arglwyddi
  Yn troi'n ôl at ei rhin hi.

T. Llew Jones

O'i rhannu daw ei rhinwedd, – ar fy mord
    Puraf maeth ddigonedd;
  Ni cheir ofn na nychu'r wedd
  Lle mae hon, na llwm annedd.

Alun Cilie

Mae hyder hau a medi, – a helynt
    Ein bywoliaeth erddi;
  A daw gwên y digoni
  O faeth ei chynhaliaeth hi.

John Lloyd Jones,
Llwyndafydd

Yn y diwedd rhannodd y wobr rhwng 'Guto' a 'Dorfil', y ddau'n gwbl wahanol i'w gilydd ac yn destunol.

Dyma englyn 'Guto':

> Rhin grawn yw a grynhowyd – ynddi hi
> Yn nawdd iach a graswyd;
> Rhodd i hulio bwrdd aelwyd
> A brawf i bawb yn brif bwyd.

A dyma un 'Dorfil':

> I'r byd ei benyd ymboeni – o'r ddu
> Oer ddaear i'w chodi;
> Er hyn ei iawn rannu hi
> Yw ei bennaf drybini.

John Huw Griffiths (1875-1960) oedd 'Guto'. Fe'i ganed 23 Ionawr 1875 mewn bwthyn o'r enw Eithin Bach, Ystumtuen, Aberystwyth. Gadawodd yr ysgol yn ddeuddeg oed ac aeth i weithio mewn gwaith plwm yn yr ardal. Wedyn bu'n löwr ym Mlaengarw, Pen-y-bont ar Ogwr. Yn 1910 ymfudodd i Awstralia, a bu yno am naw mlynedd cyn dychwelyd i fyw yn Llundain. Yn 1935 daeth yn ei ôl i Gymru a byw yn Ardwyn, Goginan gyda'i chwaer. Ei ddiddordeb diwylliannol pennaf oedd yr englyn ac enillodd lawer gwobr am englynion mewn eisteddfodau yma a thraw.

Ef oedd y trydydd ar yr englyn ym Mhen-y-bont ar Ogwr, 1948. Y mae nifer o'i englynion yn *Yr Eurgrawn* (1931-1951) ac *Awen Aberteifi* (1960) a chafwyd ysgrif amdano gan Tudor Davies yn *Barddas*, Gorffennaf/Awst 1998. Dyma esgyll ei ail englyn coffa iddo:

> Un di-lol, hen ŷd y wlad
> A gem aur o gymeriad.

Yn gydfuddugol ag ef yng Nglynebwy yr oedd y Parchedig E. Cadfan Jones, Blaenau Ffestiniog a enillodd ar yr englyn 'Y Dyn Dŵad' yn Ystradgynlais, 1954. Bu ef yn ddyn dŵad yng

Nglynebwy o 1927 hyd 1945. Y tro diwethaf y rhannwyd gwobr yr englyn yn y Genedlaethol oedd yn Wrecsam, 1933.

'A.J.' a adolygodd gyfansoddiadau'r Eisteddfod yn *Y Genhinen*, Hydref 1958. Meddai am gystadleuaeth yr englyn: 'Y mae'n amlwg oddi wrth eiriau beirniad yr englyn na chafodd mo'i fodloni. Er ei ymdrech methodd ddarganfod un englyn i'w gymeradwyo, a rhannodd y wobr rhwng dau. Cyfeiria yntau at ddiffygion y ddau englyn cyd-fuddugol ond heb eu nodi ac y mae'n amlwg nad oedd yr englynwyr hwythau eleni yn eu hwyliau gorau'.

Eisteddfod Genedlaethol 1959: Caernarfon

Gellir galw'r seithfed Eisteddfod Genedlaethol a gynhaliwyd yn Nghaernarfon yn 'Eisteddfod Bois y Cilie'! Enillodd tri aelod o'r gymdeithas fywiog honno dair gwobr bwysig yn Eisteddfod 1959. Yn y bedwaredd Eisteddfod a gynhaliwyd yng Nghaernarfon yn ystod yr ugeinfed ganrif dilynodd T. Llew Jones J. J. Williams, Meuryn a Gwyndaf fel prifardd y gadair. Dilynodd Dewi Emrys hefyd drwy ennill y gadair ddwy flynedd yn olynol. Yng Nglynebwy, 1958 yr enillodd T. Llew Jones ei gadair gyntaf. Mae ei awdl 'Caerllion-ar-Wysg' yn dal yr un mor arwyddocaol i ni ar ddechrau'r unfed ganrif ar hugain ag yr oedd fwy na hanner canrif yn ôl. Roedd T. Llew Jones o'r farn ei fod yn gryfach cynganeddwr yn ei awdl 'Y Dringwr', awdl fuddugol 1959.

Testun y cywydd oedd 'Y Bae', a'r beirniad oedd Geraint Bowen. Cystadlodd wyth. Canmolai ef gywydd buddugol Alun Cilie: 'datblygir syniad yn ofalus; mae'r gynghanedd yn wych a'r arddull yn glòs. Hoffaf y cywydd hwn yn fawr iawn. Mae'r awdur yn fardd da a diogel'.

Derbyniwyd 285 englyn yng nghystadleuaeth yr englyn unodl union ar y testun 'Y Ffon Wen'. Barnodd W. D. Williams, a oedd yn beirniadu am y trydydd tro, mai englyn y Capten Jac Alun Jones, Llangrannog, oedd y gorau. Roedd ef yn nai i Alun Cilie ac yn frawd yng nghyfraith i T. Llew Jones.

Yng Nghaernarfon y derbyniwyd yr ail nifer mwyaf o englynion yn hanes y Genedlaethol yn ystod yn ganrif. Yng Nghaerffili, naw mlynedd ynghynt, y cafwyd y nifer mwyaf, sef 347, a T. Llew Jones yn fuddugol. Meddai W.D.: 'Mae'n amheus gennyf a oes mwy na dau neu dri y gellid eu gwobrwyo a theimlo'n esmwyth wedyn'. Dewisodd bymtheg englyn i'r dosbarth uchaf; serch hyn, ychwanegodd: 'Nid yw hynny gyfystyr â dweud eu bod wedi cyrraedd safon uchel i gyd'.

Y pedwar englyn gorau oedd rhai 'Cefn Gwlad', 'Cwm Bach', 'Cydymaith' a 'Tap, tap-tap'. 'Cefn Gwlad' oedd R. J. Roberts, Blaenau Ffestiniog a Lerpwl. Dyma'i englyn:

Nod dellni, nawdd tywyllnos, – a'i hud dwys,
  Gennad taer ei hachos;
Yn niwl llygad llyw agos,
Llawforwyn wen, lleufer nos.

Pe bai'r paladr cystal â'r esgyll fe fuasai W.D. wedi gwobrwyo hwn. Iddo ef, y llinell olaf oedd coron y gystadleuaeth.

Roedd englyn 'Cwm Bach' yn un dymunol ac yn un o'r tri gorau:

Arwydd dall o'i drwydded o, – hi a'i ceidw
  Rhag cam coll lle'r elo;
Ar y stryd, ar betrus dro,
Gwialen i'w fugeilio.

Trueni i'r englynwr hwn ddefnyddio 'cam coll' yn lle'r priod-ddull cywir 'cam gwag'. Gormodiaith i W.D. oedd dweud fod y ffon wen yn *bugeilio'r* dall.

Y drydedd linell oedd man gwan englyn 'Cydymaith'. '[Y] mae "Hon" a "ffon" mor bell oddi wrth ei gilydd – mae'n

rhaid ystumio'r darlleniad i glywed y gynghanedd', ebe'r beirn-
iad:

> Llawforwyn â'i lleferydd – yn ei lliw,
>   A'i llewyrch yn rhybudd;
>   Hon i'r dall yw ffon ei ffydd
>   Yn helynt ein heolydd.

Felly, nid ystyriwyd gwobrwyo englyn Eifl Hughes, y Rhyl
oherwydd ei drydedd linell. Bob hyn a hyn daw enw anghyf-
arwydd i'r wyneb yng nghystadleuaeth yr englyn yn y
Genedlaethol, enw nad yw rhywun wedi dod ar ei draws o'r
blaen, fel Gwilym Gwyrfai ym Mangor, 1943. Codais enw Eifl
Hughes o'r *Genhinen*, Hydref 1959, lle cyhoeddwyd un englyn
ar ddeg ar y testun 'Y Ffon Wen'.

'Tap, tap-tap' oedd ffugenw Jac Alun Jones. Dyma'i englyn
buddugol:

> Rhag damwain, claer gydymaith, – arwydd wen
>   Ar ffordd ddu ei noswaith;
>   Dyma radar ei rwydwaith
>   Lywia'r dall wrth deimlo'r daith.

Sylwadau'r beirniad ar yr englyn hwn oedd:

> Dyma englyn sydd ar ganol y testun o'r dechrau i'r diwedd.
> Ceir ymadroddion cryfion ym mhob llinell: 'Claer gyd-
> ymaith', 'arwydd wen ar ffordd ddu', 'radar ei rwydwaith' ac
> 'wrth deimlo'r daith'. Y gair gwannaf ynddo yw 'noswaith' ar
> ddiwedd y paladr. Nid da, ychwaith, ddefnyddio'r rhagenw
> 'ei' ddwywaith cyn dod at yr enw ei hun fel y gwneir yma.
> Diau y bydd llawer o drafod ar y drydedd linell. Po fwyaf y
> meddyliaf amdani gorau oll yw gennyf fi.

John Evans, Porthmadog a adolygodd yr Eisteddfod yn *Y
Genhinen*, Hydref 1959. Meddai:

Cefais flas arbennig ar feirniadaeth yr englyn i'r 'Ffon Wen' yn y Babell a W. D. â'i gof dihysbydd yn rhoi'r beirdd yn eu lle ... Tipyn yn chwerthinllyd oedd darllen yn y *Daily Post* – 'Ddylai pawb gael *Daily Post*' – yn rhestr y buddugwyr Fore Mawrth: – 'Cywydd – *The Boar* – Alun Jones, Y Cilie, Cardiganshire'. Rhaid i ohebydd prysur y papur clodwiw gamglywed. 'Y Bae' oedd y testun nid 'Y Baedd. Bae Aberteifi i Alun ac Isfoel a Thydfor a Dic Aber-porth. Ond ar ffeiliau'r papur Lerpwl hwn fe geir ar gof a chadw i Alun ennill ar gywydd i dad yr hoch-hoch bach. Tra bo dyn ffael-edig â Biro swllt yn ei law fe all peth fel hyn ddigwydd o hyd.

Wrth adolygu Cyfansoddiadau 1959 yn *Y Genhinen*, Gaeaf 1959-1960, awgrymodd yr adolygydd D.E.W.: 'Cafwyd 15 englyn da, a rhai campus heb fod mwy na blewyn neu ddau rhwng y goreuon. Tybed a fyddai newid y drydedd linell i 'Hon yw radar ei rwydwaith' yn achub amherseinedd dech-rau'r llinell yn yr un buddugol? Englyn da a chaniatáu 'arwydd' yn fenywaidd a cholli'r rhagenw perthynol yn y llinell olaf ...'

Eisteddfod Genedlaethol 1960: Caerdydd

Yn dilyn yr Eisteddfod gyntaf i gael ei chynnal yng Nghaerdydd ers iddi ennill statws prifddinas yn 1955, dyma oedd cwestiwn Ithel Davies, Penarth:

Beth gan hynny a gyfrannodd Caerdydd i lên y genedl? Dyma, yn ddiau, yr adran a roes fwyaf o siom ... Eithr fe ataliwyd nifer mawr o wobrwyon ar wahân i'r gadair. Fe'u hataliwyd mewn 13 o destunau llenyddol ac yr oedd 14 o gystadlaethau heb neb yn cystadlu ynddynt. Tybed a fu cymaint o atal gwobrwyon ac o ddiffyg cystadlu ynddynt? Nid yw'r englyn digri'n ddigri...

Dychwelodd y gystadleuaeth honno ar ôl i Gaernarfon beidio â'i chynnwys.

Un o'r gwobrau a ataliwyd oedd gwobr yr Englyn Unodl Union. Testun y gystadleuaeth oedd 'Lludw', a'r beirniad am yr ail flwyddyn yn olynol oedd W. D. Williams. Am y tro cyntaf ers y Genedlaethol ym Machynlleth, 1937 nid oedd neb yn deilwng o'r wobr. Felly, am y seithfed tro ers dechrau'r ganrif, ataliwyd y wobr.

Canmolodd y beirniad y testun: 'Y mae'r testun yn gyfoethog o awgrym ac yn llawn arwyddocâd i'r gwir fardd. Bu'r cystadleuwyr, bron yn ddieithriad, yn chwarae ag un neu ragor o'r pedwar drychfeddwl yma (i) lludw naturiol y lle tân; (ii) deunydd a diwedd dyn; (iii) lludw'r corff dynol yn yr amlosgfa; (iv) lludw'r ddaear drannoeth rhyfel'.

Prin ddeucant o englynion a dderbyniwyd. Er iddo ddisgwyl gael cnwd o englynion uchel eu safon y byddai'n anodd iddo ddewis y gorau o'u plith, ei siomi a gafodd. Yng Nghaernarfon, 1959 gosododd bymtheg englyn yn y dosbarth cyntaf; yr un nifer yn union a osododd yng Nghaerdydd hefyd. Yn eu mysg yr oedd 'Rhwng y Meini', 'Tant Cudd', 'Y Ford Rownd' ac 'Adda'. Roedd englyn 'Rhwng y Meini' yn atgoffa'r beirniad o delyneg Eifion Wyn i'r Sipsiwn:

> Lludw ar daen rhwng deufaen du; – ni ddaw neb
>   Heddiw 'nôl i'w garthu;
>   Wele fan yr hwyl a fu
>   Ond tawelodd y teulu.

Y Parchedig D. Gwyn Evans (1914–1995), Llandybïe ar y pryd ond Aberystwyth ar ddiwedd ei oes, oedd 'Tant Cudd':

> Yn lle'r naws pan ballo'r nwyd – a myned
>   O'm heinioes a'i breuddwyd
>   Nid erys ond a oerwyd
>   Ar y llawr yn bentwr llwyd.

Sylw'r beirniad oedd: 'Paladr gwan; esgyll gwych'. Alun Cilie oedd 'Y Ford Rownd':

Ulw di-nodd hoedl dyn a'i hud – ynddo sydd
    Yn ddi-sôn, ddisymud;
  A'i holl brydweddol olud,
  Druaned mwy'r dyrnaid mud.

Canmolwyd y llinell olaf, ond condemniwyd 'hud' ar ddiwedd y llinell gyntaf fel gair llanw gwan. Alun Cilie oedd 'Adda' hefyd.

Trueni bod llinell olaf englyn 'Cefn Mabli' yn anghywir o ran acen a di-rin ei hystyr neu fe fuasai wedi ennill. Ei awdur oedd Ithel Davies, Penarth.

Lle bu'r tân yn lleibio'r tir – y llwch llwyd
    Yn lluwch lleddf a welir;
  Y byd oll a'r bywyd ir
  Â hedd y lludw ddilledir.

'Boddi yn ymyl y lan, mewn gwirionedd', ychwanegodd y beirniad.

Yn ei ysgrif 'Y Capten Hawddgar: John Alun Jones' cofnododd y Parchedig Gerallt Jones (1907-1984), Caerwedros iddo dderbyn yn 1960 gerdyn o Napoli oddi wrth ei gefnder yn dweud: 'Nid oes tân na lludw ar Fesiwfiws eleni, nid rhyfedd nad enillodd neb yr englyn. Be sy'n bod ar W.D.W.? Fe wnaeth yr un peth yn Llandysul ar englyn "Yfory".'

Wrth bori drwy Y Genhinen, cylchgrawn chwarterol yr ailddechreuwyd ei gyhoeddi yn 1951, o dro i dro daw rhywun ar draws englynion ar destunau'r Genedlaethol o flwyddyn i flwyddyn. Yn rhifyn Hydref 1960 ceir englyn 'Lludw' gan Lisi Jones, Llandwrog Uchaf:

Dim ond gweddill gweddillion – brau harddwch
    A bri urddas dynion;
  Aeth y myrdd swrth mor ddi-sôn
  Yn oer ulw'r marwolion.

162

Meddai'r Parchedig William Morris, Caernarfon yn ei Gyf-lwyniad i'w chyfrol *Swper Chwarel* (1974): 'Yn fy marn i y mae Miss Jones ymhlith y goreuon o ferched Cymru fel bardd y dyddiau hyn'. Yn 1981 cyhoeddodd *Grug Hydref* (Cyhoedd-iadau Mei).

Eisteddfod Genedlaethol 1961: Dyffryn Maelor

Am y tro cyntaf ers Machynlleth, 1937, defnyddiwyd y teitl Eisteddfod Genedlaethol Frenhinol Cymru! Am yr eildro yr oedd y Genedlaethol yn ymweld â Rhosllannerchrugog. Bu yno hefyd yn 1945. Am yr eildro, yr oedd J. T. Jones, Porth-madog yn beirniadu'r englyn unodl union. Ef a feirniadodd yr englyn yn Llanrwst ddeng mlynedd ynghynt ac ef, wrth gwrs, a enillodd ym Mangor, 1943 gyda'r 'Llwybr Troed', un o'r englynion gorau a wobrwywyd yn y Genedlaethol erioed.

Mae crybwyll yr englyn yn dwyn i gof y seiat a gafodd J. T. Jones â'i gyfaill, y Parchedig William Jones, Tremadog. Meddai J. T. Jones:

> Ychydig ddyddiau cyn yr amser penodedig i anfon y cyfan-soddiadau i mewn euthum â'r englyn a luniaswn i'w ddangos iddo, ac i ofyn ei farn. 'Mae'n bennill reit dda yn wir,' meddai, 'ond go brin y cei di'r wobr. Roedd W. T. Ellis [gweinidog y Garth, Porthmadog ar y pryd] yma echnos – ac yr oedd gan-ddo yntau englyn i'r 'Llwybr Troed'. Bydd yn anodd i neb guro'r englyn hwnnw. A dyna adrodd yr englyn ag arddeliad. [Ffugenw W. T. Ellis oedd *Eco'r Wig*. Ef a enillodd yn Aber-pennar, 1946 ar 'Y Gloch'. Tueddwn, yn ddistaw bach, i gytuno â'i farn, ond nid oeddwn am gyfaddef hynny. 'Wel,' meddwn, 'y mae'r beirniad yn un go dda beth bynnag'. Ac ebe yntau, 'Ydi, mae D. J. Davies yn gwybod be-di-be'. Dychmyger felly y sort a gawsom ynghyd pan gafwyd dedfryd y beirniad ar y mater.

Wrth drafod 'Barddoniaeth William Jones, Tremadog' yn *Y Genhinen*, Haf 1961 y soniodd J. T. Jones am y seiat uchod.

Derbyniwyd 229 englyn ac wedi iddo eu darllen a'u rhannu i chwe dosbarth cyflwynodd ei feirniadaeth:

> Ers rhai blynyddoedd bellach bu cryn ddirywiad, mi dybiaf, yn ansawdd gyffredinol cystadleuaeth yr Englyn Unodl Union; ac nid yw'r cynhaeaf englynol eleni yn darogan unrhyw newid er gwell. Y mae'r bai ambell dro, efallai, ar natur y testun. Eleni er enghraifft, ymddengys yn amlwg i mi nad oedd 'Y Drych' yn apelio'n rhyw gryf iawn at fwyafrif y cystadleuwyr. Ond diau fod dyfnach rhesymau am y dirywiad, – a phurion peth fyddai ceisio'u holrhain, eithr nid dyma'r lle i drafod y pwnc.

Yr oedd y tri dosbarth olaf yn dangos 'beiau y dylid eu gochel mewn cerdd dafod'. Wrth ddarllen englynion y trydydd dosbarth, dychmygai 'glywed cryn dipyn o aroglau chwys a sawr olew canol nos'. Gosododd saith yn yr ail ddosbarth am fod 'gan bob un ohonynt rywbeth gwerth ei ddweud' ac wedi ei ddweud yn eithaf celfydd.

Pedwar englyn a osodwyd yn y dosbarth cyntaf; oherwydd glendid eu crefft ac arbenigrwydd ystyr ac awen. Roedd dau gan yr un englynwr, 'Un Lwc (1)' ac 'Un Lwc (2)', sef y Parchedig David Tudor Jones, Llanidloes. Ei englyn ef dan y ffugenw 'Un Lwc (2)' a enillodd y gystadleuaeth:

> Ei lyfnwedd a ddeil ofnau – i ŵr gwael,
> > Hen argoelion angau!
> Ond i'r iach ŵr dirychau
> Rhydd lun hardd i'w lawenhau.

Englyn testunol, cymesur, naturiol a dirodres oedd hwn gan y beirniad. 'Gellir honni,' ychwanegodd, 'efallai fod peth amwysedd yn yr ansoddair "gwael"; a dichon y cawsid cryfach epigram pe soniasid am yr "iach ŵr" yn gyntaf ac am y "gŵr gwael" yn olaf. Dichon hefyd y buasai'r llinell agoriadol ychydig yn well fel hyn: "Ei wedd lefn a ddeil ofnau". Ond dyna ddigon o hollti blew!'

Yn y gystadleuaeth drwyddi draw ni chyrhaeddwyd y safon uchel a nodweddai lawer cystadleuaeth yn ystod hanner cyntaf y ganrif. 'S.W.B.' a adolygodd yr Eisteddfod yn *Y Genhinen* (Hydref, 1961):

> Peth cyffredin iawn ydyw beirniadu'r englyn buddugol a bu llawer o hynny wedi'r eisteddfod eleni. Rhai yn dweud fod rhai o'r chwe englyn a ddyfynnir yn y feirniadaeth yn well na'r englyn a wobrwywyd. Ond fy marn i ydyw fod yr englyn eleni yn un da iawn. Cytunaf y byddai'r llinell gyntaf yn well fel yr awgryma'r beirniad ... Ond mi fuaswn i yn meddwl fod yr englyn yn un meddylgar ac wedi ei saernïo'n dda.

Brodor o Fwlch-llan, Ceredigion oedd y Parchedig D. Tudor Jones (1905-1970). Bu'n weinidog gyda'r Presbyteriaid mewn sawl ardal yng Nghymru a thu hwnt cyn ymsefydlu yn Llan-idloes ganol y pumdegau. Yno y bu farw yn 1971. Mae'r Dr J. Geraint Jenkins (1929-2009) yn sôn amdano fel gweinidog ym mro ei febyd, Sarnau, Ceredigion yn ei hunangofiant *Morwr Tir Sych* (Cymdeithas Lyfrau Ceredigion, 2007). Cyhoeddwyd pedair cerdd ganddo yn *Awen Maldwyn* (1960). Yn y gyfrol honno ceir ei englyn adnabyddus:

'Y Crowlwm'
(Ger Llanidloes, man cychwyn yr Ysgol Sul yng Nghymru)

Golau gwan dy ffagl gynnar – a ledodd
        Dros y wlad, a gwasgar
    Y rhin a wnaeth yr anwar
    Anhydrin yn werin wâr.

Ef hefyd oedd yn fuddugol ar y soned, 'Trawsfynydd', yn Nyffryn Maelor.

Yn y Rhos, 1961, am y tro cyntaf yn Adran yr Ieuenctid, a atgyfodwyd am y trydydd tro er 1953, fe gafwyd cystadleuaeth englyn ar y testun 'Clawdd Offa'. Mae'n rhaid bod y testun wrth fodd pobl y Rhos! Dau englyn a dderbyniwyd. Barnodd y Parchedig William Morris englyn 'Y Bardd Hwn' yn deilwng o £2 o docynnau llyfrau allan o'r wobr o deirpunt. Dyma'i englyn:

> Hen derfyn wedi darfod, – a Gwalia
> A'r gelyn mewn undod;
> Paid ein barbariaid â bod,
> Heddiw huna yn ddinod.

Yr awdur oedd John G. Jones, Parcnest, Castellnewydd Emlyn. Edwin Brandt, Dolgellau ar y pryd, a enillodd y bunt arall.

Eisteddfod Genedlaethol 1962: Llanelli a'r Cylch

Efelychwyd y Rhos gyda theitl yr Eisteddfod! Gosodwyd cystadleuaeth Englyn Digri yn ôl ar y Rhestr Testunau. Yn naturiol, 'Y Sosban' oedd y testun. Y beirniad oedd Isfoel (Dafydd Jones, 1881-1968) a rhannodd y wobr o bedair punt rhwng pedwar. Pwy tybed oedd 'Sioni Bach'?

Pedair punt hefyd oedd gwobr ariannol yr englyn am y drydedd Eisteddfod yn olynol; dwbl yr hyn oedd hi yng Nghaernarfon yn 1959! Y Prifardd D. Lloyd Jenkins (Moelallt, 1896-1966), Tregaron a feirniadai'r englyn unodl union am y tro cyntaf. Ef oedd prifardd y gadair yn Llandybïe, 1944. Beirniadodd yr awdl yn Aberystwyth, 1952. Bu'n brifathro Ysgol Sir Tregaron o 1945 nes ymddeol yn 1961.

Er y teimlai fod y testun, 'Y Labordy', yn un caled derbyn-iwyd tua chant a hanner o englynion. Tebyg i'r arfer oedd y safon. Ni chafwyd yr un englyn cofiadwy, ond ychydig iawn o englynion felly a gafwyd ers 'Y Gorwel' gan Dewi Emrys. Yn

Nyffryn Maelor flwyddyn ynghynt mynegodd y beirniad fod dirywiad wedi bod yn ansawdd cystadleuaeth yr englyn yn y Genedlaethol. Yn Llanelli, gwelodd Moelallt fod llawer mwy o gywirdeb gramadeg a chynghanedd ac at ei gilydd bod y safon wedi codi ryw gymaint er 1947. Ond, fel yn y gorffennol, anogwyd y cystadleuwyr i fod yn fwy gofalus wrth ddethol geiriau a llunio cymalau cynnil a bachog.

'Diffyg arddull, cysondeb a chydbwysedd a amlygir bennaf yn y mwyafrif mawr o'r cynhyrchion,' meddai'r beirniad. Rhannodd hwy i 4 dosbarth. Methodd llawer o englynwyr dosbarth dau ag osgoi hen drawiadau ond, ar y cyfan, 'llwyddant yn o dda i fynegi'r hyn a fwriadant a heb adael i'r cyfrwng lurgunio'u cynllun gwreiddiol'.

Gosodwyd wyth englyn yn y dosbarth cyntaf. Gwan iawn oedd paladr 'Y Foelallt', 'Scorpio' ac 'Un o'r Dyrfa'. Englyn 'Sahib' yn rhy stroclyd ac un 'Marian' yn brin o awyrgylch y testun. Y tri gorau yn y gystadleuaeth oedd 'Micros', 'Faraday' a 'Pencnwc'. Dyma englyn 'Micros':

> Cell encil yr ymchwiliwr – a dreiddia
>   Fadruddyn pob cyflwr;
> Lle mae golau llym gwyliwr
> Yn cynnau'r conglau i'w cwr.

Cryfder yr englyn oedd ei ddechrau rhagorol a'r geiriau 'golau llym' yn y drydedd linell. Ei wendid oedd ei ail linell a'r clo. Dyma englyn 'Faraday':

> Lle gwêl dewin gyfrinach – rhôl fanwl
>   Yr elfennau'n gliriach;
> A dengys fyd ehangach
> Helyntoedd y bydoedd bach.

Paladr campus ond yr esgyll yn gyffredin iawn. Y Parchedig Gerallt Jones (1907-1984), Llanuwchllyn bryd hynny, oedd awdur y ddau englyn uchod. Fe'i ganed yn Rhymni, Sir Fynwy, lle'r oedd ei dad, y Parchedig Fred Jones (1877-1948), yn weinidog Capel Moriah (B). Fred Jones, wrth gwrs, oedd yr hynaf o blant y Cilie.

Englyn 'Pencnwc' a osodwyd ar y brig am ei fod yn 'englyn cryf ym mhob ystyr – ei fynegiant cynnil, ei eiriau dethol a'i gynganeddion graenus'. Dyma'r englyn buddugol:

> Hyder oes yn ei dryswch - ddaw o hwn,
>   A'i wyddonol ddygnwch;
>   O roi i wlad farwol lwch,
>   Euog lofrudd ei glyfrwch.

Yr enillydd oedd y Parchedig Roger Jones (1903-1982) Tal-y-bont, Ceredigion bryd hynny. Brodor o Roshirwaun, Llŷn a dreuliodd dros bum mlynedd a deugain yn y weinidogaeth gyda'r Bedyddwyr yn Arfon, Penfro a Cheredigion. Ymddeolodd yn 1979 yn ôl i'w hen gynefin. Ystyrid ef yn un o'r cynganeddwyr gorau ac o hyd mae ei waith yn apelio at bawb sy'n ymserchu mewn canu crefftus a dealladwy, fel yn yr englyn hwn i gofio'i fam:

> Er ei myned o'i ch'ledi – am yr haf
>   Lle mae'r hedd diedwi;
>   Er i ddwrn roi pridd arni
>   Mae nawdd mam yn eiddo i mi.

Bu'n englynwr a bardd llwyddiannus yn ein prif eisteddfodau. Enillodd bedair gwaith yn y Genedlaethol ond dim ond unwaith ar yr englyn. Y tro diwethaf iddo ennill ynddi oedd ar y cywydd 'Llwybrau' yn Nyffryn Lliw, 1980.

Eisteddfod Genedlaethol 1963:
Llandudno a'r Cylch

Am y trydydd tro ers ei sefydlu yn 1861 cynhaliwyd yr Eisteddfod yn Llandudno. Bu yno yn 1864 ac 1896. Testun yr englyn yn 1896 oedd 'Y Drych'! Beirniadodd Alafon ac Elfed bum deg pump o englynion. Ap Cledwen, Gwytherin a enillodd:

Gweinydd o flaen ein gwyneb – yw y Drych,
  I'r drem mae'n cyfateb;
Ac o'n delw, gwneud eileb
All hwn yn wir, gwell na neb.

Testun yr englyn yn 1963 oedd 'Llusern' ac Alun Cilie yn beirniadu, yr unig dro iddo feirniadu'r englyn yn y Genedlaethol. Bu farw cyn cael beirniadu'r awdl yn Aberteifi yn 1976. Ef a enillodd ar yr englyn yn Nolgellau, 1949, 'Yr Hirlwm', un o englynion gorau'r Genedlaethol. Ef oedd y trydydd o deulu'r Cilie i feirniadu'r englyn; beirniadodd Fred Jones yn 1940 ac S. B. Jones ddwywaith, 1948 a 1958. Dosbarthodd Alun Cilie dros ddau gant a hanner o englynion, neu fel y dywedodd ef, 'Rhennir y chwarter mil yn bedwar bwndel'. Am fod y testun wedi ei brofi ei hun yn un anodd i bob cystadleuydd bu'n rhaid chwilio'n go ddyfal am englynion teilwng. Rhannodd y bwndel gorau, er mwyn hwylustod, yn ddwy ran, A a B. Yn rhan B gosododd dri englyn ar ddeg.

Dwsin o englynion a osodwyd yn rhan A, a thri ar y blaen, sef 'Ar hyd y Nos', 'Yr Hen Gychwr' a 'Tarennig'. Dyma englyn 'Ar hyd y Nos':

Goleua lwybrau'r glöwr, – â'i llewych
  Llywia draed y teithiwr:
Uwch rhu ton ei fflach o'r tŵr
Ry' ymwared i'r morwr.

'Englyn heb yr un ansoddair; englyn da ydyw hefyd, a'i drydedd linell yn arbennig,' meddai'r beirniad.

Jac Alun Jones, Llangrannog oedd 'Yr Hen Gychwr':

> Seren y ddunos hiraf, – uwch y graig
> Ei fflach gref a welaf;
> A'i theg wawl eilwaith a gaf
> Wrth hwylio i'r porth olaf.

Meddai Alun Cilie am ymgais yr un a enillodd ar yr englyn yng Nghaernarfon, 1959: 'Yr oedd hwn yn gafael o'r darlleniad cyntaf. Mae'n syml, mae ynddo ddatblygiad, ac mae'n gyfanwaith ynddo'i hunan. Er fod ynddo wall gramadeg yn ei linell gyntaf, mynnodd ei le yn y dosbarth hwn'.

Englyn golau a glân a gafwyd gan 'Tarennig'.

> I'r ddunos fe dardd ohoni – lewych
> Trwy loywaf ffenestri.
> Hendre wen pelydr yw hi
> A thŷ glanwaith goleuni.

Wrth ddod i benderfyniad fe ddywedodd Alun Cilie: 'Efallai fod englyn 'Ar hyd y Nos' braidd yn gatalogaidd, a chan fod y gwall iaith yna yn llinell gyntaf 'Yr Hen Gychwr', dim ond englyn 'Tarennig' sy'n aros, ac iddo ef y dyfernir y wobr'.

Y buddugol oedd Gwilym Rhys Roberts (1911-1990), prifathro ysgol Llangurig ar y pryd. Ymddeolodd i Lanidloes ac yno y bu farw ym Mis Bach 1990. Ganed ef yn Llandrillo, Corwen. Treuliodd ei febyd yng Nghwm Tirmynach. Addysgwyd ef yn ysgol elfennol yr ardal, Ysgol Tŷ Tan Domen, y Bala a'r Coleg Normal, Bangor. Ymddiddorodd yn gynnar mewn llenyddiaeth a'r gynghanedd yn arbennig. Datblygodd yn gynganeddwr cryf a graenus ac fe'i gwobrwywyd gan William Morris am ei hir-a-thoddaid, 'Powys', yn Nyffryn Maelor, 1961. 'Tarennig' oedd ei ffugenw yno hefyd. Bu'n Dderwydd Gweinyddol Gorsedd Powys ac yn aelod o dîm

Maldwyn yn Ymryson y BBC. Gellir darllen peth o'i waith yn *Awen Maldwyn* (1960), *Llên y Llannau* (1963) a *Blodeugerdd Penllyn* (1983).

Eisteddfod Genedlaethol 1964: Abertawe a'r Cylch

Testun yr englyn ar bumed ymweliad y Genedlaethol ag Abertawe oedd 'Y Gwagle', er i chwe englynwr dybied mai 'Gwagle' ydoedd. Daeth 255 o englynion i'r gystadleuaeth ond dau ymgeisydd oedd biau 146 ohonynt! Gyrrodd Edmwnt Davies, y Fedw Gog, Fron-goch ger y Bala 132 englyn 'yn yr un llawysgrifen, wedi eu hasio â'r un teip o glipiau i'r un teip o bapur ffwlscap gwyn, cadarn. Cystal ychwanegu bod safon yr englynion yn gyfartal drwyddynt i gyd', meddai'r beirniad, y Prifardd Brinley Richards a feirniadai am yr eildro. Edmygai ddychymyg y cystadleuydd yn llunio 132 o ffugenwau! Yr englyn gorau yn y casgliad oedd:

> Dim marian a dim moroedd, – dim elwach,
> Dim heuliau na bydoedd;
> Dim llef, dim dae'r na nefoedd,
> Un hawl wyw yn fythol oedd.

Ond nid oedd y llinell olaf yn ei helpu. Cafwyd 14 'englyn' gan un yn arddel y ffugenw 'Siân'. Dyma enghraifft nodweddiadol o'i waith:

> Dwy frân ddu o bobtu'r goeden –
> criafolen
> Gwa, gwa, yn hedfan, yn ara
> dros domen
> Mynd tua'r bwgan brain yn hy
> A mynd ymhell i'r gwagle fry.

O'r 109 englyn a oedd yn weddill, gosododd Brinli naw yn y dosbarth cyntaf. Yn eu mysg yr oedd dau englyn gan y Parchedig Roger Jones, a enillodd yn Llanelli ddwy flynedd ynghynt. Dyma un ohonynt, dan y ffugenw 'Ysbïwr':

> Ffair a stŵr ac ymffrost Ianc – yw untro
>   I'w entrych a dianc;
>   Nefoedd y gwyddon ifanc
>   Yw oriel bell Jodrell Banc.

Barnai Brinli ei fod yn 'englyn topical gan gynganeddwr medrus'.

Petai esgyll englyn 'Calfin', sef James Arnold Jones (1914-2005) y Rhyl 'mor awenyddol â'r paladr' fe fuasai wedi ennill heb unrhyw amheuaeth. Dyma'i englyn:

> Ni chaed ei gyfrinach o, – ni chamodd
>   Ond dychymyg drosto;
>   Ond daw rhyw wŷr yn eu tro
>   A draidd i'r tu draw iddo.

Ond englyn 'Mab Dyn' a drawodd ddeuddeg gyda'r beirniad. Cafwyd ganddo englyn oedd 'drwyddo'n destunol ac yn awenyddol'.

> Y maith led rhwng planedau – y mawr ddim,
>   Her i ddyn a'i gampau;
>   Di-dor agendor ar gau,
>   Di-orwel eangderau.

Y Parchedig Alun Rhys Williams (1910-1976), gweinidog gyda'r Annibynwyr yng Nghwmlline a'r cylch ar y pryd, oedd yr awdur. Meddai ei frawd, Gwilym Herber Williams, Craig-cefn-parc mewn llythyr ataf:

Ganed yng Nghraig-cefn-parc yn fab i grydd, a nai i Crwys. Wedi ymadael â'r ysgol elfennol yn bedair ar ddeg oed dechreuodd fel prentis yn siop y crydd. Yn ddwy ar bymtheg oed trodd ei olwg at y weinidogaeth, ac fe aeth i Goleg Caerfyrddin. Fel Annibynnwr roedd yn aelod yn Eglwys Pant-y-crwys, Craig-cefn-parc. Wedi iddo orffen ei gwrs yng Nghaerfyrddin, aeth i Goleg Aberhonddu. Cafodd ei alwad gyntaf i Gapel Newydd, Hendy, Pontarddulais ac ar ôl bod yno am ysbaid derbyniodd alwad i Droedrhiwdalar, Machynlleth. Y drydedd alwad oedd i Gwm-bach, Aberdâr. Wedi priodi cawsant dri o blant, dau fab a merch o'r enw Hefina, a hi yw mam Mari George y mae ei henw yn adnabyddus ar Dalwrn y Beirdd.

Ei ofalaeth olaf oedd un y Tabernacl Newydd, Port Talbot. Gweithiodd Alun R. Williams, Alun y Graig yng Ngorsedd y Beirdd, englyn i gyfarch ei wyres:

> Hardd yw hi â'i gruddiau iach – a hefyd
>   Difai a dirwgnach;
>   Ni welir un anwylach
>   Na mor fwyn â Mari fach.

'Bu farw fy nhad-cu pan oeddwn yn dair oed ... Trueni na fyddai wedi cael cyfle i fy adnabod i – gallem fod wedi trafod cerddi (neu ddadlau drostynt!)', meddai Mari George.

Cyhoeddwyd soned, 'Yr Hen Lwybrau', a thri englyn o'i waith yn *Awen Maldwyn* (1960). Yn Eisteddfod Genedlaethol Maldwyn, 1965 fe enillodd am Gyfres o Englynion o'r Hen Ganiad. Roedd y testun yn agored a dewisodd ganu am 'Ein Prifwyl'.

Eisteddfod Genedlaethol 1965: Maldwyn

Yn yr ail Eisteddfod Genedlaethol a gynhaliwyd ar dir yr hen Sir Drefaldwyn yr oedd T. Llew Jones yn beirniadu'r englyn am y tro cyntaf. Yn 1937, ym Machynlleth, fe ataliwyd y wobr gan J. W. Llundain, yr arch feirniad llythyrol. Mae sôn am T. Llew Jones a J.W. yn dwyn i gof limrig a gafwyd yn Nyffryn Lliw, 1980. Yn yr eisteddfod honno y sefydlwyd cystadleuaeth Limrig y Dydd a hynny gan T. Llew Jones, Meuryn Ymryson y Beirdd y flwyddyn honno. Dyma'r limrig gan 'Cymro':

> Helynt englyn 'Ceiliog Caerffili'
> A'r Llew mwy'n cael ei ddismoli,
> Rhyw 'Williams' a'i frath
> Yn crafu fel cath;
> Ni fu byth 'run fath wedi hynny.

Y llinell olaf oedd yr un osodedig.

Testun yr englyn yn y Drenewydd oedd 'Nodwydd'. Derbyniwyd 158 englyn, yr eilwaith mewn pedair eisteddfod i'r nifer fod o dan ddau gant. Wrth agor ei feirniadaeth eglurodd y beirniad: 'Chwilio am Nodwydd mewn tas o nodwyddau oedd y dasg a gefais i gan Bwyllgor Llên yr eisteddfod hon eleni, ac fel y gellid dyfalu, bu'n dasg anos na chwilio am nodwydd mewn tas wair'. Rhannodd yr englynion i bedwar dosbarth. Dywedodd am nifer o englynwyr y dosbarth isaf 'eu bod ar y ffordd i ddod yn deilwriaid go iawn'. Wrth gyflwyno'r ail ddosbarth dywedodd ei fod wedi cyrraedd hyd at sail y das! Cafodd ei blesio gan esgyll tri englynwr yn y dosbarth hwn:

> Anhepgor, trysor pob trig,
> Diddanwch dyddiau unig.
>
> *Martha*

174

Un loyw a siarp aml ei swydd
A didrwst ei diwydrwydd.

Pen y Cwm

Hyd rwyg y pedwar ugain
Hi bwythai'n wiw bethau nain.

Ŵyr Beti

Gan mai dim ond pum englyn a deilyngai le yn y dosbarth cyntaf, gwyddai mai braidd yn siomedig oedd cystadleuaeth yr englyn yn Eisteddfod Maldwyn. Ar ddiwedd y feirniadaeth cyfaddefodd na chafodd ei fodloni gan yr un o'r pump. O ganlyniad, bu'n mesur a phwyso'r pump, ac am nad oedd yr un yn sefyll allan ar ei ben ei hun bu bron iddo atal y wobr. Ond wedyn teimlai nad oedd hynny'n iawn, gan fod llawer o rinweddau amlwg yn perthyn i'r pum englyn.

Yn y diwedd penderfynodd rannu'r wobr o £5 (rhodd Gwilym Rhys, Llangurig, gyda llaw) rhwng 'Dewi 2' a 'B.A.B.'. Y tro diwethaf i hyn ddigwydd oedd yng Nglynebwy, 1958. Dyma englyn 'Dewi 2':

A ni mewn angen, a 'nhad – yn ei fedd,
    Bu'n foddion cynheiliad;
    Yn hwyr â hon, mam yn rhad
Wnâi weddillion yn ddillad.

Ei awdur oedd D. J. Jones, Llanbedrog, Pwllheli. Hoffodd T. Llew Jones yr englyn hwn er bod y llinell gyntaf a'r drydedd yn wan eu cynghanedd. 'Ar yr olwg gyntaf, mae'r englyn yma'n ymddangos braidd yn sentimental efallai, ond wedi meddwl, fe allai'r hyn a fynegir ynddo fod yn rhan o brofiad yr awdur,' synhwyrodd y beirniad. Yn dilyn sgwrs â'i dad fe ysgrifennodd Dylan, un o feibion D. J. Jones, ataf: 'Nid cyfleu profiad personol roedd o ond ceisio cyfleu caledi bywyd gweddwon a llawer eraill tuag adeg y rhyfel'. Rai blynyddoedd yn ôl gwnaeth Mrs D. J. Jones sampler o'r englyn a bellach mae'n eiddo i Dylan a'i deulu yng Nghapel Dewi, Aberystwyth.

175

Y Prifardd Tomi Evans, Tegryn, Sir Benfro (1905-1982) oedd yn gydfuddugol â D. J. Jones. Dyma'i englyn ef, dan y ffugenw 'B.A.B.':

> Un fain lem, yn fanwl lyw – edau'r wisg,
>   Mae fel draen arianfyw;
> Lle bo hon yn llaw benyw,
> Gloywaf arf y gelf o fyw.

'Gwyddwn fy mod yn cellwair â deinameit wrth ddod â'r englyn yma i frig y rhestr oherwydd cynghanedd amheus y llinell olaf, a cheisiais fwy nag unwaith ei roi'n ofalus o'r neilltu ond methais,' cyfaddefodd T. Llew Jones. Ar ddechrau ei sylwadau ar yr englyn canmolodd y beirniad y llinell a'i galw yn un gynhwysfawr am ei bod yn dweud y cyfan bron am y nodwydd. Gan ei bod yn bodloni ei glust ef roedd am ei derbyn.

Yn 1970 y cadeiriwyd Tomi Evans am ei awdl naturiol a llyfn 'Y Twrch Trwyth'. Nid oedd yn brifardd, felly, pan enillodd ei unig wobr am englyn yn y Genedlaethol. Y seithfed darpar-brifardd i ennill ar yr englyn. 'Testun rhyfeddod yw bod un na chafodd dderbyn addysg uwchradd yn dangos rheolaeth mor drylwyr ar iaith a'i theithi', meddai W. Rhys Nicholas amdano yn *Y Twrch Trwyth a Cherddi Eraill* – unig gyfrol o gerddi Tomi Evans a gyhoeddwyd yn 1983.

'Nodwydd' oedd testun Englyn y Dydd, ddydd Iau, 4 Awst 1988. T. Llew Jones a enillodd:

> Yn llaw mam ei blaenllym hi – a wnâi wyrth
>   Yn oes y caledi;
> Yn ddi-nam trwsiodd i ni,
> Blant y wlad, bilyn tlodi.

Eisteddfod Genedlaethol 1966:
Aberafan a'r Cylch

Yn 1932, pan oedd y Genedlaethol ddiwethaf yn Aberafan, yr emynydd George Rees, Llundain a enillodd ar yr englyn. Tybed a oedd Pwyllgor Llên 1966 yn ymwybodol o hynny pan osodwyd 'Emyn' yn destun cystadleuaeth yr englyn? Ar ôl defnyddio'r term englyn unodl union ers Aberystwyth, 1952 fe'i gollyngwyd ar gyfer Aberafan a defnyddio 'Englyn' yn unig. Dewiswyd emynydd yn feirniad, sef y Parchedig William Morris, Caernarfon. Ef, wrth gwrs, wedi ennill ar yr englyn yn 1918 ac yn gydfuddugol ddwywaith, yn 1923 a 1933. Bu Eifion Wyn yn gydfuddugol deirgwaith. Am yr eildro yn Aberafan, emynydd a enillodd ar yr englyn! Roedd gan yr enillydd ddau emyn yn *Y Caniedydd* (1960).

Derbyniwyd 257 englyn mewn cystadleuaeth ddiddorol dros ben. Penderfynodd y beirniad, ar ôl egluro yr hyn a ddisgwyliai gan y cystadleuwyr, sef eu bod yn gwybod beth oedd emyn ac yn gwybod sut i weithio englyn, osod 197 mewn dosbarth y gellir ei alw'n 'englynion ystrydebol' – yr un gwendidau o eisteddfod i eisteddfod. Rhannodd y gweddill i bedwar dosbarth: englynion clir a glân ond rhywbeth ar goll; englynion diffyg undod; englynion gan englynwyr medrus ond dipyn yn amwys mewn ambell linell; a saith yn y dosbarth cyntaf. Un o englynwyr y dosbarth hwn oedd Monallt (John Henry Roberts, 1900–1990). Englyn yn mynegi profiad mewn oedfa ydoedd:

> Yr oedd hwyl ar addoli, – ei synnwyr
>   A'i seiniau'n ymdoddi;
>   Clyw-wn drosto'n ymdonni
>   Awel o fryn Calfarî.

'Darlun syml, diwastraff, yn dangos lle'r emyn mewn addoliad' oedd sylw'r beirniad.

'Y Tant Arian' yn y gystadleuaeth, a osodwyd yn ail, oedd y Parchedig Roger Jones, Tal-y-bont ar y pryd. Meddai'r beirniad amdano: 'Englyn syml, a'i ogoniant yn ei symledd. Y mae'r geiriau "addoliad", "eneiniad" a "profiad" gyda'i gilydd yn ein dwyn i awyrgylch yr emyn ar unwaith'. Tynnodd sylw at y gair 'profiad' gan ddweud ei fod yn gryfach nag 'Yn y cof' fel a gafwyd gan amryw yn y gystadleuaeth. Dyma'r englyn:

> Hawdd yw eilio addoliad – dyn i Dduw,
>   Dan ei ddwys eneiniad;
>   Mawr ei afael ym mhrofiad
>   Teulu ing a saint y wlad.

Ffugenw'r enillydd, y Parchedig O. M. Lloyd, Dolgellau ar y pryd, oedd 'Mae dy eiriau'. 'Dyna'r emyn ganddo – "y fawlgan hoff"; ac o gwmpas y geiriau nyddodd hwn y gweddill yn lân, yn gynnil, yn gyfanwaith a chloi'r pennill yn fwy effeithiol na'r un arall. Ganddo fo, yn fy marn i, y mae'r englyn gorau. Rhodder y wobr a'r clod iddo'. Dyma'r englyn buddugol:

> Mae'n dod â diod awen – at enau
>   Saint Iôn yn eu hangen,
>   Y fawlgan hoff, fel gwin hen
>   O nodd y Wir Winwydden.

Diolch i'r drefn bod O.M., 'Cyfaill y rhai a'i cofiant', yn un da am nodi yn ei ddyddiaduron. Diolch i'w deulu am eu darllen i mi. Derbyniodd O.M. Restr Testunau Aberafan a'r Cylch ar 13 Gorffennaf, 1965 ac o fewn rhyw ddau ddiwrnod roedd wedi llunio'r englyn uchod. Ar yr un diwrnod cofnodir englyn arall a aeth i'r gystadleuaeth dan y ffugenw 'Eciwr', englyn a osodwyd yn yr ail ddosbarth:

> Cerdd, dan fendith gwlith, o glod – i'r Crëwr,
>   Cri am ei adnabod,
>   Cathl o ffydd at ddydd i ddod,
>   Cwyn camwedd, cân y cymod.

178

Cofnododd ar gyfer 3 Awst, 1966: '10 [hynny yw deg o'r gloch] Ennill £5 ar englyn i "Emyn" dan William Morris (257), 1:30 cael ei adrodd wrth Harri Gwynn ar deledu'r B.B.C.'

Enillodd O. M. Lloyd, a fu'n weinidog y Tabernacl, Dolgellau o 1955 hyd 1978 gadair Eisteddfod Môn, Cemaes, 1954. Testun ei awdl oedd 'Padrig Sant', ac yn nau englyn clo'r awdl mae Padrig yn egluro ei hyder wrth ei throi hi am Iwerddon. Dyma'r cyntaf o'r ddau.

> I newydd gyrch nawdd a gaf – gennyt, Iôn,
>   Ac nid hir yr ofnaf.
> O dywedi, nid oedaf,
> Ar dy wŷs i rodio af.

Ai adrodd am ei brofiad ef ei hun a wna O.M. yn yr englyn?

Eisteddfod Genedlaethol 1967: Y Bala

Ym mhob degawd ers dechrau'r ganrif mae un neu ddwy o gystadlaethau'r englyn wedi codi trafodaeth. Yn 1906 'Blodau'r Grug' oedd yr englyn buddugol, yr englyn di-ferf. Yn 1918 enwyd y Parchedig W. Morris Williams fel yr enillydd yn hytrach na'r Parchedig William Morris. Yn 1923 anwybyddwyd barn Elfed fel canolwr. Un mlynedd ar bymtheg yn ddiweddarach fe fu trafod ar englyn Robert J. Huws am iddo golli'r wobr. Englyn y pedwar degau yn ddiamau oedd 'Y Llwybr Troed', 1943. Wrth gwrs fe sbardunodd 'Y Ceiliog Gwynt', 1950 y beirniaid answyddogol i lythyru.

Yn y Bala, fe dynnodd y beirniad, y Parchedig J. Eirian Davies, flewyn o drwyn englynwyr profiadol drwy atal y wobr. Y testun oedd 'Draenen', ac roedd Eirian, prif sonedwr yr Eisteddfod Genedlaethol, yn beirniadu'r gystadleuaeth am y tro cyntaf. Derbyniwyd 209 o englynion, y tro olaf i'r nifer gyrraedd dau gant. Rhannodd hwy i bedwar dosbarth. Yn y trydydd dosbarth roedd y beirdd oedd yn cael eu rheoli gan y gynghanedd. Yn ôl y beirniad, roedd gan y 33 yn yr ail ddosbarth 'fwy o stramp ar bethau. Ond er eu bod yn gynganeddwyr go lew, ni fedrodd yr un ohonynt daro ar fynegiant gorffenedig'.

Deunaw a ddewisodd i'r dosbarth cyntaf; deunaw o 'englynwyr digon profiadol ond heb rywsut lwyddo i lunio englyn da'. Fe luniwyd ganddynt 'ambell linell neu gwpled gwerth eu dyfynnu'. Yn *Y Genhinen*, Hydref 1967, ar dudalen 206, cyhoeddwyd 10 englyn i'r 'Ddraenen'. Yn eu mysg mae pedwar englyn y sonnir amdanynt ym meirniadaeth Eirian. Awduron y chwe englyn arall oedd: Alun Cilie, Dafydd Jones, Ffairrhos, Monallt, Alun R. Williams, Cwmlline, R. J. Rowlands, y Bala a Simon Owen Thomas (S.O.), Caerfyrddin. Dyma englyn S.O., ffermwr wedi ymddeol ac yn byw yng Nghaerfyrddin ar y pryd:

> Min ei drain a ymwân drwy – hyd y gwaed
>   Gyda'i gur cofiadwy;
> Ni âd, heibio i'r adwy,
> I'r da o'r maes grwydro mwy.

Cyhoeddwyd dau englyn a chyfres o englynion 'Y Gangell' (lle ganwyd Elfed) gan yr englynwr, a anwyd yn 1890, yn *Awen Myrddin* (1960).

Dyma'r englynwyr y gellir olrhain eu henglynion yn y feirniadaeth. Y Parchedig W. Berllannydd Owen, Bae Colwyn oedd 'Powys'.

> Mor lluniaidd ym Mai'r llwyni, – a'i gwenwisg
>   Fel gŵn ddydd priodi:
> Â'n filain os gafaeli
> A chwarae ffŵl â'i chorff hi.

Erbyn *Cerddi 75* (gol: Derec Llwyd Morgan) 'Morwyn bryd-ferth y perthi' yw'r llinell gyntaf. Canmolwyd yr esgyll, a hoffwyd y cyffyrddiad beiddgar ynddo. Mynegwyd mai trwsgwl oedd y llinell agoriadol. John Lloyd Jones, Llwyndafydd, Ceredigion oedd 'Penybryn'. Roedd ganddo ddau englyn dan yr un ffugenw. Dyma'i ail englyn:

> Ei gwên yn glystyrau gwynion, – a'i dig
> Yn fidogau creulon,
> Ac i'r Gŵr garw ei goron
> Yn hybu'r cur bu brig hon.

Hoffwyd y paladr. Condemniwyd yr esgyll.

Roedd gan Gruffydd o Fôn (R. H. Gruffydd, y Groeslon) ddau englyn ymhlith y goreuon. Ef oedd englynwr buddugol Caernarfon, 1935. Dyma'i englyn dan y ffugenw 'Disgybl':

> Â chelwydd, gwawd a cholyn – hi wanodd
> Hardd wyneb y Duwddyn;
> A lliw'r ôd ar ei blodyn
> Daw i gof Ei fywyd gwyn.

Paladr heb fawr o gamp arno, ei esgyll yn gryfach. 'Mis Mai' oedd ei ffugenw wrth ei ail englyn:

> Arglwyddes y gweirgloddiau – a wylia
> Elyn â'i phicellau;
> O dan ei chawod flodau
> Y deca' yw adeg hau.

Difethwyd yr englyn gyda'r hen drawiad yn y llinell gyntaf.

Y Parchedig Roger Jones, Tal-y-bont bryd hynny, oedd 'Awel Mai'. Canmolwyd ei syniad. Beirniadwyd y llinell gyntaf am mai 'yn ei thresi' a ddefnyddiwyd yn lle 'dan ei thresi'; hen drawiad yn y cyrch ac 'ansoddair rhad' yn agor yr englyn:

181

Hardd lances yn ei thresi – a gwenwisg
  Y gwanwyn amdani;
  Ionor gwyn, hen wraig yw hi,
  Hir ei dannedd ar dwyni.

Ataliwyd y wobr. A fu erioed yn y Genedlaethol englyn anfuddugol mor boblogaidd â hwn? Hwn oedd yr wythfed tro yr ataliwyd y wobr yng nghystadleuaeth yr englyn. Fe'i hataliwyd yn 1900, 1907, 1909, 1910, 1913, 1937, 1960 a 1967.

Ni soniodd y Parchedig Gerallt Jones, Gwyddgrug, Sir Gaerfyrddin (Llanuwchllyn cyn hynny) yr un gair am y siom o atal y wobr yng nghystadleuaeth yr englyn wrth adolygu'r Eisteddfod yn *Y Genhinen*, Hydref 1967. Ond fe gafwyd, serch hynny gyfeiriad at y clawr lliwgar, newydd, a gynlluniwyd gan Hywel Harries, Aberystwyth i'r *Cyfansoddiadau*.

Eisteddfod Genedlaethol 1968: Y Barri a'r Fro

Ar ôl bwlch o bron i hanner can mlynedd fe ddychwelodd y Genedlaethol i'r Barri, i'r ardal lle y cynhaliwyd y Babell Lên am y tro cyntaf yn yr eisteddfod. Yn 1920 testun yr englyn oedd 'Y Groes Goch' ac Eldon, englynwr o Lundain, yn ennill. Yn cydfeirniadu yr oedd Berw ac Eifion Wyn. Dyna'r unig dro i Eifion Wyn feirniadu'r englyn. Eldon oedd y degfed englynwr buddugol a'r chweched oedd i ennill dim ond unwaith ar yr englyn. Yn 1968 y testun oedd 'Map'; y beirniad oedd B. T. Hopkins (1897-1981), Blaenpennal, Ceredigion. Hwn oedd yr unig dro iddo feirniadu'r englyn yn y Genedlaethol. Yr enillydd oedd Tom Bowen Jones, Trefor, Sir Gaernarfon. Ef oedd y deugeinfed englynwr i ennill ond unwaith yn y Genedlaethol, a'r deugeinfed ac wyth englynwr buddugol!

Er bod 'Map' yn destun braidd yn anodd, yn ôl rhai eisteddfodwyr, derbyniwyd 128 englyn. Câi'r beirniad hi'n anodd credu i bum cystadleuydd anfon 'englynion' mor ddiwerth i gystadleuaeth genedlaethol. Cyrhaeddodd deunaw englyn y dosbarth cyntaf fodd bynnag. Dyma englyn 'Ap Nathan':

> Gwarant ffordd fawr y gyrrwr – a manwl
> Blan mynydd i'r dringwr;
> Siart anhepgor y morwr,
> A'i lwybrau ar donnau'r dŵr.

Englyn a ddechreuodd yn gryf ond a orffennodd yn wan. Ei awdur oedd Jac Evans, brodor o blwyf Llanwinio, Sir Gaerfyrddin ac a fu'n brifathro Ysgol Gynradd Rhydaman. Yn 1971 cyhoeddodd cyfrol o'i gerddi, *Y Gelli Aur a Cherddi Eraill.*

Yn hytrach na disgrifio a diffinio ffeithiol o'r testun fe englynodd rhai cystadleuwyr eu teimladau wrth edrych ar fap. Roedd 'Troed yr Eifl' yn un:

> Gweled fy hendref a Nefyn – ar fap,
> Ar y fainc yn Nulyn,
> Mi neidiais mewn munudyn,
> O dlodi llwyd i wlad Llŷn.

'Gall *Crefftwr* eto symud yn rhwydd fel pob crefftwr da wrth wneud peth anodd', meddai B. T. Hopkins am yr englyn isod, englyn yr oedd W. Leslie Richards, Llandeilo yn ei ystyried yn orau!

> Yn hwn o dremio ennyd, – caf erwau,
> Caf foroedd yr hollfyd;
> Caf enfawr gylch cyfanfyd,
> Gywrain gamp, yn gryno i gyd.

Apeliodd englyn 'Pererin (3)' – roedd 'Pererin (2)' ymysg y deunaw gorau hefyd – at y beirniad o'r darlleniad cyntaf. Englyn syml, telynegol er iddo agor yn wan:

Yn hwn o hyd chwilio a wnaf – ar fy hynt
   Am ryw fan a geisiaf;
   Ond ynddo chwilio ni chaf
   Yn niwl y siwrnai olaf.

Eglurodd B. T. Hopkins, awdur y clasur o gywydd, 'Rhos Helyg', mai'r syniad yn yr englyn yw bod ei awdur yn defnyddio'r map i deithio o le i le ond na fydd y map o gymorth o gwbl ar y daith olaf. Yr enillydd, fel y soniais, oedd Tom Bowen Jones, Trefor, Caernarfon (1921-2011).

Ar 10 Ionawr 2011, derbyniais lythyr byr a diddorol oddi wrth yr englynwr; meddai: 'Ynglŷn â'r englyn, yr unig beth a allaf ei ddweud yw ei fod ar garreg fedd yn rhywle yn Awstralia. Bedd morwr a gollodd ei fywyd trwy ddamwain. Mae rhai o deulu'r morwr yn dal i fyw yma ym mhlwyf Llanaelhaearn.'

Yn 1981 cyhoeddodd Gwasg Gwynedd gyfrol fechan *O Windy a Gweithdy'r Gân*, barddoniaeth Tom Bowen Jones a Tecwyn Jones. Wrth ei gyflwyno meddai Marian Elias: 'Pan oedd yn bedair ar ddeg oed anfonodd englyn i Eisteddfod Chwilog ar y testun "Y Weiren Bigog". Y beirniad oedd R. Williams Parry a ddyfarnodd ei englyn ymhlith y goreuon allan o nifer fawr o gystadleuwyr. Wedi i R. Williams Parry ddeall fod llanc mor ifanc yn y Dosbarth Cyntaf fe ysgrifennodd lythyr ato i'w longyfarch. Bu'r llythyr yn gaffaeliad mawr iddo.'

Ceir soned a chwe englyn ganddo yn *Awen Arfon* (1962) – maent yn ei gyfrol hefyd. Yn *Awen Arfon* y darllenais i 'Y Cwpwrdd Cornel' am y tro cyntaf ac fe afaelodd ynof:

   Ei le yw'r gornel o hyd, – eiddo mam
      Ydoedd ym mwth mebyd;
      Weithian mae anesmwythyd
      Ynof o'i weld a hi'n fud.

Yn y Genedlaethol yn 1968 fe wobrwyodd gwerinwr diwylliedig o Geredigion werinwr diwylliedig o Eifionydd. Y tro cyntaf iddo ddigwydd yn hanes yr Eisteddfod.

Eisteddfod Genedlaethol 1969: Y Fflint

Pan ymwelodd y Genedlaethol â'r hen Sir y Fflint am y pedwerydd tro o fewn y ganrif, beirniadodd y Parchedig O. M. Lloyd yr englyn am y tro cyntaf yn y Genedlaethol. Hwn oedd y pumed tro iddo feirniadu yn yr Adran Lên. Derbyniodd 162 englyn ar y testun 'Cell'.

Wrth ddarllen cynnig 'Gwen', 'Menna', 'Iago' a 'Medelwr' daeth i'r casgliad nad oedd yr un ohonynt wedi gweld englyn erioed! Chwaraeodd O.M. â'r gair 'cell' wrth ddosbarthu'r englynion, sef cell y carchar. 'Arhosed y 26 yna mewn cell nes meistroli'r gynghanedd. Gwell llafur caled am dymor na charchar am oes', meddai am y pedwerydd dosbarth. Ychwanegodd am y trydydd dosbarth: 'Dyna 46 sy'n parchu'r rheolau, ac ar fin dod allan o dŷ'r caethiwed, rhai ar barôl, ond ar hyn o bryd mae sŵn hualau yn gryfach na'r gyseinedd'.

Wrth ddarllen englynion yr ail ddosbarth roedd yn dyheu am linell fedrus neu gwpled go drawiadol i'w dyfynnu. Fe'i cafodd yn llinell glo 'Alltud': 'A'i dwylath o grud olaf'. Roedd yn hapus ag esgyll englyn 'Cwm Cerwyn':

> Yn ei baw bu dechrau byd,
> A'i hafiaith yw'r bom hefyd.

Esgyll 'Cymro 1' hefyd:

> A roes floedd o'r celloedd cau
> Rhoes i'w hil eirias olau.

Dewisodd ddeg englyn ar gyfer y dosbarth cyntaf ac un a gyrhaeddodd y dosbarth hwn yma, ac mewn sawl eisteddfod arall oedd Monallt (John Henry Roberts, 1900-1991), Min-ffordd. 'Dewi' oedd ei enw yn y gystadleuaeth hon. Dyma ei englyn syml a thaclus:

> Anheddle dirgel hedyn – gan y fam,
>   Ei gwyn fyd a ddilyn;
> Drwy ei bŵer daw'r bywyn
> Yn araf dw' ar ffurf dyn.

'Heidra', y Parchedig Roger Jones (1903-1982) a osodwyd yn ail yn y gystadleuaeth. Dyma'i englyn ef:

> Dechreuad anweladwy, – pwythau bach
>   Popeth byw tyfadwy;
> Eneidiol rym dirnadwy
> Yr holl fyd, a'r lleiaf wy.

Meddai'r beirniad am yr englyn:

> Cefais gryn drafferth efo'r paladr. Tybiaf mai'r awdur sy i'w feio, am iddo osod atalnod yn y gwant. Darllener 'dechreuad anweladwy pwythau bach' a dyna'r ystyr yn eglurach. Creidd-iol a bywiol, mae'n siŵr, yw grym 'eneidiol', ond gallai fod yn gyferbyniol i 'materol'. Priodol yma yw 'dirnadwy', a da iawn yw 'a'r lleiaf wy'. Bûm yn hir uwchben hwn, weithiau yn ei ffafrio, ond heb gael fy llwyr fodloni.

Ar ôl bod drwy'r 162 droeon penderfynodd mai englyn 'Doctor' oedd yn deilwng o'r wobr:

> Daw ein hiechyd a'n hachau – o graidd hon,
>   Gardd hynaf ein greddfau;
> Rhyw uned o fymrynnau
> A'i mil o hyd yn amlhau.

Cymerodd y beirniad at yr englyn hwn o'r cychwyn cyntaf ar ôl ei gryfhau drwy gywiro 'ein [h]iechyd'. Englyn braidd yn ffeithiol, er i ni gael cip ar y bardd yn yr ail linell, a moel ond y mynegiant yn glir a di-wastraff oedd yr englyn buddugol. Ei awdur oedd Jac Alun Jones, Llangrannog. Ef yn ennill am yr eildro ar yr englyn, ddeng mlynedd union ar ôl ennill am y tro cyntaf, yng Nghaernarfon, 1959. Ef felly oedd y trydydd o Fois y Cilie i ennill ar yr englyn gan ddilyn Alun Cilie a T. Llew Jones, ond ef oedd y cyntaf ohonynt i ennill ddwy-waith.

'Credaf,' meddai ei fab hynaf Jon Meirion Jones yn *Morwyr y Cilie*, 'i'r englyn gael ei lunio ar fwrdd y *Silverstone* – rhywle rhwng Kobe, Siapan ac Awstralia neu Vancouver ar ehangder y Pasiffig'. Yn 'Sgubor y Beirdd', 10 Medi 1969 eglurodd golygydd y golofn, T. Llew Jones:

> Wrth longyfarch y Capten Jac Alun ar ennill ar yr englyn yn Y Fflint dywedais wrtho fy mod i o'r farn mai ef yn unig o'r englynwyr sy'n fyw heddiw oedd wedi cyflawni'r gamp o ennill yn y Genedlaethol ddwywaith. Ond erbyn hyn rwy'n gwybod nad oeddwn yn iawn wrth ddweud hynny. Mae'r Prifardd Dewi Morgan, Llandre ger Aberystwyth, wrth gwrs, wedi ennill ar yr englyn yn y Genedlaethol deirgwaith.

Trueni na fuaswn wedi cysylltu ag ef i ddweud am William Morris, Caernarfon. Enillodd yntau deirgwaith.

Eisteddfod Genedlaethol 1970: Rhydaman a'r Cylch

Yr Athro John Lloyd Jones (1888-1956), pennaeth cyntaf Adran y Gymraeg, Coleg y Brifysgol, Dulyn a gadeiriwyd yn y Genedlaethol gyntaf yn Rhydaman, 1922. Tomi Evans, y gwerinwr diwylliedig o ardal Tegryn, Llanfyrnach, Sir Benfro a gadeiriwyd yn 1970. Dyna fawredd y Genedlaethol, mae lle i bawb ynddi. Y Parchedig William Williams, Panteidal, Machynlleth a enillodd ar yr englyn 'Y Crud' yn 1922.

Bron i hanner can mlynedd yn ddiweddarach, y Parchedig Gerallt Jones, Gwyddgrug, Pencader, Sir Gaerfyrddin aeth â hi. Testun yr englyn oedd 'Argae'. Yn 1922 derbyniwyd 127 englyn a Syr John Morris-Jones a'r Prifardd J. T. Job yn beirniadu. Y Parchedig O. M. Lloyd oedd yn beirniadu yn 1970 a darllenodd 156 englyn. Nodaf ddwy ffaith wrth fynd heibio. Yn gyntaf, roedd O.M. yn beirniadu am yr ail flwyddyn yn olynol gan ddilyn ôl traed Meuryn a W.D. yn ail hanner y ganrif. Unwaith yn unig y digwyddai hyn eto cyn diwedd y ganrif. Yn ail, o'r flwyddyn hon tan ddiwedd y ganrif, gostwng a wnaeth nifer yr englynion. Allan o'r 156 yn Rhydaman fe gafwyd englyn buddugol a hwnnw, yn ôl y beirniad, yn un rhagorol.

Dyfynnodd O. M. Lloyd saith ar ddiwedd ei feirniadaeth. Hoffodd symlrwydd englyn 'Huw':

> Aeth nwyfus iaith hen afon – yn fud lyn
> Dan anfad law estron;
> Wrth y wal sy'n dal y don
> Hiraeth yw'r iaith yr awron.

Dyma englyn 'Gofidus 2':

> Boddwch y sawl sy'n beiddio – gwylio hwn
> Heb gael ias na chyffro;
> Na froliwch ei harddwch o …
> Tynnwyd fy myd otano!

Canmolwyd 'Môr Henfelen' fel crefftwr medrus:

> Draws yr afon i'w chronni – erch aerwy
> yn carcharu'i chenlli;
> lloc diadelloedd y lli,
> a mud wâl bwrlwm dyli.

'Diflewyn ar dafod yw 'C.M.J.',' sylwodd O.M.:

188

Ar y Waun lle bu'r Crynwr – a'r hygar
   Gymreigaidd amaethwr
   Saif y wal sy'n dal y dŵr
   'Roes Bala i'r ysbeiliwr.

Robert John Edwards (Robin Jac), Llanuwchllyn oedd ei
awdur. Fe'i ganed yn 1910 a bu farw yn 1979. Gŵr adnabyddus
yn yr ardal. Yr englyn oedd ei hoff fesur a chyhoeddwyd dau
ar bymtheg ohonynt yn y gyfrol *Blodeugerdd Penllyn* (Gol.
Elwyn Edwards, 1983).

   Y Capten Jac Alun Jones, Llangrannog oedd 'Nant Gwylan',
saernïwr gofalus fel englynwr:

   Â'i hanner lloer ffrwyna'r lli, – a throi'n ôl
      Ruthr y nant i'w chronni;
     Lle bu rhyd ar fy llwybr i
     Y saif trais ei fwtresi.

Hanner ffordd trwy ei feirniadaeth dywedodd O.M. bod amryw
o'r englynion yn weddol debyg i'w gilydd ac yn ailadrodd yr
un syniadau. Dyheai am englyn gwahanol i'r rhelyw, 'Yna
daeth 'Pryderi' i'r golwg':

   Aros, ddylif! Tros y ddwylan – syrthiodd
      rhyw swrth Fendigeidfran;
     a chyll pob cornant ei chân
     a'i llid ger y corff llydan.

'Dyma gyfeiriadaeth y Mabinogi, a chyfle dameg i'r neb a hawliai
mai cymwynaswr oedd y cawr … Hoffwn petai'n cloi'n gryfach,
ac efallai y gellid gwella'r aceniad efo "gerllaw",' meddai'r
beirniad.

   Gwelodd y Parchedig Gerallt Jones y testun yn y ffordd
wahanol y bydd bardd yn gweld pethau. Ef oedd y pedwerydd
o Deulu'r Cilie i ennill ar yr englyn yn y Genedlaethol. Yn
1974 cyhoeddodd ei unig gyfrol o farddoniaeth, *Ystâd Bardd*
(Gwasg Gomer). Wrth ei chyflwyno dywedodd: 'Tipyn o deiliwr

geiriau a syniadau wyf fi ar y gorau, a does gen i ond gobeithio y bydd y 'dillad' wrth fodd rhywrai heblaw fi ac y cytunir nad yw 'ffasiwn y toriad' i ba oes bynnag y perthyn, ddim i'w ddi-ystyru'.

Wrth drafod *Cyfansoddiadau a Beirniadaethau* 1970 yn *Y Genhinen* (Hydref 1970) dywedodd D. Machreth Ellis, Tregarth, Bangor: 'Llwyddodd O. M. Lloyd, yn fedrus a chryno, i ymdrin â 156 o gynigion ar yr Englyn (Argae) – nid bychan o gamp, a phleser yw cael barn mor bendant (ac englyn mor dda!) o blith y cruglwyth hwn'.

Eisteddfod Genedlaethol 1971: *Bangor a'r Cylch*

Addas oedd i Bwyllgor Llên y Genedlaethol, ar ei phumed ymweliad â Bangor, wahodd J. T. Jones, Porthmadog i feirniadu'r englyn. Bu'n fyfyriwr yng Ngholeg y Brifysgol yno. Yn 1928 dychwelodd i'r ddinas i ddysgu Cymraeg a Saesneg yn yr Ysgol Ganol ac yno y bu hyd 1943 pryd y symudodd i Borthmadog. Y flwyddyn honno hefyd, enillodd ar yr englyn yn y Genedlaethol a gynhaliwyd ym Mangor gyda'i glasur o englyn 'Y Llwybr Troed'. Eisteddfod 1971 oedd y trydydd tro iddo feirniadu yn y Genedlaethol. Cyn hynny, beirniadodd yn Llanrwst, 1951 a Bro Maelor, 1961. Darllenodd 276 yn 1951, 229 yn 1961 a 139 yn 1971.

Testun yr englyn oedd 'Genwair' a thestun yr englyn digri oedd 'Pry Genwair (Mwydyn)'! Rhannodd y beirniad yr englyn-ion i bum dosbarth. Gosodwyd saith yn y pumed dosbarth ac, yn ôl pob arwydd, ni wyddai yr un o'r cystadleuwyr beth oedd englyn! Ei brif feirniadaeth ar y pedwerydd dosbarth oedd bod y cystadleuwyr wedi atalnodi'n ddifeddwl, ac ambell un heb atalnodi o gwbl! Yn y trydydd dosbarth cafwyd englyn-ion 'yn gyforiog o wendidau cystrawennol, geiriau llanw a hen drawiadau'. Bai pennaf yr ail ddosbarth oedd 'diffyg arbenig-rwydd o ran syniad a mynegiant'.

Gosododd 22 yn y dosbarth cyntaf. Rhoddodd sylwadau ar waith rhyw wyth neu naw. Yn eu plith englyn 'Euros', sef John Llewelyn Roberts, Tal-y-sarn, Dyffryn Nantlle:

> Treiddia'r wefr hyfryd drwyddi, – swyn y plwc,
> Cusan plu ar genlli:
> Uwch y dŵr heliwr yw hi;
> Llaw addas sy'n llyw iddi.

I'r beirniad, roedd y paladr yn well na'r esgyll. 'Zulu' oedd ffugenw R. J. Edwards, Llanuwchllyn. 'Cyffes bersonol seml, a dim arall, yw englyn 'Zulu'; ond awgryma'r ffugenw nad genweiriwr dibrofiad mohono ac y gallasai'n hawdd fod wedi canu'n fwy testunol':

> Pan chwifiaf hon uwch afonydd, – esgus
> Yw'r pysgod a'r tywydd
> I hawlio'r iach awel rydd
> A mwyniant yn y mynydd.

Yr enillydd yn Rhydaman y flwyddyn cynt oedd 'Glan Gorwydd', sef y Parchedig Gerallt Jones, Gwyddgrug:

> O châr undyn ei chryndod – yn ei law
> pan rydd plwc o'r gwaelod
> fŵa'n awch i'r fain uchod,
> llyna ddawns sy o'r llyn i ddod!

Tynnodd y beirniad sylw at y llinell olaf a oedd yn 'atsain fedrus' o linell gan fardd mawr a ganmolai'r alarch fel pysgotwr. Er hynny, dim ond wrth gywasgu'r 'sy o'r' y dôi'r llinell yn gywir o ran hyd.

Cafwyd englyn 'gwerth ei gael' gan 'Godre'r Foel', sef Dic Goodman Jones, un o wŷr llengar Mynytho, er iddo golli mymryn ar ei wefr gychwynnol:

Tridarn y melfed-droediwr – a hylaw
  Wialen y chwipiwr;
Bŵa tyn a dyn o'r dŵr
Aur dyli i law'r daliwr.

Cafwyd englyn cynhwysfawr, un mwyaf barddonol y gystad-leuaeth, gan 'Eic Walton':

Dawns hud blaen-adain sidan – amryliw,
  Fflam yr haul ar dorlan,
A'r brath dur ger y berth dân
Yn llorio'r brithyll arian.

Yn ôl J. T. Jones, genwair 'ar waith' yw craidd yr englyn ac mae'n gyfanwaith. Er nad oes berf gyflawn i'w chael ynddo, mae gwefr a bywyd ym mhob llinell, hyd yn oed yn y llinell olaf, drist.

Yr enillydd oedd y Prifardd John Evans (1895–1976), Pen-rhyndeudraeth. Ef a enillodd y gadair yn Aberystwyth, 1952 ac Ystradgynlais, 1954 ond hwn oedd yr unig dro iddo ennill ar yr englyn. Cyhoeddodd Tŷ ar y Graig, Caernarfon *Afiaith Siôn Ifan* (Gol. Geraint Lloyd Owen) yn 1978. Yr oedd John Evans wrth ei fodd yn beirniadu'r englyn digri yn y Babell Lên. Ef oedd y pumed prifardd i ennill ar yr englyn ar ôl cael ei urddo yn brifardd.

Er i'r beirniad swyddogol wobrwyo'r englyn a'i ganmol, nid felly'r beirniaid answyddogol. Taranodd R. J. Edwards, Llan-uwchllyn yn *Y Cymro*, 18 Awst 1971: 'Gyda phob dyledus barch i'r buddugol, yr hen gyfaill rhadlon John Evans, credaf y buasai Pysgota Pluen yn well testun i'w englyn na Genwair ond mae'n well bardd na physgotwr neu fuasai o byth yn meddwl am bluen gydag aden amryliw i ddal brithyll nac ychwaith yn disgwyl dal "brithyll arian" gyda phluen yng ngwres yr haul ...'

Englyn *Euros* oedd y gorau gan R. J. Edwards. Datblygodd trafodaeth yn y wasg rhwng R. J. Edwards a Beirdd Mynytho.

Hwy, yn naturiol, yn canmol englyn Dic Goodman a Robin Jac yn darnio'r englyn. Ceir blas ar y drafodaeth ym mhennod 'Ffrae Englyn Bangor' yng nghyfrol Arthur Thomas am Robin Jac.

Eisteddfod Genedlaethol 1972: Sir Benfro

Am yr eildro o fewn yr ugeinfed ganrif fe gynhaliwyd y Genedlaethol o fewn ffiniau'r hen Sir Benfro. Cynhaliwyd y gyntaf yn Abergwaun yn 1936. Ar gyrion tref Hwlffordd y cynhaliwyd yr ail un. Wrth fras ddarllen cynnwys *Cyfansoddiadau a Beirniadaethau* yr Eisteddfod mae tair ffaith yn taro dyn. Am y tro cyntaf cafwyd cystadleuaeth Englyn Ysgafn. Yn rheolaidd er 1964, am Englyn Digri y gofynnid. Yr ail ffaith yw bod beirniad y delyneg, John Roderick Rees, wedi rhannu'r wobr ariannol o wyth bunt rhwng pum telynegwr! Ymhen pedair blynedd, yn Aberteifi, eto yng nghystadleuaeth y delyneg, fe rannodd ddeg punt rhwng pedwar, dau ohonynt wedi ennill yn Hwlffordd! Y drydedd ffaith oedd bod gwobr yr englyn wedi ei hatal.

'Tipyn o sioc eleni oedd atal y wobr ar yr englyn – neb yn deilwng allan o gant a deg ar hugain. Pa bryd y digwyddodd hyn o'r blaen?' holodd W. J. Jones, Llanfyllin ar y pryd, yn ei adolygiad o'r Eisteddfod yn *Y Genhinen*, Hydref 1972. Y tro diwethaf yr ataliwyd gwobr yr englyn oedd yn y Bala, 1967. Cyn hynny fe'i hataliwyd yn 1960, 1937, 1913, 1910, 1909, 1907 a 1900. Nid ataliwyd y wobr wedyn am weddill y ganrif.

Testun yr englyn oedd 'Olew', testun addas ar gyfer y Genedlaethol yn Sir Benfro. Y beirniad oedd y Prifardd T. Llew Jones, ef yn beirniadu'r englyn am yr eildro. Yn y Drenewydd saith mlynedd ynghynt fe rannodd y wobr rhwng dau englynwr. Cafodd ei siomi yn y gystadleuaeth hon er iddo dderbyn 130 o englynion. Eglurodd ei safbwynt:

Methais, er dygn chwilio ymysg y cant a deg ar hugain, â dod o hyd i'r un englyn y gellid yn galonnog ei gynnig i'r Genedl fel 'Englyn y Flwyddyn'. 'Rwy'n meddwl y cytunir â mi y dylai'r englyn a wobrwyir yn yr Eisteddfod Genedlaethol fod yn 'fodel'neu yn enghraifft berffaith o'r Gelfyddyd Gwta ar ei gorau. Fe ddylai fod yn em bach di-fai o ran ei grefftwaith heb unrhyw wastraff ynddo. Fe ddylai fod yn gofiadwy – mor gofiadwy nes bod pobl yn cael blas ar ei adrodd a'i ailadrodd wrth eu ffrindiau a'u cydnabod o hyd ac o hyd. Fe ddylai ei apêl fod yn ddigon i sicrhau lle iddo ar furiau ein hysgolion ni, ac ar dafodau'r plant.

Yn y paragraff bychan dwy frawddeg yn dilyn yr uchod dywedodd mai go anaml yn ystod y blynyddoedd blaenorol y cafwyd englyn cofiadwy. Mae'r beirniad wedi gorfod '… bodloni ar lai na'r delfryd dro ar ôl tro'. Holaf a oes dau englyn y mae rhywun yn ei gofio o'r un ar bymtheg englyn a wobrwywyd ers 'Y Bargod' Ellis Jones yn 1955? Mae un englyn na chafodd y wobr yn dod i'r cof, sef un y Parchedig Roger Jones, 'Draenen', y Bala, 1967. I ddangos na chafodd ef yr un englyn cwbl lwyddiannus cyflwynodd T. Llew yr hanner dwsin gorau gerbron y beirniad, mawr a mân. Dyma englyn 'Afano':

> Da ei rym ond ei rwymo, – ac anodd
>   Gennym yw bod hebddo;
>   Ond bydd staen lle'r ymdaeno
>   A llawr ing lle collir o.

Mewn englyn twt a chymen roedd y llinell olaf yn bur wan. 'Beth am "llawr ing"?' holodd.

Fred Williams, Llwyndafydd oedd 'Ifans y Tryc', a dyma'i englyn:

> O'i ffwrn ddu, uffern ddi-hedd – y peiriant
>   Yn poeri ei fudredd;
>   Gwlad ei fwg a'i lid a fedd,
>   A'r môr mawr ei amhuredd.

Canmolwyd y llinell olaf ond a oedd yr 'englyn pur dda' hwn ar y testun? Cefnder Fred Williams oedd 'Hwsmon', sef Jac Alun Jones, Llangrannog.

> Yn fy llusern mae'n ernes – o'm gofal
>> Am gafell a buches;
>> Hi ddeil ingoedd ei lynges
>> A gwedd o'i lygredd a'i les.

Trydedd linell yr englyn hwn a'i cadwodd rhag y wobr. Alun Cilie, ewythr Fred Williams a Jac Alun Jones, oedd 'Irac':

> Aflonydd ddeunydd ynni, – o anwel
>> Ffynhonnau'r gro inni;
>> Ac yng nghôl ei fflamiol li
>> Stôr dinistr a daioni.

Meddai T. Llew Jones amdano: '"Aflonydd"? Ai am mai hylif yw? Onid yw'n galw am "cawn" neu "ceir" neu rywbeth tebyg i'w wneud yn gyflawn?'
    Prif wendid englyn 'Cwm yr Eglwys' oedd cysgod Trwm ac Ysgafn yn y drydedd linell:

> Ei linell laes ar flaen lli, – a'r düwch
>> Ar dywyn yn cronni,
>> A ddwed am ddydd caledi
>> A hir nos ein hadar ni.

Collfarnodd T. Llew Jones yr englynwr dan y ffugenw 'Llan-rhian', sef Elis Aethwy, Bethesda (1908-1982) am ddefnyddio'r gair 'carthen' yn y drydedd linell. Petai ef wedi defnyddio cryfach enw a fuasai wedi cael y wobr?

> Gwaharddlen ar y gwyrddli, – a'r adar
>> O'u rhwydo yn trengi,
>> A charthen froch yn trochi
>> Haenau aur fy nhywyn i.

Eisteddfod Genedlaethol 1973: Dyffryn Clwyd

Gellir galw'r Eisteddfod hon yn Eisteddfod diwedd dau gyfnod.
Yn gyntaf, eisteddfod a gynhaliwyd yn ystod blwyddyn olaf y
Gymru dair sir ar ddeg oedd hon. Yn ystod yr ugeinfed ganrif
cynhaliwyd yr eisteddfod ddwsin o weithiau yn Sir Ddinbych,
yr un nifer o weithiau ag y cynhaliwyd hi yn Sir Gaernarfon.
Pedair gwaith ar bymtheg y bu yn Sir Forgannwg. Yn 1973
cynhaliwyd yr eisteddfod yn Rhuthun, y tro cyntaf iddi
ymweld â Dyffryn Clwyd ers eisteddfod digadair a digoron
Dinbych yn 1939.

Yr ail gyfnod a ddaeth i ben oedd cyfnod gweinidogion yr
Efengyl llawn amser yn ennill ar yr englyn. O fewn bron i dri
chwarter canrif fe enillodd dau weinidog ar bymtheg y wobr
gyntaf. Enillodd y Parchedig William Morris, Caernarfon deir-
gwaith, a thrwy ennill yn yr eisteddfod hon fe enillodd y
Parchedig O. M. Lloyd, Dolgellau am yr eilwaith. Gellir
ychwanegu enw dau englynwr arall a fu yn weinidogion llawn
amser, sef Dewi Emrys ac E. Cadfan Jones, Blaenau Ffestiniog.
Ychwaneger hefyd Dyfed a oedd yn bregethwr cydnabydd-
edig. Oni fu Eifion Wyn am ddwy flynedd, o Chwefror 1891
ymlaen, ar gwrs llwyddiannus yn Ysgol Ragbaratoi, Porth-
aethwy gyda'r bwriad o fynd ymlaen i'r weinidogaeth? Yr oedd
nifer o englynwyr buddugol eraill yn bregethwyr cynorthwyol
a blaenoriaid.

Testun yr englyn yn 1973 oedd 'Cyffur' a'r beirniad oedd y
Parchedig Gwilym R. Tilsley (1911-1997), y Prifardd Tilsli,
enillydd y gadair yng Nghaerffili, 1950 a Llangefni, 1957 ac
Archdderwydd Cymru, 1969-1972. Hwn oedd y tro cyntaf
iddo feirniadu'r englyn yn y Genedlaethol. Derbyniwyd 116 o
gynigion felly, am y bedwaredd flwyddyn yn olynol, gostyngodd
nifer y cystadleuwyr.

Gosodwyd hwy mewn pedwar dosbarth. Aeth deg ar hugain
i'r pedwerydd dosbarth. Cafwyd peth addewid yn eu plith. Y
trydydd dosbarth oedd yr un helaethaf. Gosodwyd ynddo tua

thrigain o englynion lle'r oedd y gynghanedd yn feistres. Nid oedd yr un englyn gwael ymhlith y ddau ar bymtheg yn yr ail ddosbarth, 'englynwyr da … heb lwyddo i daro deuddeg y tro hwn', sylwodd Tilsli. Yn y dosbarth cyntaf gosodwyd wyth englyn. R. J. Rowlands, y Bala oedd 'Digitalis A'. Dyma'i englyn:

Ei wenwyn sydd ym mhoenau – hyn o fyd,
  Yn falm i'n gofidiau,
Oni chwâl ei hualau
Deyrnas frwd yr einioes frau.

'Paladr addawol, ond aberthwyd cryn dipyn mewn ystyr a chywirdeb yn yr esgyll er mwyn sicrhau llinell glo gywrain ei chynghanedd', meddai Tilsli. Yn englyn 'Gilead' cyffur yw'r pwnc trwyddo, a cheir ynddo ddisgrifiad teg o'i rinwedd a'i berygl. Yn ei feirniadaeth arno meddai'r beirniad, 'Nid da gan bawb, mi wn, gynghanedd Sain i gloi englyn, ond nid oes unrhyw reol yn ei gwahardd, a gellir dal ei bod yn yr englyn hwn, yn arafu'r symudiad i bwysleisio sicrwydd y caethiwo'. Dyma'r englyn:

Llonna'r gwael, lliniara'i gur, – dwg freuddwyd
  Gwefreiddiol yn gysur;
Ond angheuol ei ddolur
Wrth dynhau cadwynau dur.

Am yr eildro mewn saith mlynedd fe enillodd y Parchedig O. M. Lloyd, Dolgellau ar yr englyn. Yn ôl dyddiadur O.M., cofnodwyd bod yr englyn buddugol wedi ei lunio 31 Mawrth, 1973. Ond y mae fersiwn cynnar wedi ei gofnodi 13 Gorffennaf, ddeuddydd ar ôl prynu'r Rhestr Testunau! Dim ond y llinell gyntaf a ddefnyddiwyd a 'dolur' a 'dur' o'r fersiwn cyntaf yn yr un buddugol. Wrth gofio O. M. daw englynion cyfarch y Prifardd Elwyn Edwards a T. Llew Jones iddo i'r cof. A fu hapusach eisteddfodwr erioed nag O.M.?

Â Gweillen dy awen di – y noddaist
   Fydryddiaeth a'i choethi;
   Nyddaist dy frethyn iddi
   Yn llinyn aur drwy'n llên ni.

Elwyn Edwards

Wrth gofio 1973, fe gafodd apwyntiad Dr Meredydd Evans yn diwtor y Gymraeg yn Adran Efrydiau Allanol y Brifysgol, Caerdydd ddylanwad anuniongyrchol ar ddyfodol yr englyn. Sefydlodd ddosbarth cynganeddu yn y brifddinas.

Eisteddfod Genedlaethol 1974: Bro Myrddin

Cynhaliwyd y Genedlaethol hon yn ardal Abergwili ar gyrion tref hynafol Caerfyrddin yn y Ddyfed weinyddol newydd. Ynddi dychwelwyd at y gystadleuaeth englyn ysgafn. Am yr ail flwyddyn yn olynol y Prifardd Tilsli oedd yn beirniadu'r englyn, y tro diwethaf iddo wneud. Y tro diwethaf hefyd i neb feirniadu'r englyn ddwy eisteddfod yn olynol. Am y tro cyntaf ers y Genedlaethol ym Machynlleth, 1937 syrthiodd y nifer o englynion a dderbyniwyd dan y cant. Y flwyddyn honno derbyniwyd 99 englyn; 82 a dderbyniwyd ym Mro Myrddin. Yn y pum eisteddfod ar hugain ddilynol dim ond mewn pedair y cafwyd can englyn a mwy.

   Testun yr englyn oedd 'Y Cwrwgl', testun yn codi o ddiwylliant bro'r eisteddfod. Ym mharagraff agoriadol ei feirniadaeth mae Tilsli'n nodi mai ond 82 englyn a dderbyniwyd:

> Yn y cyfnod diweddar gwelwyd yn aml rhwng dau a thri chant o englynion yn y gystadleuaeth hon, ac ni thybiaf i'r nifer ddisgyn dan y cant o fewn cof i mi. Eleni nid oes ond 82. Pam tybed? Ai oherwydd y tâl am gystadlu? Ai'r testun oedd yn ddieithr neu annerbyniol? Neu beth? Nid fy ngorchwyl i ydyw ateb, ond anodd osgoi gofyn y cwestiwn. Sut

bynnag er y gostyngiad yn nifer y cystadleuwyr ni welaf fi fawr o wahaniaeth yn safon y gystadleuaeth.

Fel yn Rhuthun y flwyddyn cynt, rhannwyd y cynigion i bedwar dosbarth. Rhyw 20 gafodd le yn y pedwerydd dosbarth a bron i 40 yn y trydydd dosbarth – y dosbarth helaethaf unwaith yn rhagor. Yn Rhuthun, 1973 gosodwyd 90 englyn yn y ddau ddosbarth isaf; yng Nghaerfyrddin gosodwyd 58. Ymhlith yr englynion cyffredin iawn yr oedd y gostyngiad yng Nghaerfyrddin, a diolch am hynny. Yn yr ail ddosbarth gosododd 16 englyn, un yn llai nag yn Rhuthun. Yn y dosbarth hwn y cafwyd yr englynion gyda phaladr da ac esgyll llipa; esgyll cryno a phaladr siomedig, cymhariaeth amheus mewn ambell un ac eraill wedi gwneud camddefnydd o air.

Fel yn 1973 fe rwydwyd wyth englyn i'r dosbarth cyntaf. Mae englyn 'Hafod Elwy' yn un gafaelgar:

Ni welir ei lwyr gilio – tra bo dellt,
    Tra bo dawn i'w lunio,
A thra bo'r nwyd i rwydo
Dan ddolen ei wden o.

Yn ôl y beirniad:

Bodlonodd yr englynwr hwn ar ddweud un peth a'i ddweud yn dda, ac wrth wneud hynny awgrymu llawer am y cwrwgl, ei wneuthurwyr a'i ddefnyddwyr. Gair da yma yw 'gwden', sef y gair a ddefnyddir gan y cwryglwyr am ddolen o wialen gordeddog a ddodant dros eu hysgwydd wrth gario'r cwrwgl. Cynghanedd syml iawn a geir drwy gydol yr englyn, ond union ddigon i gynnal y synnwyr a bodloni'r glust.

Ond englyn 'Garth' a enillodd saith bunt gwobr Goffa Dewi Emrys:

Yn hwn, fel memrwn, i mi – mae rhyw hud
    Sydd mor hen â Thywi;
Fel hen ddeilen ar ddyli,
Ias arall oes ar y lli.

Cadarnhaodd Tilsli ei benderfyniad drwy ddweud:

> ... teimlaf fod mwy o naws yn y dweud yma. Fel yn englyn enwog 'Y Llwybr Troed' gynt, nid yw'r awdur yn mynd ati i ddisgrifio'r gwrthrych o gwbl. Adrodd ei brofiad ei hun y mae, ac wrth wneud hynny yn rhoi inni ddarlun cynnil o'r gwrthrych yn ei ffordd ei hun. Nid wyf yn gwbl fodlon arno. Nid da cael dwy linell o gynghanedd Sain yn yr un englyn fel a geir yma.

Cafodd yr englynwr weledigaeth, ac ni chadwodd yn gaeth i'r testun ac fe roddodd wefr i'r beirniad yn fwy nag unrhyw englynwr arall yn y gystadleuaeth.

Yr enillydd oedd Gerallt Lloyd Owen, yr wythfed darpar brifardd i ennill ar yr englyn. Roedd ef dan yr argraff nad oedd wedi cystadlu! Mi hoffwn i fod wedi cael gweld wyneb Gerallt pan longyfarchodd ei dad ef ar y maes ym Mro Myrddin ar ennill ar yr englyn. Er iddo weithio'r englyn fisoedd ynghynt nid oedd yn fodlon gyda'r llinell glo. Er ei fod wedi rhoi'r englyn mewn amlen ac wedi ei chyfeirio i Swyddfa'r Eisteddfod fe'i gadawodd ar y silff ben tân. Bu'n gorwedd yno am wythnosau a chredai Gerallt fod yr amlen yno o hyd. Postiwyd yr amlen gan ei wraig, Alwena, ond fe anghofiodd hi ddweud wrth Gerallt.

Yn ystod chwedegau'r ganrif ddiwethaf enillodd Gerallt gadair Eisteddfod Genedlaethol yr Urdd. Ef felly oedd y cyntaf o brifeirdd yr Urdd yn ail hanner y ganrif i ennill ar yr englyn yn y Genedlaethol. Enillydd yr englyn yn 1973 oedd O. M. Lloyd ac fe'i dilynwyd ef fel Meuryn Ymryson y Beirdd yn y Babell Lên gan Gerallt yng Nghaernarfon, 1979.

Eisteddfod Genedlaethol 1975:
Bro Dwyfor

Am y tro cyntaf ers hanner canrif fe enillwyd yr englyn yn y Genedlaethol gan enillydd y flwyddyn flaenorol. Yr enillydd ym Mro Myrddin, 1974 oedd Gerallt Lloyd Owen, ac fe ailadroddodd ei gamp ym Mro Dwyfor, ar gyrion tref Cricieth. Ailadroddodd Gerallt gamp Gwydderig (1902 a 1903), Eifion Wyn (1923 a 1924) a George Rees (1925 a 1926). Ar ddechrau'r ganrif, enillodd Eifion Wyn deirgwaith yn olynol, sef 1904, 1905 a 1906. Ym Mro Dwyfor fe aeth Gerallt gam ymhellach, fe enillodd ei gadair gyntaf gyda'i awdl delynegol, 'Afon', yn ogystal â'r englyn. Ef oedd y cyntaf i wneud hyn.

Testun yr englyn ym Mro Dwyfor oedd 'Gwenynen' a'r beirniad oedd y Parchedig Roger Jones, Tal-y-bont, yr enillydd ar yr englyn yn Llanelli, 1962. Yr oedd yn beirniadu'r englyn am y tro cyntaf. Derbyniwyd 95 ar destun a oedd ar yr wyneb yn un hawdd. Gan i'r mwyafrif o'r cystadleuwyr fabwysiadu arddull ffwrdd-â-hi, siomedig braidd oedd y gystadleuaeth. Agorodd Roger Jones ei feirniadaeth drwy ddweud: 'Nid oes yma ôl myfyrio mawr na gweledigaeth glir na gwychder gorffenedig. Tuedd, efallai, i dderbyn y syniadau cyntaf a ddaw i'r meddwl, y pethau mwyaf cyffredin ac amlwg ynglŷn â'r wenynen. Diffyg dychymyg barddonol ... sy'n gyffredin i nifer mawr o'r cystadleuwyr'. Yr un hen bregeth flwyddyn ar ôl blwyddyn ac, yn ôl y drefn, rhannwyd yr englynion i bedwar dosbarth.

Yn y dosbarth isaf gosodwyd y rhai nad oedd ganddynt glem am gynghanedd nac englyn. Yn y dosbarth nesaf gosodwyd yr 'englynion gweiniaid, pell o fod yn gyfanwaith artistig'. Am yr ail ddosbarth dywedodd: 'Y mae gwahaniaeth rhwng englyn cywir ac englyn da, gellir cael y sŵn heb y sylwedd, a'r llun heb y lliw.' Yn y dosbarth hwn, bai arall cyffredin oedd cymhariaeth ddigyswllt ac ymadrodd trwsgl.

Allan o'r 95 englyn gosodwyd saith yn y dosbarth cyntaf. Cafodd 'Prysor', y Prifardd Gerallt Lloyd Owen, fflach o weledigaeth a'i mynegi mewn cymhariaeth gyfoes:

Er holl ferw'r llafurwaith – a'i rwndi,
    Er yr undeb perffaith,
    Er cynnull heb streic unwaith,
    Yn niwedd haf mae'n ddi-waith.

Dyma sylwadau Roger Jones ar yr englyn:

Y mae'r ailadrodd ar ddechrau'r llinellau'n effeithiol, ac yn arwain yn ddiogel at y gosodiad pendant yn y llinell glo. Nodwedd amlycaf y wenynen yw gweithgarwch, ond er hynny, yn y gaeaf bodoli yn unig y mae. Y gair gwannaf yn yr englyn yw 'rwndi' yn y cyrch. Dylid cyfeirio hefyd at y gair 'ferw' yn y llinell gyntaf. O ddilyn rheolau Cerdd Dafod, a mynd yn ôl i'r cyn-oesoedd, unsill yw'r gair 'ferw', fel garw, marw, etc., oblegid mai cytsain yw'r 'w' ar y diwedd. Hawdd iawn fyddai cywiro'r bai hwn drwy ysgrifennu 'Er holl ferw y llafurwaith'. Y mae'r gynghanedd yn rhywbeth i'r glust yn ogystal â'r llygad, ac i'r glust y mae gair fel 'berw' yn ddeusill i bawb ohonom a'r 'w' yn llafariad.

Yn eisteddfodau'r de y gofynnid am englyn ysgafn ond am englyn digri yn y gogledd yn ystod y cyfnod hwn. Wrth ddwyn i gof yr englynion digri neu ysgafn a weithiwyd yn ystod y saith degau yr un sydd yn siŵr o gael ei gofio yw un B. T. Hopkins, Blaenpennal, Sir Aberteifi, beirniad yr englyn yn 1968. Ym Mro Dwyfor yr oedd yn aelod o dîm Dyfed yn Ymryson y Beirdd brynhawn dydd Iau'r Eisteddfod. Gofynnwyd iddo gan O. M. Lloyd, y Meuryn, i weithio paladr i'r esgyll gosodedig. Dyma ei ateb:

Cywennen mewn bicini – a hen hud
    Y cnawd yn ei chorddi;
    Ar ei ben i drybini
    Aeth Tomos o'i hachos hi.

Roedd y gynulleidfa yn ei dyblau.

Eisteddfod Genedlaethol 1976:
Aberteifi a'r Cylch

Am yr eildro yn ystod yr ugeinfed ganrif dychwelodd y Genedlaethol i Aberteifi. Ar ôl bwlch o dair ar ddeg ar hugain o flynyddoedd dychwelodd at ei gwreiddiau. Testun yr englyn oedd 'Gwaed', a'r beirniad oedd y Parchedig D. Gwyn Evans, Tal-y-bont, yr ail weinidog o'r pentref i feirniadu'r englyn mewn dwy eisteddfod yn olynol. Roedd gwedd eciwmenaidd iach i gystadleuaeth yr englyn yn ystod y cyfnod hwn. Gweinidog Wesleaidd a feirniadai ym Mro Myrddin, un o gorlan y Bedyddwyr ym Mro Dwyfor ac un gyda'r Annibynnwyr yn Aberteifi.

Gosodwyd record newydd yn hanes yr englyn yn yr eisteddfod hon. Am y tro cyntaf erioed daeth englynwr yn gydfuddugol ag ef ei hun! Yr englynwr hwnnw oedd Capten Jac Alun Jones, Llangrannog, yr enillydd yng Nghaernarfon, 1959 ac yn y Fflint, 1969. Y tro hwn enillodd yn ei fro enedigol. Meddai John Meirion Jones, mab hynaf y Capten Jac Alun, am ei strocen fwyaf yn ei gyfrol *Morwyr y Cilie*:

> Roedd 95 wedi cystadlu ar yr englyn ym Mro Dwyfor y flwyddyn flaenorol a rhif cymharol yn Aberteifi. Cyhoeddwyd mai *Rhipyn-Llwyd* oedd yn gyd-fuddugol ac wedi llongyfarch y Capten pan safodd ar ei draed gofynnwyd i *Grŵp O 11* i sefyll wedyn. 'Fi yw hwnnw hefyd,' ebychodd 'nhad. Ac roedd ganddo englyn arall yn agos iawn hefyd. Roedd wedi ymddeol erbyn hyn a gellir dweud mai *Made in* Cilfor, Llangrannog oedd y cynnyrch buddugol ...

Ym mis Mai 1976 cyfarfu Cwrdd Chwarter Ceredigion yng Ngheinewydd. Mynychwyd y cyfarfod gan y Parchedig D. Gwyn Evans a'r Capten Jac Alun Jones fel Annibynnwyr cydwybodol. Ar ôl cyfarch ei gilydd yng nghwrt y capel gofynnodd y Capten i'r gweinidog, 'Sut mae'r Gwaed?' Aeth

Mrs Gwyn Evans yn oer drosti o feddwl nad oedd ei gŵr wedi dweud wrthi ei fod yn cwyno am ei iechyd!

Cystadleuaeth braidd yn siomedig a gafwyd â'r un hen wendidau yn amlwg ynddi. Meddai'r beirniad, 'Fel y gellid disgwyl mae nifer mawr o'r englynion ar Waed y Groes. Cryn fentr oedd hynny ac ni ddaeth yr un ohonynt yn agos at gampwaith Ioan Madog.' Cyfeirio yr oedd y beirniad at englyn adnabyddus Ioan Madog (John Williams, 1812-1878), 'Crist y Meddyg':

> Pob cur a dolur drwy'r daith – a wellheir
>   Yn llaw'r meddyg perffaith;
> Gwaed y Groes a gwyd y graith,
> Na welir moni eilwaith.

Gosodwyd 8 englyn yn y dosbarth cyntaf am eu bod 'o'r un waed â'r awen wir'. Yn eu plith yr oedd 'Y Milwr Bychan', sef T. J. Harris, Rhymni:

> Rhoi o waedlif yn rhadlon, – rhoi i'r llesg,
>   Rhoi er llwydd gweinyddion;
> Onid trech y fenter hon
> Na'r gwastraff ar gae estron?

Canmolwyd yr esgyll ond collfarnwyd 'gweinyddion' yn y bengoll. Ffugenw R. J. Rowlands, y Bala oedd 'Wrth Gofeb y Llan', dyma ei gynnig yntau:

> Rhed trwy angof y gofeb i edliw
>   Ffrydlif hen gasineb,
> O'r hoen a aeth i dir neb
> I oeri yn ddihareb.

'Gwaed y milwyr a gollwyd mewn rhyfel. Gweledigaeth arbennig wedi ei mynegi yn dda ac yn englyn teilwng ar y testun', cofnododd y beirniad. Fel y nodwyd, Jac Alun Jones oedd 'Rhipyn-Llwyd':

Mae gwrid hwn am gariad dau, – o'i gelloedd
  Daw'n gallu a'n gwreiddiau;
  Ond gwae'n hil, daw ei gwanhau
  Drwy ei dywallt i'r duwiau!

Pe bai paladr yr englyn hwn cystal â'r esgyll o bosibl y byddai'r dyfarniad yn wahanol. Englyn cyfan gwbl ar y testun mewn cynghanedd hyfryd. 'Grŵp O 11' oedd ei ffugenw arall:

Stôr eilaw, o'i gostrelu, – yn esmwyth
  Mae'r plasma'n goferu,
  A'i rin coch i rywun cu
  Yn wyrth i'w atgyfnerthu.

'Paladr ardderchog … wedi ei fynegi mewn cynghanedd ragorol,' meddai'r beirniad. Nid yw'r esgyll cystal. O ganlyniad, fe rannwyd y wobr a chreu record newydd.

'Llongyfarchiadau i'r capten hynaws o Langrannog am ei ddau englyn', meddai'r Prifardd Emrys Roberts yn ei adolygiad o gynnyrch y Brifwyl yn *Barddas* (Rhifyn 1, Hydref 1976). Ychwanegodd: 'Tipyn yn anesmwyth, yn fy marn i yw'r llinell, "Ond gwae'n hil, daw ei gwanhau" yn yr englyn cyntaf a gresyn am y gair "cu" yn yr ail englyn, gan y gall llofrudd gael ei atgyfnerthu â gwaed yn ogystal â châr'.

Eisteddfod Genedlaethol 1977:
Wrecsam a'r Cylch

Beirniad yr englyn yn Wrecsam oedd y Prifardd Mathonwy Hughes, Dinbych. Hwn oedd y tro cyntaf, a'r unig dro, iddo feirniadu'r englyn. Derbyniwyd 138 englyn ar y testun 'Taid' neu 'Nain' i'r gystadleuaeth, a'i sylw oedd: 'Y drwg yw mai cynganeddwyr ac nid beirdd yw llawer o'r ymgeiswyr'.

Dosbarthodd hwy fel 'englynion cloff'; 'englynion cyffredin'; 'englynion cymeradwy' ac 'englynion canmoladwy'.

Un o'r cystadleuwyr ymysg yr englynion cymeradwy oedd 'Pencaerau', sef Griff Williams, Pontarddulais. Dyma'i englyn:

> Diaddysg ar ôl deuddeg, – yn henwr
> Oedd uniaith ei frawddeg;
> Awn at hwn am chwarae teg,
> Ac elwa ar ei goleg.

Yn y dosbarth canmoladwy gosododd Mathonwy 23 englyn, a dewisodd o'u mysg y dwsin gorau. Y Parchedig Roger Jones, Tal-y-bont oedd 'Hogyn Ddoe':

> Cofia taid ei daid ei hun, – daeth â rhin
> Dieithr oes i'w ganlyn;
> I'r heddiw gwag diwreiddyn
> Rhoi ynni ddoe wna'r hen ddyn.

I Nain y canodd Evan G. Hughes, Rhoshirwaun, a fu farw 26 Chwefror 1977:

> Un fwyn iawn oedd fy nain i, – os gwelodd
> Oes galed a thlodi,
> Roedd wrth ei bodd yn rhoddi,
> A rhoi'n fam, fy mam i mi.

Gwendid yr englyn hwn yw fod y gair 'oedd' yn hawlio'r acen yn y llinell gyntaf. Fel Mathonwy Hughes, hoffaf yn fawr ei esgyll. Byth ers pan glywais y beirniad yn ei ddweud yn y Babell Lên yn Wrecsam mae wedi aros yn fy nghof. Ganed fy nain ar 8 Rhagfyr 1880 ac i gofio canmlwyddiant ei geni, mis Rhagfyr 1980 rhoddais gyhoeddiad yn y *Daily Post* a defnyddiais esgyll Evan G. Hughes.

'Lewsyn' oedd ffugenw Dic Jones ac i 'Taid' y canodd yntau:

Ei ddwylo fel dwy ddeilen, – y mae'r grym
 O'r gwraidd wedi gorffen,
 Mae nhaid nawr yn mynd yn hen,
 Ddoe'n graig a heddiw'n gragen.

Sylw'r beirniad ar yr englyn gafaelgar hwn oedd: 'Er cystal llinell yw'r olaf, buasai'n llawn gwell gen i weld rhywbeth fel "Ei lesgedd a'i try'n blisgen" i gloi'r englyn, gan gadw at gymhariaeth y goeden'.

Y Prifardd Alan Llwyd a enillodd y gystadleuaeth. Gweithiodd dri englyn i'w daid. Fe'u canmolwyd gan Mathonwy Hughes. Dyma'r tri englyn:

Pladur heb bylu ydoedd – yn ifanc
 Ar gynefin ffriddoedd,
 Egni dur y gweundiroedd,
 Ond cryman mewn oedran oedd.

Er i'r tes impio'r fesen, – a'i noddi
 Yn nyddiau ei heulwen,
 Rhyw fin hwyr, a'i hafau'n hen,
 'Roedd eira ar y dderwen.

Impiodd ei glawdd yn gampwaith, – ac erys
 Yr hen gaer, heb anrhaith,
 Yn gronicl o'i gywreinwaith,
 Yn epig mewn cerrig gwaith.

Gwobrwywyd yr ail englyn gan i'r bardd lynu'n ffyddlon at y ffigur o dderwen.

Y Prifardd Moses Glyn Jones, Mynytho a fwriodd olwg ar Gyfansoddiadau Wrecsam yn *Barddas* (Medi, 1977):

O'r tri englyn a ddewiswyd yn orau, gwell gennyf i o ddigon y cyntaf ... onid yw'r ddwy fetaffor yn taro i'r blewyn. Ac ymhellach yn yr englyn a wobrwywyd ni hoffaf y sôn am fesen yn impio ... Egino y mae mesen ac nid impio fel pob hedyn arall sy'n cychwyn tyfu. Blagur sy'n impio ac yn wir defnyddir 'impio' am glawdd yn y trydydd englyn ... Rwyf newydd ymgynghori â'r Geiriadur Mawr a gwelaf fod y ddau air yn gyfystyr ynddo ond daliaf at beth a ddywedais. Rydym yn euog o lacrwydd ag ystyron geiriau. Mae'n wyddonol ac yn farddonol anghywir i ddweud fod had yn impio. Ni ddywedai Sais byth 'buds germinate' nac ychwaith 'seeds are budding'. Efallai ein bod ni am fynnu mwy o ryddid barddol!

Eisteddfod Genedlaethol 1978: Caerdydd

Hen law ar grefft englyna a enillodd ar yr englyn yng Nghaerdydd. Dic Jones (1934-2009) oedd hwnnw; hen law a osodwyd yn uchel yn y gystadleuaeth yn Wrecsam y flwyddyn flaenorol. Hen law a berffeithiodd ei grefft drwy Eisteddfod Genedlaethol yr Urdd am flynyddoedd yn y pumdegau. Daeth yn gyd-fuddugol ag ef ei hun yn Eisteddfod Genedlaethol yr Urdd Llanbedr Pont Steffan 1959 ar y testun 'Dic Siôn Dafydd':

I'r iaith fain fe werthai fo – ei heniaith.
    Pa ddyn all ei feio?
Onid acenion honno
A ddaw â bras swyddi bro?

Ŵyl Ddewi bloedd ddyhead – i'w hen iaith
    Fyw'n hir yn ei henwlad.
Ond siŵr, pan baid y siarad
Am flwyddyn wedyn fe'i gwad.

Testun yr englyn yng Nghaerdydd, 1978 oedd 'Clawdd Offa'. Y beirniad oedd Gerallt Lloyd Owen, ef yn beirniadu am y tro cyntaf. Gosododd naw o'r 99 englyn yn y Dosbarth Cyntaf. Gan 'Cilmeri', sef Jac Alun Jones, y cafwyd llinell unigol orau'r gystadleuaeth – 'A'r mud unwr amdano'. Ddwy flynedd ynghynt dywedodd D. Gwyn Evans yr un peth am y llinell 'Drwy ei dywallt i'r duwiau', llinell glo ei englyn cydfuddugol i'r 'Gwaed'. Jac Alun Jones felly oedd pencampwr y llinellau unigol!

Ond yr oedd englyn buddugol Dic Jones wedi rhoi ias i'r beirniad 'a hynny gydag urddas syml a dwyster y dweud'.

Nid wal sy'n rhannu dwywlad, – na dwrn dur
    Rhyw hen deyrn anynad,
Nid rhith o glawdd trothwy gwlad,
Nid tyweirch ond dyhead.

'Gyda golwg ar gamp Dic,' meddai Derec Llwyd Morgan wrth adolygu *Y Cyfansoddiadau* yn *Barddas* (Medi, 1978) '… a dyma'r wyrth sy'n digwydd pan yw testun yn cynnau fflam yn y dychymyg disgybledig, a'r fflam honno megis yn goleuo gwirionedd a fu'n llechu yno er ei oed ei hun, ac sy'n cael ei ddarganfod ar ffurf englyn'.

Yr englyn hwn a ddewiswyd gan y Prifeirdd Eirwyn George ac Idris Reynolds fel eu hoff englyn yn y Genedlaethol. 'Nid yn unig y mae yn cyffwrdd â chalon y gwladgarwyr gwresog ond yn ei dinoethi – a'i hysbrydoli hefyd', barnodd Eirwyn. Englyn yn llwyddo ar ddau lefel yn ôl Idris. Llwyddodd heb roi straen ar gystrawen na chynghanedd. 'Ond, yn bwysicach, llwyddodd i awgrymu llawer mwy; mewn pedair llinell gwelais mor frau, ac mor gadarn hefyd yw ein Cymreictod wedi'r cyfan'.

Eisteddfod Genedlaethol 1979:
Caernarfon a'r Cylch

'O dderbyn i'r seiat ddau hwyr-ddyfodiad mae swm y cynigion yn 129 … ond nid nifer yr englynwyr, gan fod i ambell dad amryw o feibion,' meddai'r Parchedig O. M. Lloyd, Caernarfon wrth feirniadu. Roedd ef yn beirniadu'r englyn am y trydydd tro, a'r tro olaf. Yr Eisteddfod hon oedd un olaf O.M., yr Eisteddfod y cefais y fraint o fod yn was bach iddo. Roedd dan orchymyn ei feddyg i gadw draw o'r Babell Lên am yr wythnos. Cafodd noddfa yn swyddfa'r Eisteddfod a fy ngwaith i oedd mynd ag adroddiadau mynych iddo o'r Babell Lên!

Testun yr englyn oedd 'Bendith'. Roedd gan R. E. Jones, Llanrwst ddau englyn yn y gystadleuaeth ac roedd T. Arfon Williams, Caerdydd wedi anfon wyth englyn. Gosododd O.M. y 129 englyn mewn 7 dosbarth: Anobeithiol; Anafus ac Anghywir; Anffodus o ddiofal; Aneglur; Amgenach, eto anarbennig; Addawol ac Anrhydeddus. Wrth gyflwyno'r dosbarth cyntaf, y dosbarth Anrhydeddus, dywedodd y beirniad y buasai wedi hoffi dyfynnu'r 23 englyn a osododd ynddo. Fe'u cyhoeddwyd yn *Barddas*, Hydref, 1979.

Yn ôl y beirniad, 'esmwyth a thaclus' oedd englyn 'Iago', sef un o ddau englyn R. E. Jones yn y gystadleuaeth:

> Os daw mewn esmwyth gawod, – neu os daw
> Mewn storm a'i thrybestod,
> O ddaioni diddannod
> Y Duw hael y mae hi'n dod.

Sylwodd O. M. ar lyfnder dawn 'Wrth y bwrdd' a 'Jacob' ac fe alwodd eu hawdur, T. Arfon Williams, yn feistr ar y gynghanedd. Dyma englyn 'Wrth y bwrdd':

> Diball anniwall yw newyn y sawl
> Sy' o hyd yn cael enllyn
> Bras iawn, ond mae briwsionyn
> O Law Duw yn cynnal dyn.

Ar ôl trafod englyn 'Jacob', yr un nesaf y cyfeiriwyd ato yn y gystadleuaeth oedd un 'Eual', sef Dafydd Whittall (1947-2010):

> Dyma rodd heb fuddsoddi, – o gelloedd
> Hen gyllid tosturi;
> Rhannu Iôr o'th stôr wnest Ti
> Dy aur i un ar dorri.

'Mater bach yw atalnodi yn y drydedd linell, ond cynnig go dda yw darlunio bendith yn nhermau rhodd ariannol. Mae hwn yn bur agos ati', nododd O. M. Lloyd. Cofiaf falchder O.M. pan aeth Dafydd Whittall ato i ddiolch am ei sylwadau calonogol ac am ei osod mor uchel yn y gystadleuaeth.

Fel pregethwr, fe welodd y beirniad dri phen yn englyn 'Benedict', sef R. E. Jones, Llanrwst: dihaeddiant, diamod a diddannod. 'Cyfeiria eraill at y nodweddion hyn ar wahân, ond 'Benedict' yw'r unig un i'w cydio ynghyd mewn pennill cymesur. Mae'n syml a llyfn, ac yn dweud llawer. Cyflead o ras yn wir', meddai O. M. Lloyd:

> Mae'n cyrraedd heb ei haeddu – a heb lef
> O'i blaen nac utganu,
> Heb amod cyn dod i dŷ,
> Na dannod wedi hynny.

Un a oedd yn gydfuddugol ar yr englyn yn 1965 oedd 'Cynllwynwr', sef D. J. Jones, Llanbedrog:

> Er chwerwed y carcharu – gyda'r gwawd
> A'r gwg, er i Gymru
> Amau gwerth yr aberthu,
> Bendith o felltith a fu.

Englyn cwbl wahanol i'r gweddill oedd hwn er bod hen drawiad yn ei agor. 'Mae'n syml ei rodiad, mor newydd, ac yn amserol, a'i ffydd dawel yn rhoi rhyw nerth ynddo', meddai'r beirniad.

Gwobrwyodd O. M. englyn R. E. Jones ac un D. J. Jones, dau englyn annhebyg i'w gilydd ond y naill fel y llall yn fedrus yn ei faes. Roedd R. E. Jones yn ennill am y tro cyntaf ar yr englyn a D. J. Jones yn dod yn gydfuddugol am yr eildro. Cyfansoddwyd englyn D. J. Jones ar adeg cythryblus yn hanes y genedl, adeg pan oedd llawer o bobl ifanc a hŷn yn ymgyrchu am hawliau i'r iaith. Meddai Dylan Jones, Capel Dewi am ei dad: 'Yn ddyn swil, roedd yr englyn yn fodd iddo gyfleu ei gefnogaeth bersonol i'r ymgyrchu dros yr iaith'.

Yng Nghaernarfon fe ddechreuwyd cyfnod o rannu gwobr yr englyn, ac fe barhaodd tan 1982. Cyfnod na fu ei debyg na chynt nac wedyn. Gellir dweud hefyd am ddegawd y saithdegau mai dyma'r degawd yr enillodd pedwar prifardd ar yr englyn yn y Genedlaethol.

Eisteddfod Genedlaethol 1980: Dyffryn Lliw

Yn yr eisteddfod hon, a gynhaliwyd ar hen safle diwydiannol yn Nhre-gŵyr, Abertawe, y beirniadodd y Prifardd W. D. Williams (1900-1985) yr englyn am y pumed tro. Yng Nghaernarfon y flwyddyn cynt cynhaliwyd cyfarfod teyrnged iddo yn y Babell Lên. Drannoeth y cyfarfod derbyniais englyn gan Robert Williams (1907-1994), Penrhosgarnedd, brodor o Bentraeth a gydoesai â'm rhieni:

W.D.

Abl yw dawn ein Dybliw Di; er oedran
   O reidrwydd mae'n odli:
   A rhwyddaf y mae'n rhoddi
   Iaith y nef yn faeth i ni.

Fe greodd yr hynafgwr o'r Bala hanes yn Nyffryn Lliw! Testun yr englyn oedd 'Y Draffordd', testun cyfoes os bu un erioed. Rhannodd y wobr o £25 yn gyfartal rhwng pedwar. Dyma'r tro cyntaf i hynny ddigwydd yn hanes yr englyn yn y Genedlaethol. Pan gyhoeddwyd y canlyniad yn y Babell Lên sylweddolwyd bod T. Arfon Williams yn gydfuddugol ag ef ei hun, a'r ddau arall oedd Victor John, Penlle'r-gaer a T. James Jones, Llansteffan bryd hynny. Y tri yn ennill am y tro cyntaf! Nid yn unig yr oedd T. Arfon Williams wedi cael dwy wobr, ef hefyd a weithiodd un o linellau mawr y gystadleuaeth.

Meddai mewn englyn o dan y ffugenw 'Bwlch y Ddeufaen':
'Rwyf unffurf â Rhufeinffordd'.

Dim ond 4 englyn a osodwyd yn y dosbarth cyntaf allan o 85 cyfansoddiad. Gosodwyd 12 o'r neilltu am eu bod yn 'hollol annheilwng o eisteddfod fach leol, heb sôn am y Genedlaethol' – wyth ohonynt gan un dan y ffugenw 'Eban'. Ffugenw T. Arfon Williams ar un o'i englynion buddugol oedd 'Cadwgan':

> Yn awr, yng nghefn y lori brydeinig
> Sbardun un ar hyd-ddi
> Ymhunion, pan a'n hynni
> Yn brin beth wnawn â hi?

Canmolwyd y paladr am mai 'bardd go dda' a'i gweithiodd. Ond prydydd a ysgrifennodd yr esgyll. Dyma ail englyn Arfon, yr un dan y ffugenw 'Cefn Cyfarwydd':

> Mor wyrdd yw meysydd fy mro, – ond fandal
> Di-feind a ddaw heibio
> Gyda hyn, â'i lygaid o
> Ar gael tir i'w goltario.

Canmolwyd ei rwyddineb, ei naturioldeb a'i awgrym cynnil ac am ei fod yn cyfleu profiad gwirioneddol i lawer. 'Ond', dadleuodd W.D., 'mae rhywrai'n siŵr o'i gondemnio am nad oes sôn am *ffordd* ynddo. Yr un gŵyn oedd am englyn "Y Llwybr Troed" … dim sôn am *lwybr* ynddo! A dyna englyn ydyw hwnnw!'

'Ambrosius' oedd ffugenw Victor John (1926-1999). Dyma'i englyn:

> Â'n syth fel gwayw'n saethu – i galon
> Ddiymgeledd Cymru;
> Cefn gwlad a'i dreftad a dry
> Yn fedd i foch ei faeddu.

Er nad oedd W. D. Williams wedi ei lwyr blesio â'r ail ar drydedd linell fe aeth yr englyn hwn i'r dosbarth cyntaf o'r darlleniad cyntaf. Ei gryfder, yn ôl y beirniad, oedd 'gloywder ac addaster ei agoriad a darogan grymus ei glo'.

O bryd i'w gilydd yng nghystadleuaeth yr englyn daw enw anghyfarwydd i'r wyneb; englynwr sy'n cael ei sbarduno i gystadlu pan fo testun yn cynnig cyfle iddo gofnodi digwydd-iad personol neu ddigwyddiad lleol. Gwelodd Victor John draffordd yr M4 yn newid tirwedd ei fro. Cafodd weledigaeth ar stepen ei ddrws. Brodor o Frynaman oedd ef ond fe'i mag-wyd a'i addysgu yn Abertawe. Bu'n athro ysgol uwchradd yng Nghaernarfon a Phen-y-groes, Gwynedd. Dychwelodd i'r de i fod yn ddarlithydd yn y Barri. Bu'n olygydd gyda'r Cyngor Llyfrau cyn cael ei benodi'n addysgwr yng Ngorllewin Mor-gannwg. Roedd yn un o wir wŷr y Pethe ac un a roddodd o'i orau i gadw'r fflam Gymreig ynghynn.

'Mycalpein' oedd ffugenw T. James Jones, y nawfed darpar brifardd i ennill ar yr englyn. Dyma'i englyn:

> Y fendith i'n melltithio – ydyw'r neidr
>   Anhydrin sy'n llusgo
>   Ei thor fras i frathu'r fro
>   A'i deniadau'n niweidio.

Heddiw, T. James Jones yw Archdderwydd Cymru, ac ef yw'r pumed Archdderwydd i ennill ar yr englyn. Y pedwar arall oedd Dyfed, Wil Ifan, William Morris a Dic Jones.

Eisteddfod Genedlaethol 1981:
Maldwyn a'i Chyffiniau

Yn Nyffryn Lliw y flwyddyn faenorol fe gafwyd testun cyfoes i'r englyn, 'Y Draffordd'. Ym Mro Ddyfi, lle y cynhaliwyd Eisteddfod 1981, fe gafwyd hen destun, 'Y Ffynnon'. Y Parch-edig Roger Jones, a oedd wedi ymddeol i Roshirwaun, Llŷn, rhyw ddwy flynedd ynghynt, oedd beirniad yr englyn. Dyma'r eildro iddo feirniadu. Mae paragraff cyntaf ei feirniadaeth yn gwneud i rywun holi pam mae cymaint o gystadleuwyr yn anwybyddu'r eisteddfodau lleol? Onid yn y rheini y mae dechrau cystadlu? Meddai Roger Jones:

> Derbyniwyd 98 o gyfansoddiadau, ond llai na hynny o englyn-ion. Penillion ar siâp englyn yw rhai ohonynt, di-grefft, diawen a bregus eu Cymraeg, a heb rithyn o gynghanedd yn agos atynt. Rhyfedd yw gweld cynifer yn cystadlu yn yr Eisteddfod Genedlaethol, na wyddant y nesaf peth i ddim am grefft yr englyn. Y mae'r gynghanedd nid yn feistres arnynt, ond yn hollol ddieithr iddynt.

Rhyfedd yn wir! Pedwar dosbarth a gafwyd, yr awduron anobeithiol; yr awduron ansicr; yr awduron cyffredin ac anarben-nig ac awduron gorau'r gystadleuaeth, saith ohonynt. Cafwyd englyn da a chofiadwy gan 'Gerwyn':

> Yn ddiatal o'r galon – y rhed hael
>   Goriad Duw at ddynion,
>   Ac er a yfer o hon
> Anorffennol yw'r ffynnon.

Sylwadau Roger Jones arno oedd: 'Er inni gael y gair "diatal" o'r blaen, dyma ei osod mewn cyswllt gwahanol, y gweld a'r dweud yn rhoi darlun clir, crefftus o Ffynnon fawr pob dawn – calon y Duwdod'. Englyn delweddol a gafwyd gan 'Cae Garw':

> Nychaist yn hir, wlad dirion, – o ofer
>   Yfed dyfroedd estron;
>   D'orffennol di yw'r ffynnon
> Ry iechyd it – drachtia o hon.

'[Englyn] amserol iawn o gofio cyflwr ein gwlad heddiw. Englyn crefftus, cynnil a thwt ei fynegiant', ebe'r beirniad. Ychwanegodd: 'Y mae "Gerwyn" a "Cae Garw" wedi taro ar yr un odl ac ar yr un diweddeb i linell, sef "o hon" a hefyd y gair "gorffennol". Y mae'r ddau'n ailadrodd y testun yn eu henglynion fel y byddai'n arfer gan yr hen englynwyr, ond ni ddylid cyfrif hynny yn wendid ynddynt'.

Er nad oedd englynion 'Gerwyn' a 'Cae Garw' '... lawn cystal â goreuon y ganrif hon, efallai', yr oedd '... digon o enaid ynddynt i fyw', ac fe'u dyfarnwyd yn gydradd mewn cystadleuaeth ddiddorol. Am y drydedd waith mewn chwe eisteddfod daeth englynwr yn gydfuddugol ag ef ei hun: R. E. Jones (1981); T. Arfon Williams ag ef ei hun a dau arall (1980) a Jac Alun Jones (1976).

Soniodd Bet Bhaail am lwyddiant ei thad ym Machynlleth mewn llythyr ataf:

> Yn 1981 creodd y ffaith iddo ddod yn gydradd fuddugol ag ef ei hun gryn ddifyrrwch iddo. Yn ei lyfr *Awen R.E.* cyhoedd-odd englyn *Cae Garw* dan y teitl 'Hanes Cymru'. Roedd ymysg y buddugwyr yng nghystadleuaeth yr englyn ysgafn hefyd. Anfonodd dri chynnig – *Robin 1* a *2* a *Ffowler*, a gwobrwywyd dau. Cafodd ran o'r wobr am gyfres o limrigau hefyd yn Steddfod '81. Blwyddyn Dda!

Mawr fu cyfraniad R.E. i'r Genedlaethol. Dilynodd ei frawd, J. T. Jones, Bangor a Phorthmadog, trwy ennill ar yr englyn yn 1979, ond ym Mro Ddyfi aeth gam ymhellach wrth ennill yr eilwaith. Hwy oedd y ddau frawd cyntaf i ennill yn y Genedlaethol yn yr ugeinfed ganrif. Dau frawd arall i ennill ar yr englyn yn y Genedlaethol cyn hynny oedd Nathan Wyn (1841-1905) a Dyfed (1850-1923). Enillodd Nathan Wyn yng Nghaerdydd, 1899 a Dyfed yng Nghaerfyrddin, 1911.

Yn y Genedlaethol yn Abertawe, 1982 gwahoddwyd R.E. i gyfarch T. Llew Jones yn y cyfarfod teyrnged iddo. Dyma ei englyn cyntaf o bump:

> Saer yw ar bennill dillyn; – gŵyr roi graen
>   Gwiw ar grefft pob englyn;
>   Cadarn y trinia'r coedyn,
>   Di-goll yw naddiad ei gŷn.

Eisteddfod Genedlaethol 1982:
Abertawe a'r Cylch

Am yr eildro yn hanes y Genedlaethol fe osodwyd cystadleu-aeth Englyn Ffraeth; y tro cyntaf oedd yn y Barri, 1921. Dros y pedair eisteddfod ers Caernarfon, 1979, gosodwyd pedair cystadleuaeth wahanol i'r englyn arferol: Englyn Crafog yng Nghaernarfon (am y tro cyntaf); Englyn Digri yn Nyffryn Lliw; Englyn Ysgafn ym Maldwyn ac yn Abertawe, Englyn Ffraeth.

Am yr ail eisteddfod yn olynol fe osodwyd hen destun i'r englyn! Y testun gosodedig yn Abertawe oedd 'Goleudy', fe'i cafwyd mewn eisteddfod yng Nghaer yn 1888. Y beirniad oedd T. Arfon Williams, Caerdydd, ef yn beirniadu'r englyn am y tro cyntaf. Am y tro olaf yn hanes yr englyn yn ystod y ganrif derbyniwyd dros gant o englynion.

Cyn traddodi ei feirniadaeth yn y Babell Lên, a gynhaliwyd mewn darlithfa ar gampws y Brifysgol yn Abertawe, gofynnodd Arfon i'r gynulleidfa sefyll am ddau funud o dawelwch i gofio'r Capten Jac Alun Jones, Llangrannog a fu farw ar drothwy'r Eisteddfod. Yna traddododd ei feirniadaeth yn gyfan gwbl oddi ar ei gof. Gosododd 7 englyn yn y dosbarth cyntaf o blith y 102 a ddaeth i law. Yn eu mysg yr oedd dau gan T. J. Harris, Rhymni.

> Dros fôr rhydd ei gynghorion – rhag y graig
> A grym ei pheryglon;
> A chraig, yn sgrech yr eigion,
> Yw'r grym dan ei fagwyr gron.

'Bryn Brith' oedd ffugenw T. J. Harris wrth yr englyn uchod ac meddai'r beirniad amdano: 'Gwelodd mai'r graig sy'n berygl sy'n cynnal hefyd, gan fynegi'r paradocs hwnnw yn gymen ddigon drwy ailadrodd y geiriau 'craig' a 'grym'. Ai synhwyro yr wyf fod yma fyfyrio ar ddeuoliaeth pethau yn gyffredinol? Yn sicr mae yma ddeunydd cnoi cil'. 'Glan yr Afon' oedd ffugenw T. J. Harris wrth ei englyn arall:

Â'r niwloedd ar fron heli, – ei ddwys waedd
  Ddiswydda'i oleuni;
  Yn nhrymder ei hwteri
  Udir lleddf farwnadau'r lli.

'Bydd rhai yn sicr o gael [yr englyn hwn] yn annhestunol ond os mynn bardd weld goleudy pan yw golau hwnnw'n ddiwerth, rhwydd hynt iddo'. Dyna farn T. Arfon Williams. Englyn yn codi arswyd?

Am y bedwaredd Eisteddfod yn olynol rhannwyd gwobr yr englyn ac am yr eildro rhwng dau. Dau englynwr newydd gafodd y fraint o rannu'r wobr y tro hwn: Herbert Hughes, Caerfyrddin bryd hynny ac Evie Wyn Jones, Dinas Dinlle bellach. Dyma englyn Herbert Hughes a fu farw yn Llanddew, Aberhonddu 29 Mai 2011. 'Deiniol' oedd ei ffugenw:

  Gwanwr yr erchyll gyni, a bidog
    Uwch enbydus weilgi;
    Cledd miniog dros lidiog li
    Yn trywanu'r trueni.

'Dyma fardd crefftus a ŵyr sut i drin ei arfau', mynegodd y beirniad. 'Cafodd weledigaeth a glynu wrthi gan roi cysondeb delweddol i'w englyn drwyddo. Sylwer mai awgrymu y mae yn hytrach na dweud'. Holais yr awdur am ei englyn a dywedodd wrthyf mewn llythyr, 18 Ionawr 2011:

  Hwn oedd yr ail englyn i mi ei gyfansoddi. Gan fy mod yn derbyn copi o'r testunau ar gyfer y Genedlaethol yn flynyddol (ond yn cystadlu yn anaml) trois at gyfrol 1982 ac fe welais destun yr englyn. Daeth y gair 'trywanu' i'r meddwl fel disgrifiad ffeithiol o'r golau, ac yn fuan daeth y gair 'trueni' i mi i gynganeddu ag ef, a rhoi i mi'r llinell 'Yn trywanu'r trueni'. Meddyliais wedyn am 'trywanu' fel llafn yn torri trwy'r tywyllwch. Arweiniodd hyn fi i feddwl am arfau sydd yn trywanu, sef cledd a bidog ac arf dienw sydd yn gwanu. Fel targed i'r arfau hyn ceisiais awgrymu gelyniaeth ofnadwy yr elfennau a daeth geiriau fel 'erchyll gyni', 'enbydus weilgi' a 'llidiog li' i mi yn araf a gyda chryn dipyn o chwys! Dyma gryfder yr englyn dybia i ond rwy'n ymwybodol o'i wendidau hefyd erbyn hyn...

Canodd Evie Wyn Jones brofiad personol, ysol. 'Cronicl truenus o golli ffydd' a geir yn ei englyn dan y ffugenw 'Cofio':

Dilynwyd siars d'oleuni – ond y dwfn
   Nid y dydd ddaeth iddi;
  Er estyn f'ymbil drosti
  Yn y storm diffoddaist ti.

Eglurodd Evie gefndir yr englyn dirdynnol hwn yn ei lythyr ataf:

Ddiwrnod cyn ei phen-blwydd yn bump oed cafwyd y newyddion syfrdanol fod tebygrwydd fod fy nith, Rhian Wyn, yn dioddef o dyfiant ar yr ymennydd. Ddeuddydd yn ddiweddarach aed â hi i Ysbyty Walton yn Lerpwl a chadarnhawyd hynny. Cafodd driniaeth yno am gyfnod, cyn cael triniaethau pellach yn Ysbyty Clatterbridge. Serch hynny, ofer fu'r cyfan a bu farw dair wythnos yn brin o'i chwe blwydd. Ni ellir dychmygu'r uffern ar y ddaear fu'r flwyddyn honno i'w rhieni, a'r teulu i gyd. Ambell ddiwrnod roedd yna'r llygedyn lleiaf o obaith fod gwellhad yn ei chyflwr, yna'r gobaith hwnnw o gam ymlaen a dau gam yn ôl gydol y flwyddyn, nes y bu farw'r ferch fach anwylaf a bywiocaf ar wyneb daear ar y cyntaf o Hydref 1979.

Pan welodd destun 'Y Goleudy' fisoedd yn ddiweddarach synhwyrodd ei fod yn galw am ymchwil dwfn iawn i deimladau ac emosiynau.

Eisteddfod Genedlaethol 1983: Ynys Môn

Yn yr Eisteddfod hon a gynhaliwyd ym Mhengraig, Llangefni, ar yr un safle ag un 1957, y beirniadodd Dic Jones yr englyn am y tro cyntaf, a hynny heb nodyn o'i flaen. Yn wahanol i enillydd 1957, yr oedd enillydd 1983, Elias Davies, yn bresennol. Methodd Thomas Richards, Llanfrothen â chyrraedd mewn pryd i glywed Meuryn yn traddodi ei feirniadaeth ar yr englyn 'Yr Ysgyfarnog'! Meddai ei wyres, Marian Elias Roberts, Clynnog Fawr:

> Roeddwn i'n digwydd bod ar fy ngwyliau yn y Wern pan enillodd ei ail englyn yn Eisteddfod Llangefni a chefais fynd yno efo fo a'm nain. Fy ewythr Huw oedd yn gyrru'r cerbyd. Ond digwyddodd rhywbeth i'r cerbyd yng Nghaeathro ac erbyn i ni gyrraedd pen y daith roedd beirniadaeth cystadleuaeth yr englyn wedi bod. Yn fuan wedi cyrraedd y maes digwyddais weld Gwilym Orwel Roberts, cyd-ddisgybl yn Ysgol Dyffryn Nantlle, a chanddo ef y cefais wybod mai fy nhaid oedd yr enillydd. Braint fawr i mi oedd cael dweud wrtho, er na chynhyrfodd o gwbl.

Ailadroddodd Dic Jones yr hyn a ddywedodd Gwenallt yng Nghaerffili, 1950 am y ffordd yr oedd yr englynwyr yn cyflwyno eu gwaith:

> Byddai'n dda pe gofynnid i bob cystadleuydd gyflwyno'i waith ar dudalen gyfan o bapur. Cafwyd, fel erioed, nifer o englynion ar stribedi cul a fyddai'n gweddu'n well i Ladbrokes nag i'r Eisteddfod. Gorchwyl dienaid o ddiflas yw gorfod archwilio rhyw docynnau raffl o bethau felly yn erbyn rhestr swyddogol yr ysgrifennydd rhag ofn fod rhai wedi mynd allan gyda'r drafft dan y drws!

Chwe englyn, ar y testun 'Iwerddon', a osodwyd yn y dosbarth cyntaf. Yn eu mysg un 'Pryderi', sef R. J. Rowlands, y Bala.

Er dyfned ei chaledi, er rhuddo
  Ei phridd â merthyri,
Er ei hartaith hirfaith hi,
Yn ei gwaed y myn godi.

Englyn 'nobl' gan englynwr profiadol. Y gair cyrch a'r ail linell oedd yn ei andwyo. Onid gwell, awgrymodd Dic, fuasai 'Er rhuddo'i phridd â gwaed merthyri'.

Esgyll englyn 'Deramor' oedd y peth grymusaf yn y gystadleuaeth:

Ei chof yw achos ei chur
A dialedd ei dolur.

Roedd gan 'Deramor', sef Elias Davies, Aber-erch, Pwllheli englyn arall dan yr un ffugenw:

Er hardded yr Iwerddon – mae hanes
  Ei mynych ymryson
Yn dal i boeni calon
Ddolurus yr ynys hon.

Dyma englyn a wylltiodd y gramadegwyr. Rhoi'r fannod o flaen Iwerddon! Ond fe'i gwobrwywyd gan Dic Jones am 'ei lyfnder, rhwyddineb ei ymadroddi, addasrwydd ei ansoddeiriau – mewn gair, ei grefft'.

Yn *Barddas* (Medi, 1983) bu tri englynwr profiadol yn mynegi barn ar yr englyn buddugol yn Llangefni. Dywedodd Iorwerth H. Lloyd, Dolgellau cyn-lyfrgellydd teithiol yr hen Sir Feirionnydd: 'Clywais rywun yn cyfeirio ato fel englyn diddrwg-didda, ac ni theimlaf i'r awdur gael fflach o weledigaeth nac ysbrydoliaeth fawr, ond eto efallai fod rhyw gymaint o swyn yn ei lyfnder a'i symlrwydd'.

Prif rinwedd yr englyn buddugol yn ôl T. Arfon Williams oedd ei uniongyrchedd ymddangosiadol ddiymdrech, '... ond nid yw'n gwestiwn o gwbl gennyf mai gwall yw defnyddio'r fannod o flaen Iwerddon'. Canmolodd y Prifardd Moses Glyn

Jones y llinell olaf am ei bod yn cloi'r englyn yn soniarus ac yn effeithiol. Ond roedd yn well ganddo'r englyn arall gan Elias Davies, a dywedodd bod yr esgyll yn gydradd deilwng ag esgyll 'Y Gorwel', Dewi Emrys.

Brodor o Cross Inn, Ceinewydd, Ceredigion oedd Elias Davies (1913-2003). Fe'i haddysgwyd yn Ysgol Elfennol Cross Inn ac Ysgol Sir Aberaeron. Yno daeth dan ddylanwad E. O. James, yr athro Cymraeg a'i hysgogodd i ymddiddori ym marddoniaeth Cymru. Treuliodd flynyddoedd ym myd busnes fel banciwr, o Lannau Mersi i Lŷn. Ymddeolodd i Aber-erch ac ymroi i englyna. Cyhoeddwyd cyfrol o'i waith yn 1987.

Eisteddfod Genedlaethol 1984:
Llanbedr Pont Steffan

Wedi dyfodiad Dr Meredydd Evans i Adran Gymraeg Efrydiau Allanol y Brifysgol yng Nghaerdydd yn 1973 fe sefydlwyd Dosbarth Cynganeddu yn y brifddinas. Tiwtor y dosbarth oedd T. Gwynn Jones ('Gwyn Corwen' i lên-garwyr), Abergwaun erbyn hyn. Cofrestrodd amryw yn y dosbarth ac yn eu plith T. Arfon Williams, yr Eglwys Newydd. O'r dosbarth hwn datblygodd Arfon yn englynwr nodedig. Creodd ymhen amser yr englyn Arfonaidd. Yn fuan iawn yr oedd yn cyrraedd dosbarth cyntaf cystadleuaeth yr englyn yn y Genedlaethol.

Roedd ganddo ddau yn y dosbarth cyntaf yng Nghaerdydd, 1978, ac yn Nyffryn Lliw, 1980 roedd ganddo ddau englyn yn gydradd â dau englyn arall am y wobr. Ond yn 1984, ar ymweliad cyntaf y Genedlaethol ag ardal Llanbedr Pont Steffan, fe enillodd yn glir, ar y testun 'Llaw' gydag englyn a gynhyrfodd y dyfroedd barddol am wythnosau wedyn.

Derbyniwyd 89 o gynhyrchion gan y beirniad Gerallt Lloyd Owen, a feirniadai'r englyn am yr eildro. Y tro cyntaf oedd yng Nghaerdydd, 1978. Gosododd bum englyn yn y dosbarth cyntaf a dau ohonynt ar y blaen. Dyma englyn '1984', sef R. J. Rowlands, y Bala:

> Hon yw gefyn ein gafel yn ein dydd,
> Hwn yw dwrn ein dymchwel;
> O, ddyn gwych dy ddoniau, gwêl
> Un ai'r fidog neu'r fedel.

'Englyn cryf, awdurdodol ei fynegiant. Englyn sy'n cyfleu ein hansicrwydd arswydlon ni y dyddiau hyn', meddai'r beirniad. Tynnodd sylw at y drydedd linell drwy egluro bod 'O, ddyn gwych ...' yn ei atgoffa o englyn Huw Dafydd Pugh i'r 'Death Rider' a'i fod yn mynnu dod rhyngddo ac englyn R. J. Rowlands. 'Sut bynnag, ni raid i'r bardd na minnau boeni'n ormodol oherwydd y mae un englyn ar ôl a hwnnw yn englyn go arbennig,' eglurodd Gerallt. Englyn gan *Dere*, sef T. Arfon Williams oedd hwnnw.

> Diau tlawd ydwyt, lodes, oherwydd
> er darparu cynnes
> wely it a choban les
> 'rwyt ti'n oer heb bartneres.

Yn yr englyn gwych hwn, 'Nid pertrwydd syniad yn unig a geir ond sylwedd yn ogystal, a'r ddeubeth wedi'u priodi'n ber-ffaith'.

Cyn gynted ag y gwerthwyd *Y Cyfansoddiadau* ar y maes dechreuodd y trafod ar lafar ac mewn cylchgronau. 'Mae'n ddrwg gennyf na welaf ragoriaeth yr englynion yn yr ŵyl hon,' ysgrifennodd Gwilym R. Jones yn ei golofn yn *Barddas*, Medi 1984. Dr Roy Stephens (1945–1989) a adolygodd *Y Cyfansoddiadau* yn *Barddas*:

> Wrth wrando ar lais cyfareddol Gerallt yn beirniadu yn y Babell Lên yr hyn a ddaeth i'm meddwl oedd yr englyn Arfon-aidd yn delweddu llaw yn lesbian. Clywais sawl dehongliad

pellach ar y maes, nifer yn wahanol i'w gilydd. Ar ôl ystyried yr holl ffyrdd posibl o esbonio'r adeiladwaith credaf mai arbenigrwydd yr englyn yw bod cyfanrwydd ei neges yn drech nag unrhyw ddadansoddiad gwyddonol manwl, ac yng nghyfanrwydd y neges y mae'r bardd wedi llwyddo i greu englyn cwbl neilltuol, a chwbl Arfonaidd: cerdd gyfan mewn deg sill ar hugain.

Yn rhifyn Mawrth/Ebrill 1985 cyhoeddwyd gwerthfawrog-iad y Prifardd Moses Glyn Jones o Englynion buddugol y Genedlaethol 1975-1984. Holodd wrth drafod 'Llaw':

Delwedd o beth sydd yma? Y mae amryw wedi eu cynnig, yn eu plith un gan Syr Thomas Parry mewn sgwrs â John Roberts Williams. Dywedodd y marchog mai gan ei feddyg y cawsai ef y syniad a thueddai i gyd-weld ag ef. Llaw dyn wedi colli ei fraich sydd yma, meddai, a hithau'n dlawd ar ôl y golled. Dywedodd Tom Bowen wrthyf iddo glywed mai 'lesbian' ydoedd yn ei gwely cynnes a'i choban les, ond er y moethau yn oer a thlawd heb un o'r un duedd. Mae'n anodd gweld y llaw yn y drych yma hefyd, er craffu'n hir. Fy syniad i ydoedd, am ei werth, mai delwedd o law mewn maneg grand yn gwrthod cydio mewn un arall sydd yma, a thrwy hynny'n dlawd ac oer am ei bod yn amddifad o'r arwydd allanol o gariad mewnol sydd mewn ysgwyd llaw. Mae'n gonfensiwn i dynnu maneg cyn ysgwyd llaw. Bûm yn hapus â hyn.

Yn y rhifyn blaenorol o *Barddas* (Chwefror, 1985) bu T. Arfon Williams yn trafod ei englyn buddugol:

Ni allaf gofio'n iawn y broses o'i lunio. Gwn i mi feddwl am y llaw fel pe bai'n estyniad o berson. Pan gynigiwn law i rywun 'rydym yn cynnig ein hunain. Byddwn yn estyn llaw i gyffwrdd â pherson arall. Cyffyrddiad dwylo yw cyffyrddiad deuddyn. Cam bychan wedyn oedd personoli'r llaw, peri i'r llaw gynrychioli'r person. A chan fod llaw yn fenywaidd rhaid oedd i'r person fod yn fenyw er mwyn cysondeb del-weddol.

Bu Arfon yn myfyrio'n hir uwchben y testun ac, yn ôl ei arfer, gweithiodd sawl englyn. Yn un ohonynt, dan y ffugenw 'Cael Ail', defnyddiodd y gair 'mantell', hwnnw yn awgrymu *mantilla* a hwnnw a roddodd 'les' iddo. O ganlyniad dychmygodd y bardd law mewn maneg les yn gorffwys yn drist ar gôl menyw. Roedd hi'n unig heb law arall i gyffwrdd â hi. O'r darlun dychmygol hwn daeth y llinell: ''rwyt ti'n oer heb bartneres'.

Ychwanegodd yr awdur: 'Roedd gweddill yr englyn yn dilyn rhywfodd, 'y gwely cynnes' yn dynodi comffordd; 'y goban les' yn dynodi cyfoeth, a'r 'lodes' yn cynrychioli ieuenctid a hoen ond y cyfan yn ddi-ddim heb gymdeithas person arall. Englyn am unigrwydd ydyw yn anad dim. Nid wyf yn ymddiheuro amdano. Yn ddistaw bach 'rwy'n falch iawn ei fod wedi peri'r fath drafod.'

Eisteddfod Genedlaethol 1985: *Y Rhyl a'r Cyffiniau*

'Mae beiau cerdd dafod yn amharu ar rai o'r englynion a mynegiant ffaeledig neu ddatblygiad afrosgo'r syniadaeth ar eraill. Rhaid i ffurf allanol yr englyn ieuo'n esmwyth â ffurf fewnol y neges', eglurodd y Cyn-Archdderwydd Geraint Bowen ym mharagraff agoriadol ei feirniadaeth ar yr englyn 'Cwys' yn y Rhyl, 1985. Hwn oedd y tro cyntaf a'r unig dro iddo feirniadu'r englyn. Darllenodd 80 o englynion a chafodd ddeg englyn gwallus yn eu plith ynghyd â 24 englyn cywir ond diafael. Gosododd 23 yn y trydydd dosbarth ond heb egluro pam. Aeth 12 englyn i'r ail ddosbarth am fod gan eu hawduron 'well crap ar rhythm mynegiant gafaelgar yr englyn ar ei orau'.

Gosododd 11 englyn yn y dosbarth cyntaf. Prin iawn yw ei sylwadau arnynt. 'Y goreuon o'r rhain yw englynion "Branwen", "Toni Ben" a "Perth Eos",' eglurodd. Trafododd y tri y testun yn ddelweddol. 'Dyfarnaf englyn 'Perth Eos' yn orau a chredaf ei fod yn englyn da a theilwng. Fy mhrofiad i yw hyn – bod englyn da yn rhoi'r argraff bod y gair olaf wedi'i lefaru ar y testun, a dyna'r teimlad a gefais wrth ddarllen englyn 'Perth Eos',' oedd sylw Geraint Bowen. Dyma'r englyn buddugol:

Ni bydd ar hon unioni – na dileu,
    Mae ôl dy law arni;
  Hyd dy rawd ei chwlltwr hi,
  Ni all arall ei thorri.

Tynnwyd blewyn o drwyn nifer o gystadleuwyr gyda'r penderfyniad i wobrwyo'r englyn hwn. Teimlai rhai o'r englynwyr iddynt gael mwy o gam nag arfer oherwydd eu bod nhw, o leiaf, wedi gweithio englynion cywir eu cynghanedd ac englyn amlwg ei feiau yn ennill!

Cyfeiriodd nifer ato fel englyn â chynghanedd amheus ym mhob llinell. Mae'r llinell gyntaf yn cynnwys y bai 'Trwm ac Ysgafn' a chamacennu yn yr ail. Bu crafu pen ynghylch y gair 'cwlltwr' yn y drydedd linell. 'Math o gyllell neu lafn dur a osodid uwchben y swch ar aradr i rwygo croen y tir glas wrth aredig neu gwyso', eglurodd Huw Jones, y Bala bellach, yn *Cydymaith Byd Amaeth* (Cyfrol 1, 1999). Englyn amheus ei gywirdeb, felly, yn ennill yn y Genedlaethol yn 1985.

Yn *Barddas* Medi, 1985 cyhoeddwyd pum englyn ar y testun 'Cwys', dau gan R. J. Rowlands a thri gan T. Arfon Williams. Cyhoeddodd R. J. ei ddau englyn yn ei ail gyfrol, *Cerddi R. J. Rowlands* (1986). Dyma un ohonynt:

A goleuni'r gwylanod – o'i gwmpas,
    Hen gampwr yr Hafod
  A ddaw eto i ddatod
  Yr hen dir. Y mae'r ha'n dod.

Dyma un o englynion T. Arfon Williams, un o ddau a gyhoeddwyd yn *Englynion a Cherddi T. Arfon Williams: Y Casgliad Cyflawn* (2003):

Dro 'rôl tro mewn theatr wir, Drama'r Cadw
drwy'r Môr Coch chwaraeir
ger ein bron, a'n heiddo ni'r
bywydau a arbedir.

Yr englynwr buddugol yn y Rhyl oedd Edward Jones
(Telynfab), Llain Delyn, Traeth Coch, Pentraeth. Brodor o
Dalwrn, Ynys Môn a fu'n athro yn Ysgol Gyfun Llangefni am
flynyddoedd, lle'r adwaenid ef fel 'Jos Wood'. Enillodd nifer o
wobrau mewn eisteddfodau mawr a mân. Bu'n aelod dibyn-
adwy o dîm Talwrn y Beirdd Bro Goronwy ar y radio, tîm
a newidiai ei enw bob blwyddyn! Cyhoeddwyd nifer o'i
gerddi mewn cyfrolau megis *Awen Môn* (1960); *Englynion Môn*
(1983), cyfrol a gydolygodd â Dewi Jones, Benllech, a *Pigion
Talwrn y Beirdd*. Cyhoeddodd hefyd gyfrol, *Rhwng Dau*, ar
y cyd â'i ferch, y Prifardd Einir Jones, Rhydaman. Bu farw
2 Mawrth, 1999 yn 78 oed.

Telynfab oedd y pumed englynwr genedigol o Fôn a enillodd
ar yr englyn yn y Genedlaethol. Y pedwar arall oedd R. E.
Jones (Cyngar), Llanberis; R. H. Gruffydd (Gruffydd o Fôn), y
Groeslon; Myfyr Môn, Rhos-meirch ac E.O.J., Pentreberw.

Eisteddfod Genedlaethol 1986:
Abergwaun a'r Fro

Am y trydydd tro mewn hanner canrif cynhaliwyd y
Genedlaethol yn yr hen Sir Benfro. Yn Eisteddfod 1936,
Abergwaun, gosodwyd cystadleuaeth englyn digri am y tro
cyntaf. Yn 1986 gofynnwyd am Englyn Ysgafn am y seithfed
tro er Hwlffordd, 1972. Felly, am y tro cyntaf yn hanes yr
englyn ysgafn, fe osodwyd y gystadleuaeth ddwy flynedd yn
olynol.

Ar ddechrau ei feirniadaeth amlinellodd D. Gwyn Evans yr
hyn y mae beirniad yn chwilio amdano: 'Mae yna rai hanfodion

sy'n anochel fel cywirdeb cynghanedd a chystrawen. Ond hefyd mae beirniad yn chwilio am englyn sy'n apelio nid yn unig ar gyfrif ei grefft gynganeddol ond hefyd oblegid ei ddull arbennig o ymateb i'r testun gosodedig'.

Dylai pob beirniad gofio hynny. Gosodwyd y rhan helaethaf o'r cyfansoddiadau yn y trydydd dosbarth oherwydd mai englynion ystrydebol oeddynt. Dewisodd y beirniad 7 ar gyfer y dosbarth cyntaf ar gyfrif '… eu hymateb cynhwysfawr i'r testun drwy gyfrwng mor gynnil ag englyn a hefyd crefft eu mynegiant'. Fe'i plesiwyd yn fawr gan englyn 'Cletwr' ar y 'Bad Achub':

> Gyrrir gan rym brawdgarwch – i wyll oer
>   A llaw wen tynerwch,
>   Ac angel diogelwch
>   Ar y cyd yn llywio'r cwch.

Gwelodd Gwyn Evans fod hwn yn englyn cadarn o'r sill cyntaf i'r degfed sill ar hugain. Canmolodd yr awgrymiadau cynnil sydd ynddo am rym brawdgarwch criw'r bad achub a'r cyfeiriad at yr angel gwarcheidiol yn yr esgyll.

Englyn cwbl gyfoes, a'i eirfa a'i gynghanedd yn gweddu i'w wreiddioldeb a ddyfarnwyd yn orau gan Gwyn Evans. Englyn *Green Peace* oedd hwnnw:

> Un ergyd dros watwargerdd – dy ynfyd
>   Enfys yn arwrgerdd;
>   Byd-eang fyddo'r angerdd
>   A chwyth drwy dy ymgyrch werdd.

Meddai'r beirniad: 'Englyn cwbl unigryw y gystadleuaeth oblegid y modd beiddgar-wreiddiol yr ymatebodd yr englynwr hwn i'r testun. Englyn yw ar y *Rainbow Warrior* y bu ei hanes a'i helynt yn y newyddion ers tro. Rhoes yr englyn yma gryn ysgytiad i mi oherwydd iddo roi ystyr ehangach i bwrpas y bywyd-fad na'r un arferol.'

Yr enillydd oedd Iolo Wyn Williams, Tre-garth, Bangor. Bu yntau fel nifer o'r englynwyr buddugol sy'n dal yn fyw ac eraill yn barod i gynnig sylwadau ar eu henglynion. Meddai yn y llythyr a dderbyniais ganddo:

Pan welais y testun ar gyfer Eisteddfod Abergwaun teimlwn fod tinc braidd yn hen ffasiwn ynddo. Wedi rhai wythnosau yr oedd gennyf dri neu bedwar englyn ar y gweill ond dim byd gwreiddiol ... Yn hwyr yn y dydd cefais syniad newydd. Onid oedd llong y mudiad Greenpeace, y *Rainbow Warrior*, yn ceisio achub yr Amgylchfyd, pan suddwyd hi â ffrwydron ar Orffennaf 10fed, 1985 yn harbwr Auckland, Seland Newydd, gan swyddogion cudd o Ffrainc, i'w rhwystro rhag ymyrryd â phrofion niwclar ym Môr y De. Tan hynny credaf mai'r farn gyffredinol am y mudiad hwn oedd mai criw o ddelfrydwyr ynfyd oeddynt, ond dros nos fe ddaethant yn arwyr gwirion-eddol.

Wedi cael y syniad, penderfynu fod yn rhaid cloi gyda'r 'ymgyrch werdd' gydag angerdd fel odl yn yr esgyll. Wrth edrych heddiw ar fy nghopi treuliedig o'r Odliadur sylwaf fod 'gwatwargerdd' yno eisoes, a'm bod innau wedi ychwanegu 'arwrgerdd'! 'Ergyd' y ffrwydron yn clecio gyda'r naill neu'r llall. 'Enfys' ac 'ynfyd' yn ateb ei gilydd wedyn, a dyna'r cyfan yn syrthio'n daclus i'w le'.

Mewn paragraff arall eglurodd ei fod yn hoff o gynnwys cynghanedd Lusg a chynghanedd Draws Fantach mewn esgyll. Erbyn heddiw, yr unig linell y byddai'n ei newid fyddai'r drydedd; yn lle 'Byd-eang fyddo'r angerdd' cynnwys 'Boed fyd-eang yr angerdd'.

Yn naturiol, roedd ar ben ei ddigon ym mwd Abergwaun gyda'r dyfarniad a beirniadaeth Gwyn Evans, a oedd wedi dehongli'r englyn yn gywir. Roedd ef hefyd wedi cadw at ei ddaliadau fel beirniad. Cafodd yr englynwr ei feirniadu am fod yn annhestunol ac yn annealladwy heb y ffugenw! Mae Iolo Wyn Williams, wrth gwrs, yn un o feibion y Prifardd W. D. Williams. 'Yr oeddwn yn 52 yn 1986. Yr oedd fy nhad hefyd yn 52 yn 1952 pan enillodd ef yn Aberystwyth. Mae'n od nad enillodd ynghynt,' meddai. Crewyd ffaith newydd am enillwyr yr englyn felly – y tad a'r mab cyntaf i ennill ar yr englyn yn y Genedlaethol.

Eisteddfod Genedlaethol 1987: Bro Madog

Am y drydedd flwyddyn yn olynol fe gafwyd cystadleuaeth englyn ysgafn ac am yr ail Eisteddfod yn olynol fe gafwyd testun morwrol. Yn Abergwaun gofynnwyd am englyn ar 'Y Bad Achub' ac ym Mro Madog, 'Angor'.

Cofnododd y Prifardd T. Llew Jones, a feirniadai'r englyn am y trydydd tro a'r tro olaf, yn ei ddyddiadur 11 Ebrill, 1987: 'Daeth y bwndel o englynion i'r *Angor* i law bore heddi gyda'r post ... Yn ôl cip frysiog trwy'r pentwr, ofni mai cystadleuaeth gyffredin lwydaidd anarbennig yw hi. Ond dyna beth oedd i'w ddisgwyl. Mae'r hen englynwyr fel Alun Cilie, Tomi Evans a.y.y.b. wedi mynd bellach dim ond prentisiaid sy' wrthi yn awr.'

Yn ei feirniadaeth dywedodd: 'Chwarae teg i'r beirdd, nid oedd y testun yn un deniadol nac yn un newydd chwaith'. Bu'n destun yr englyn yn Eisteddfod Gadeiriol Môn, Porth-aethwy 1921, ac eilwaith yn Amlwch yn 1947. Dylid nodi yma y bu i o leiaf wyth o englynwyr buddugol Eisteddfod Môn ennill yn y Genedlaethol yn ystod yr ugeinfed ganrif: James Jones, y Bermo (1912); Richard Hughes, Birkenhead (1936); Myfyr Môn (1941); D. J. Jones (1965 a 1979); O. M. Lloyd (1966 a 1973); Telynfab (1955 a 1987); Einion Evans (1988) ac R. J. Rowlands, y Bala (1990).

Ym Mro Madog derbyniwyd rhyw 80 englyn. Yn ôl y beirniad, cystadleuaeth siomedig a gafwyd. Nid y nifer a boenai T. Llew Jones ond cyffredinedd y gystadleuaeth drwyddi draw. 'Nid oedd yma ddim o'r ymadroddi cain a chryno a geir yn englynion y meistri, nac o gynganeddu celfydd, ffres, sy'n gallu gwneud englyn yn em bach nas anghofir', meddai T. Llew Jones, yr enillydd yn 1950.

Hidlodd y beirniad yr englynion trwy dri gogr. Yn y gogr olaf arhosai dau ar bymtheg. Tynnodd dri sylw'r beirniad yn arbennig. Un o'r tri oedd 'Emlyn', sef T. James Jones:

Archangel, hen gynnyrch eingion y Cof
a'm ceidw â grym tirion;
yn gadwyn rhag cynllwynion
fil y Diawl a gwefl ei don.

Diolchodd y beirniad am 'fenter a newydd-deb' yr englyn hwn. Canmolodd y paladr ac yn enwedig 'eingion y Cof' ond siomedig oedd yr esgyll ganddo. Canodd 'Huw Puw' yn uniongyrchol i'r testun mewn englyn syml ac anuchelgeisiol:

Ar laslefn fron y cefnfor, – yn llawn hwyl
Gelli'n hawdd ei hepgor;
Ym maith ymchwyddiadau'r môr
A'r ing mae gwerth yr angor.

Nid oedd T. Llew Jones yn hoffi'r llinell gyntaf – y 'Llusg swnfawr yn tynnu peth sylw ati ei hun'. Rhagorai englyn 'Huw Puw' ar y gweddill oherwydd i'r englynwr ganu'n blwmp ac yn blaen ar y testun. Rhydd i'r darllenydd weld ei ddelwedd ei hun ynddo.

Edward Jones (Telynfab), englynwr buddugol y Rhyl ddwy flynedd ynghynt, oedd yr enillydd. Ers ennill yn 1985 roedd wedi symud o Lain Delyn, Traeth Coch rhyw ddwy dair milltir i fyny'r lôn i Lain Delyn, Benllech, Ynys Môn. Pan sefydlwyd *Papur Menai* yng nghanol y saith degau bu Telynfab, un o feibion Bryn Gors, Llanffinan, yn olygydd Colofn Farddol y papur bro hwnnw.

Gwilym R. Jones a adolygodd *Cyfansoddiadau a Beirniadaethau Bro Madog* ar gyfer *Barddas*, Medi 1987. 'Un o wŷr Môn sy'n hyddysg iawn mewn cerdd dafod, Edward Jones, Benllech a aeth â'r wobr am yr englyn i "Angor". Rhaid cytuno â'r beirniad (T. Llew Jones) bod y gynghanedd lusg drystfawr hon yn tynnu sylw at ei hun: "Ar laslefn fron y cefnfor"'.

Yn yr un rhifyn cyhoeddwyd llythyr oddi wrth J. Elwyn Hughes, Golygydd cyfrol y *Cyfansoddiadau*, a Bedwyr L. Jones, Cadeirydd Panel Llenyddiaeth Cyngor yr Eisteddfod, dan y pennawd 'Cywiro'r Englyn Buddugol':

> Argraffwyd englyn buddugol Edward Jones, *Telynfab*, yn ẏ gyfrol *Cyfansoddiadau a Beirniadaethau* yn union fel yr oedd ym meirniadaeth T. Llew Jones. Yn anffodus roedd gwall copïo yno. Dyma ffurf gywir yr englyn fel yr anfonwyd ef i'r gystadleuaeth gan Edward Jones:
>
> > Angor
> >
> > Ar laslefn fron y cefnfor, – yn llawn hwyl
> >   Gelli'n hawdd ei hepgor;
> >   Ym maint ymchwyddiadau'r môr
> >   A'r ing mae gwerth yr angor.
>
> "Ym maint", nid "ym maith" sydd yn y drydedd linell'.

Mae'r camgymeriad uchod yn dwyn i gof y camgymeriad yn englyn 'Ceiliog y Gwynt', Caerffili, 1950. Argraffwyd 'torwynt' yn lle 'trowynt' ar ddiwedd y drydedd linell yn y *Cyfansoddiadau*.

Eisteddfod Genedlaethol 1988: Casnewydd

Am yr eildro yn ei hanes fe ymwelodd y Genedlaethol â Chasnewydd. Y tro cyntaf oedd yn 1897, a thestun yr englyn yn yr Eisteddfod honno oedd 'Y Cwch Gwenyn'. Y flwyddyn honno derbyniwyd 90 englyn a'r beirniaid oedd Dafydd Morganwg, Pedrog a Thafolog (Richard Davies, 1830–1904). Yr enillydd oedd y Parchedig William Rees, Abergwaun

(1854-1934). Bu'r brodor o Gwm-twrch yn weinidog Capel Harmoni, Pen-caer (B) o 1887 hyd 1934. Bardd cynhyrchiol iawn yn ei ddydd. Dyma'r englyn buddugol:

Cwch clau'n fêl-gellau i gyd, – gweithfa goeth,
    Fyw o gân, – mêl-grwnfyd, –
Athrofa ddoeth yr haf ddyd
Wers i garwyr seguryd.

Ar gyfer y Genedlaethol yn 1988 gosodwyd 'Llyfr' yn destun yr englyn. Fe'i dewiswyd oherwydd ei bod yn flwyddyn cyhoeddi'r Beibl Cymraeg Newydd, i ddathlu pedwar can-mlwyddiant cyfieithu'r Beibl i'r Gymraeg. Y beirniad oedd Dic Jones, yr eildro a'r tro olaf iddo feirniadu'r englyn yn y Genedlaethol. Derbyniodd 81 cynnig. 'A hithau'n flwyddyn dathlu cyfieithu'r Beibl, nid yw'n syn fod yn agos i hanner y cystadleuwyr yn cyfeirio at y Llyfr hwnnw, a llawer iawn o'r gweddill y gellid eu cymhwyso iddo', eglurodd.

Cafwyd dwy frawddeg gadarnhaol gan y beirniad i agor ei feirniadaeth: 'Ni chofiaf i mi erioed geisio tafoli cystadleuaeth lle'r oedd yn amlwg ar y darlleniad cyntaf y byddai canran cyn uched â hyn yn dod i'r cyfri terfynol. Prin, prin iawn yw'r ymgeiswyr â gwallau cynganeddol yn eu gwaith.' Mae adlais o feirniadaeth T. Llew Jones ym Mro Madog yn y frawddeg i gyflwyno chwe englyn gorau'r gystadleuaeth: 'Erys hanner dwsin ar y gogr brasaf'. Roedd 'Sarn Helen', 'Anti Zerox' a 'Gomer' yn eu plith. Dyma gynnig 'Sarn Helen', sef Dafydd Wyn Jones, Aberteifi:

Rhydd yn nwylo'r ddynoliaeth – yr allwedd
    I'r oll o'i chynhysgaeth;
I wyll cell y deall caeth
Daw â byd o wybodaeth.

Hwn oedd englyn cryfaf y gystadleuaeth o ran dweud a chynghanedd ond yr oedd ganddo gamddefnydd o'r gair 'oll'.

Eglurodd Dic: 'Ni phetruswn ei wobrwyo oni bai am yr 'oll' yna. Fe'm collfarnwyd innau am yr un gwall yn y gorffennol – mae'n bosib mai dyma pam mae wedi sefyll wrth fy ais gyhyd! Adferf, neu ansoddair weithiau, yw 'oll'; nid yw fyth yn enw'.

Y Prifardd Einion Evans (1926-2009) oedd 'Anti Zerox':

> Er ein dysg a rhin disgiau – anhygoel,
>   a'n gogwydd at ffilmiau,
>   meddalwedd y meddyliau
>   yn swyn y print sy'n parhau.

'Englyn hollol wahanol sydd gan 'Anti Zerox'. Modern ei eirfa a'i drawiadau ac eto'n medru cyfleu fod yr union fodern-eiddwch hwnnw yn israddol i ryw werthoedd mwy parhaol', meddai'r beirniad. Canmolodd yn fawr y drydedd linell; condemniodd y cyrch.

Roedd Dic Jones yn llygad ei le pan ddywedodd ei fod yn amau mai'r un awdur oedd 'Gomer' a 'Sarn Helen'. Roedd y ddau englyn yn debyg o ran cynnwys a bron yr un odlau'n union. 'Nid yw [Gomer] cyn gryfed, lawn, ei fynegiant efallai, eithr nid oes ynddo wendid amlwg chwaith, ac y mae'r modd y mae'n dal y materol a'r ysbrydol yn erbyn ei gilydd, ac eto'n eu cyfuno, yn artistig', sylwodd y beirniad. Dyma'r englyn:

> I'n hil mae'n rhannu'n helaeth – o arian
>   Ac aur hen gynhysgaeth:
>   Egyr ddôr pob gwyddor gaeth
>   I olud byd gwybodaeth.

Ie, Dafydd Wyn Jones, Aberteifi oedd ei awdur. Cyfaddefodd Dafydd Wyn Jones mewn llythyr ataf:

> Haerllugrwydd oedd i mi gystadlu o gwbl … Wedi'r cyfan, cyw-gynganeddwr oeddwn, newydd ddeor o nyth Dosbarth Cynghanedd y diweddar annwyl T. Llew Jones yn Aberteifi 1985-1987. Ond roedd y testun 'Llyfr' yn apelio'n fawr; fel athro Saesneg ym myd llyfrau yr oeddwn wedi ennill fy mara a chaws ac roeddwn yn argyhoeddedig mai'r llyfr oedd

conglfaen diwylliant y Gorllewin ers dyddiau'r Dadeni. Nid oedd y broses o lunio englyn yn dod yn rhwydd imi ac er bod y syniad yr oeddwn am ei gyfleu yn weddol glir yn fy meddwl, chwysfa hir fu'r ymdrech o geisio ei fynegi yn dwt ar ffurf englyn.

Yn y diwedd llwyddais weithio dwy fersiwn oedd i raddau yn mynegi'r un syniad. Aeth y cyntaf i'r gystadleuaeth gyda'r ffugenw *Sarn Helen* ond yn fy anwybodaeth yr oeddwn wedi tramgwyddo yn erbyn rheolau gramadeg yn y paladr ... Roedd y beirniad yn berffaith iawn wrth gollfarnu fy nghamddefnydd o'r gair "oll" ' ... ond nid rhwydd oedd gweld droeon ar hyd y maes yng Nghasnewydd y dyfyniad o waith Islwyn, 'Mae'r oll yn gysygredig'. Yr ail fersiwn, felly, o dan y ffugenw *Gomer* a ganiataodd i mi rannu'r wobr gyda'r diweddar Brifardd Einion Evans.

Prifardd y Gadair yn 1983 felly oedd yr wythfed prifardd i ennill ar yr englyn ar ôl cael ei ddyrchafu'n brifardd. Hwn oedd y tro cyntaf a'r unig dro i Einion Evans ennill ar yr englyn. Roedd Dafydd Wyn Jones yntau yn ennill am y tro cyntaf. Am y tro olaf yn ystod y ganrif rhannwyd y wobr yn gyfartal rhwng dau englynwr.

Eisteddfod Genedlaethol 1989:
Dyffryn Conwy a'r Cyffiniau

Yn yr Eisteddfod hon fe fu bron i Dafydd Wyn Jones ailadrodd camp Eifion Wyn ar ddechrau'r ganrif. Yn 1904 daeth y telynegwr o Borthmadog yn gydfuddugol â Dewi Medi ar yr englyn, 'Dwyreinwynt'. Y flwyddyn ddilynol yn Aberpennar bu i Eifion Wyn ennill ar yr englyn 'Yr Allwedd'. Yng Nghasnewydd, 1988 daeth Dafydd Wyn Jones yn gydfuddugol ag Einion Evans ar yr englyn 'Llyfr'. Nam bach ar ei englyn, 'Cwlwm', a'i cadwodd rhag y wobr gyntaf yn Llanrwst, lle cynhaliwyd Eisteddfod 1989!

'Daeth un englyn allan o'r 86 i'r brig yn syth ond ni allaf ei wobrwyo gan fod nam bach arno. Dyma drasiedi'r gystadleuaeth', eglurodd y Prifardd Emrys Roberts wrth agor ei feirniadaeth. Ef oedd y trydydd Archdderwydd ar ddeg i feirniadu'r englyn yn y Genedlaethol. Dyma'r unig dro i Emrys Deudraeth feirniadu'r englyn ynddi. Er gwaethaf y nam, fe osododd englyn 'Mair', sef Dafydd Wyn Jones yn y dosbarth cyntaf o bymtheg englyn ac ymhlith y saith a ddaeth i'r brig. Dyma'r englyn:

Yn dy greu 'roedd brycheuyn: – ni egyr
    Dy flagur yn flodyn.
Er dy nam, dy fam a fynn
Roi'i hoes i dendio'i rhosyn.

Meddai'r beirniad: 'Dyma'r un y soniais amdano ar ddechrau'r feirniadaeth. Gwnaeth imi orfoleddu ar y darlleniad cyntaf ond "nid egyr" sy'n gywir wrth gwrs. Hen dro!'

Ond diolch i'r drefn englynol roedd tri arall yn haeddu eu hystyried am y wobr gyntaf. Ar ôl hir bendroni uwchben englynion 'Dafydd' ac un 'Papur Bro', penderfynodd Emrys Deudraeth wobrwyo englyn dan y ffugenw *Senex*:

Rhywun i wneud fy nghareia' a geisiaf
    ac, oes, mae'n y Cartra'
hwn ddyn sy'n eu clymu'n dda,
ond pam nad yw Mam yma?

Englyn gafaelgar mewn iaith lafar yn disgrifio plentyn, neu rywun yn ei henaint, yn mynd ati i wisgo'i esgidiau.

T. Arfon Williams, am y trydydd tro, oedd yr enillydd. Daeth yn gydfuddugol ag ef ei hun a Vic John a T. James Jones yn Nyffryn Lliw, 1980. Yn Llanbedr Pont Steffan, 1984 lledodd orwelion yr englyn gyda'i newydd-deb; chwarter canrif a mwy yn ddiweddarach, mae ei englyn 'Llaw' yn dal i gael ei drafod yn frwdfrydig. Ond gyda'i englyn 'Cwlwm' fe darodd dant yng nghalonnau eisteddfoddwyr '... am ei fod mor syml ac eto'n cynnig dyfnder arbennig', meddai Tudur Dylan Jones. 'Mae'n gwbl amlwg fod gan Arfon Williams gwlwm arall yn gefndir i'r gerdd, cwlwm llawer cryfach, cwlwm perthynas y bachgen â'i fam. Dydi'r englyn ddim yn dweud pa gwlwm ydi'r cryfaf'.

Bu Ceri Wyn Jones yn trafod yr englyn hefyd yn y golofn 'Fy Hoff Englyn yn Y Genedlaethol', *Barddas* (Gorffennaf/Awst 2002):

> Ond cymwynas fy nhad [*Mair* yn y gystadleuaeth] oedd caniatáu i englyn syml, ond cyfoethog T. Arfon Williams weld golau dydd. Rwy'n gwybod nad yw'r dull Arfonaidd wrth fodd pawb (e.e. y "Cartra hwn" yn goferu o'r paladr i'r esgyll), ond os bu stori fer mewn englyn erioed, wel dyma hi. Mae'r cwlwm diriaethol yn amlwg yma ar sgidiau'r llefarydd. Ond ymdeimlir hefyd â'r cwlwm trosiadol teuluol sydd wedi ei ddatod – naill ai drwy ymddieithrio, gwrthod, profedigaeth neu ddryswch meddyliol. Boed yr unigolyn mewn cartre' plant neu henoed, wrth geisio rhesymu ei sefyllfa, mae pathos y llinell olaf yn wirioneddol ddirdynnol.

Dewisodd y Prifardd Myrddin ap Dafydd ef hefyd fel ei hoff englyn: 'Cofiaf y trafod ar yr englyn pan gyhoeddwyd o. Cofiaf ei gofio. Yna aeth i rywle nes fy nharo yn fy nhalcen eto wrth ailfodio'r *Cyfansoddiadau*'.

Eisteddfod Genedlaethol 1990: Cwm Rhymni

'Cafwyd cystadleuaeth glòs ar yr englyn, er fy mod innau'n dal i ffafrio gwaith *Brodiwa* ac yn methu'n glir â chanfod cynghanedd yn nhrydedd linell *Sionyn* a ddyfarnwyd yn ail', meddai Llion Elis Jones, Bangor wrth adolygu *Cyfansoddiadau a Beirniadaethau* yr Eisteddfod uchod yn *Barddas*, Medi 1990. Testun yr englyn oedd 'Brawd neu Chwaer'. Enillydd 1989 oedd 'Brodiwa', sef T. Arfon Williams. Dyma'i englyn:

Er in lenwi tapestrïau'n heinioes
  â gwahanol bwythau,
  o raid yr un yw'r edau
  a'r un ydyw'r brethyn brau.

Yn ôl y beirniad, J. Eirian Davies (1918-1998), englyn yn cryfhau wrth fynd rhagddo.

Gwilym Hughes (1932-2011), y Rhiw, Llŷn oedd *Sionyn*. Ysgrifennodd ef lythyr a gyhoeddwyd yn *Barddas*, Medi 1990, yn yr un rhifyn ag y cyhoeddwyd adolygiad Llion Elis Jones ynddo:

> … yng nghystadleuaeth yr Englyn: "Brawd neu Chwaer: yn Eisteddfod Genedlaethol Cwm Rhymni eleni, gwelodd Mr Eirian Davies yn dda i osod englyn a yrrais i'r gystadleuaeth yn ail gyda chryn ganmoliaeth. Dyma'r englyn fel yr anfonais ef i'r gystadleuaeth, gyda'r ffugenw *Sionyn*:

> O greu Adda daeth gwreiddyn – a blagur
>   A ddatblygodd wedyn
>   Ohono yn fachgennyn
>   Â'i bryd o Dduw – Brawd i ddyn.

> Beirniadaeth Mr Davies ydoedd fod y drydedd linell yn gwegian dipyn bach gan y gwelai amwyster yn y gair "ohono". Nid oedd yn rhy siŵr pa un ai at Adda ynteu at "gwreiddyn" y cyfeiriai – yr hyn sy'n eitha' teg er, o gofio'r testun, mae'r llinell yn sadio beth.

> Ond gwarchod pawb nid dyma fy nghwyn. Y drydedd linell fel yr ymddengys ydyw 'Ohono yn flaguryn'. Nid gwegian y mae ond disgyn yn bendramwnwgl! Mae'n debyg na chaf wybod pwy sy'n gyfrifol.

Hwn oedd y tro cyntaf i J. Eirian Davies feirniadu'r englyn er 1967 pryd yr ataliodd y wobr. Derbyniwyd 71 englyn, yr eildro i'r nifer syrthio dan 80 er 1986. Gan fod amryw o gystad-leuwyr yn anfon mwy nag un ymgais i mewn gellir dweud gyda chryn sicrwydd bod nifer yr englynwyr dipyn yn is na hynny. Dosbarthwyd hwy fel a ganlyn: gwallus, gwan, anwastad a'r goreuon.

Englyn 'Bryn Glas' aeth â bryd y beirniad. Meddai: 'Fe'm swynwyd gan hwn … Yn wir, mae rhywbeth annisgwyl ynddo. Mae'n hawdd ei gofio hefyd. Ac y mae'n englyn sy'n tyfu ar ddyn'. Dyma'r englyn buddugol i 'Brawd':

> Er rhannu yr un breiniau yn gynnar,
>> Gwahanwyd ein llwybrau;
>> Ond yng nghilfach yr achau
>> Yr un ffeil a'n deil ein dau.

Yr enillydd oedd R. J. Rowlands, y Bala (1915–2008), un o Feirdd y Tyrpeg, Capel Celyn. Bardd a gafodd flas a llwyddiant ar gystadlu trwy gydol ei fywyd oedd R.J. Yn Eisteddfod Môn, rhwng 1975 a 1997, enillodd ar yr englyn saith o weithiau. Fe'i cyflwynwyd, yn *Llên y Llannau*, ar ôl iddo ennill ar yr englyn yn Llanuwchllyn, 1963 fel hyn: 'R. J. Rowlands, y Bala a brofodd ei hun yn feistr mewn gornestau taleithiol a chenedlaethol yn holl fesurau cerdd dafod. Mab Ifan Gistfaen'. Ddwy flynedd yn ddiweddarach, ar ôl iddo ennill ar soned yn Llandderfel, 1965, nodwyd (unwaith eto yn *Llên y Llannau*): 'Tu ôl i gownter ei siop mae'n well ganddo siarad am delyneg a soned ac ysgrif nag am grys a het. Un o gynheiliaid ffyddlonaf ein Llên'. Cofnodwyd yn *Y Cyfnod*, 1 Awst 2008, mewn teyrnged iddo gan y Parchedig W. J. Edwards, Bow Street: 'Bu R.J. yn *Llên y Llannau* o'r rhifyn cyntaf yn 1958 hyd yr un cyfredol a hynny bron yn flynyddol – y fath gynhaeaf!'

'Cafwyd 83 o englynion i'w hystyried ond llai na hynny yw nifer yr englynwyr, a llai fyth bid siŵr, yw nifer y beirdd', sylwodd y beirniad T. Arfon Williams a feirniadai'r gystadleuaeth am yr eilwaith. Testun yr englyn oedd 'Cyffur', testun a osodwyd o'r blaen yn y Genedlaethol, sef yn Nyffryn Clwyd, 1973. Bryd hynny, derbyniwyd 116 o englynion a'r enillydd oedd y Parchedig O. M. Lloyd, Dolgellau. 'Cyffur' yw'r unig destun i gael ei osod ddwywaith yn ystod yr ugeinfed ganrif.

Allan o'r 83 englyn cafwyd rhyw ddeg ar hugain o rai didramgwydd. Gosododd bedwar englyn ar y brig. Yr oedd Dafydd Wyn Jones, Aberteifi yn awdur tri ohonynt. Ef oedd 'Ynys Las' a 'Chiasmus'. Dyma ei englyn dan y ffugenw 'Ynys Las':

> Difodiant yw'n dyfodol: am hynny
> Mynnais ffordd ddihangol
> I oddef yr annioddefol
> A ffoi o'r gyfundrefn ffôl.

Meddai T. Arfon Williams: 'Mae yn hwn i mi ryw rym arswydus, o wrtheb brawychus y llinell gyntaf heibio i wrtheb y drydedd nes cyrraedd uchafbwynt (neu isafbwynt) y llinell glo. Gall y Draws Fantach yno ymddangos yn rhwydd, ffwrdd-â-hi, ond mae'n gwbl briodol yn ei lle ac afraid dweud, efallai, ei bod yn adleisio soned Parry-Williams'.

Wedyn 'Chiasmus':

> I'r claf rhoddodd fodd i fyw; i'r blysiwr
> Ei bleser a'i ddistryw;
> Ag efr ac ŷd yn gyfryw
> A yw'n ddiawl neu ynteu'n dduw?

'Hwn, o'r holl englynion ar yr un trywydd, sy'n crisialu orau ddeuoliaeth cyffur,' meddai'r beirniad.

Dafydd Wyn Jones oedd awdur englyn gorau'r gystadleuaeth:

I geisio rhith o gysur, o'i edau
    plethu rhwydwe ddifyr
a wnaethost, heb weld gwneuthur
dolenni'r cadwyni dur.

Dyma sylwadau T. Arfon Williams ar yr englyn buddugol:

Mae blynyddoedd er pan welais blentyn yn plethu edau rhwng ei ddwylo gan wneud 'giât' neu 'ysgol' ohoni ond arferai fod yn chwarae cyffredin ddigon. Modd i blentyn ar ei ben ei hun ddifyrru'r amser ydoedd ond gallai arddangos ei glyfrwch ym mysg ei gyfoedion os dewisai, a gallai roi'r gorau i'r chwarae pan ddygai rhyw chwiw arall ei fryd. Gweledigaeth *Eric* a droes y difyrrwch diniwed hwn yn ddarlun o ddyn yn chwarae â chyffur er mwyn pleser. Mae'r gwahaniaeth rhwng ffurf bersonol y ferf 'gwnaethost' a'r berfenw syml 'gwneuthur' yn pwysleisio mai yn ddiarwybod iddo y try'r edau yn ddur, y rhwydwe yn gadwyn, y chwarae yn chwerw.

Roeddwn ar ben fy nigon pan ddarllenais hanes gweithio'r englyn gan ei awdur. Derbyniais lythyr gwerth ei gael oddi wrtho. Ar ôl dweud hanes englyn 'Cwlwm', 1989 ac egluro bod T. Arfon Williams yn enillydd teilwng bwriodd iddi:

Ond ym Mro Delyn T. Arfon oedd yn beirniadu. Felly roedd yna rywfaint o obaith i ninnau'r meidrolion! Bûm wrthi'n ddyfal dros fisoedd y gaeaf yn myfyrio uwchben y testun "Cyffur" ac erbyn mis Mawrth roedd gennyf ddau englyn yn barod i'w hanfon i'r gystadleuaeth o dan ffugenwau *Ynys Las* a *Chiasmus*.

Wrth wylio newyddion Saesneg y BBC amser cinio ar Fawrth 30ain, sef y diwrnod cyn y byddai'n rhaid i mi bostio fy nghynigion i Swyddfa'r Eisteddfod, dyma glywed y sylwebydd wrth drafod problem cyffuriau yn sôn am ddefnyddwyr 'being drawn into the silken cocoon of drugs, which will inevitably change into a coil of barbed wire'. Fe'm taniwyd â'r syniad. Dyma chwilio yn frysiog am feiro, a nodi ar unwaith y llinell 'dolenni'r cadwyni dur' ac mewn dim o amser roedd yr englyn cyfan wedi dod. Dw i ddim yn credu mai ymweliad annisgwyl gan yr Awen oedd hyn; wedi'r cyfan roeddwn wedi bod yn myfyrio ar y testun ers misoedd; yr eitem ar y newyddion oedd y digwyddiad a sbardunodd y broses greadigol ac englyn buddugol *Eric*.

Eisteddfod Genedlaethol 1992:
Ceredigion, Aberystwyth

Y Prifardd Alan Llwyd, yr enillydd yn Wrecsam, 1977, a feirniadai'r englyn, am y tro cyntaf, yn yr Eisteddfod hon. Derbyniwyd 64 englyn ac un englyn penfyr ar y testun 'Gwastraff'. Y tro cyntaf i'r nifer ddisgyn dan 70 ers Aberystwyth yn 1916 pryd yr enillodd Eifion Wyn ar y testun 'Y Pren Criafol'. Darllenodd John Morris-Jones 65 englyn y flwyddyn honno. Pedwar englyn a osododd Alan Llwyd yn y dosbarth cyntaf. Un o'r rheiny oedd englyn 'Y Peiriant':

Rhedwn y generadur ac iro
    pob gêr yn ddidostur,
  yna deil y llafnau dur
  i dorri popi papur.

Y peiriant rhyfel yn lladd ac ar yr un pryd peiriant y sefydliad yn paraoi i goffáu'r milwyr marw yn seremonïol. T. Arfon Williams, Caeathro erbyn hynny, oedd ei awdur.

Englyn arall gan T. Arfon Williams a enillodd y gystadleu-aeth, englyn dan y ffugenw 'Bwyd Brain', a'r geiriau hynny yn ein cysylltu â chyntefigrwydd dyn ac â maes brwydr. Englyn rhagorol yn condemnio rhyfel ac yn dangos yn glir fod ysbryd rhyfel yn dal yn elfen gref yn y ddynoliaeth. Nid ydym wedi cefnu yr un fodfedd ar Gatráeth:

Mae'r ifainc mawr eu hafiaith aeth Gatráeth
un tro yn llawn gobaith?
Meirwon ŷnt ac mae'r un waith
yn drychineb drichanwaith.

Roedd T. Arfon Williams yn ennill am y pedwerydd tro; daeth yn gydfuddugol ag ef ei hun, a Vic John a T. James Jones yn Nyffryn Lliw, 1980; 'Y Llaw' yn Llanbedr Pont Steffan a 'Cwlwm' yn 1989.

Y Prifardd Dic Jones, a adolygodd *Cyfansoddiadau a Beirniadaethau* 1992 yn *Barddas*, Medi 1992. Cyplysodd yr adolygiad ag adroddiad am gyfarfod trafod yng Ngwesty'r Emlyn, Tan-y-groes, Ceredigion:

> Daethpwyd at yr Englyn, a digon o glwyfedigion y frwydr yn bresennol i roi min ar y drafodaeth. Anghytundeb iach. Y mwyafrif, mae'n rhaid dweud, yn drwm o blaid englyn (gorau) Arfon, yn enwedig yr esgyll. Ond codwyd mater go bwysig ynglŷn â'r gynghanedd Sain bengoll (os oes y fath beth) yn y cyrch a'r ail linell. Sain Alun y gelwid hi yn y parthau hyn, gan mai Alun y Cilie oedd y cyntaf (gredem ni) i'w harfer. Ond mae'n debyg i W. D. Williams, beth bynnag, ddefnyddio'r un gynghanedd. Mae'n bosib ein bod ni yma, gan gymaint ein hedmygedd o'r hen feistr, wedi bod efallai'n or-barod i'w chyfreithloni. Beth bynnag, codwyd y ddadl ddiddorol bod defnyddio'r gynghanedd hon yn ychwanegu curiad at fesur yr englyn, ac felly'n ei newid yn ei hanfod. Os deallais i'n iawn, fel hyn yr âi hi. Os yw dau gymal odledig y gynghanedd Sain yn cael eu defnyddio yn y cyrch, fel y gwneir gan Arfon (aeth, Gatráeth), yna y mae'n rhaid, cyn y medr y ddwy odl fod yn glywadwy, i'r ddau air gael eu hacennu, sy'n ychwanegu curiad lle na ddylai un fod. Ar y llaw arall, onid acennir y ddau air nid cynghanedd Sain mohoni.

Dewiswyd 'Gwastraff' gan Ifor Baines, Huw Meirion Edwards a Dafydd John Pritchard fel eu hoff englyn yn y Genedlaethol. Dyma a ddywedodd Ifor Baines: 'Llwyddwyd i gyfleu darlun o wastraff rhyfel drwy'r oesoedd, o frwydr Catráeth hyd heddiw.

Mae tinc yr hen farddoniaeth yma, gyda'r cyrch yn adleisio Canu Aneirin, "y gwŷr a aeth Gatráeth". Mae'r llinell glo yn afaelgar iawn.'

Meddai Huw Meirion Edwards: 'Fel cymaint o'r englynion gorau, mae un darlleniad yn ddigon i'w serio ar y cof ... Perthyn grym anghyffredin i'r llinell glo. Mae hi fel petai hi wedi bod erioed ac eto'n loyw o newydd, a'r gynghanedd a'r meddwl yn un ...'. Roedd Dafydd John Pritchard yntau yr un mor ganmoliaethus: 'Llwyddodd yn yr englyn hwn i droi rhywbeth sy'n golygu cymaint i ni'r Cymry (y rhai a wŷr am yr hanes) yn neges gyffredinol wrthryfel, ac unwaith eto ddefnyddio ieithwedd sy'n gwbl addas ar gyfer llunio'r englyn arbennig hwn. Ac mae'r "un waith" yn iasol'.

Ers diwedd yr Ail Ryfel Byd daeth nifer o feirdd yn ail iddyn nhw eu hunain: Dewi Emrys (1947); T. Llew Jones (1950); Alan Llwyd (1977); Elias Davies (1983); Dafydd Wyn Jones (1991) ac ailadroddwyd y gamp gan T. Arfon Williams yn Aberystwyth.

Eisteddfod Genedlaethol 1993:
De Powys: Llanelwedd

Am y tro cyntaf yn ei hanes cynhaliwyd Eisteddfod 1993 yn yr hen Sir Faesyfed, ar safle'r Sioe Amaethyddol yn Llanelwedd. Hwn oedd ail ymweliad yr Eisteddfod â'r Bowys newydd; ymwelodd â Bro Ddyfi yn 1981. Ar ôl cyfnod o 29 Eisteddfod ni chynhaliwyd cystadleuaeth englyn ffraeth, digri, ysgafn na chrafog. Yn Llanelwedd gosodwyd cystadleuaeth newydd sbon, sef 8 englyn serch. Ffaith arall am yr Eisteddfod hon yw fod y Babell Lên, am yr eildro yn chwarter olaf y ganrif, wedi cael ei chynnal mewn adeilad sefydlog.

O gofio mai ar faes y Sioe Amaethyddol y cynhelid yr Eisteddfod, addas iawn oedd testun yr englyn, 'Egin'. Y Parchedig

D. Gwyn Evans, Aberystwyth oedd y beirniad, ef wrthi am y trydydd tro a'r tro olaf. Am yr ail flwyddyn yn olynol derbyniwyd 64 englyn. Sylwadau cyffredinol y beirniad ar y gystadleuaeth oedd:

> Daeth chwe deg pedwar o gynigion i law, ac ambell un wedi credu bod mwy o siawns i ddod i'r brig drwy anfon tri neu bedwar englyn braidd yn debyg i'w gilydd yn hytrach na chanolbwyntio ar un ymgais dda. Yn ôl Elfed, prif fai llawer o englynion eisteddfodol yw ymgais i ddihysbyddu'r testun. Rhaid cofio, hefyd, eiriau awdurdodol R. Williams Parry, 'nid englyn ond a gofier'.

> Mewn cystadleuaeth fel hon, mae beirniad bob amser yn ofni na ddaw o hyd i englynion a haedda gyrraedd y brig, neu'n waeth, na ddaw o hyd i rai a haedda'u cydnabod yn englyn-ion y flwyddyn. Pleser yw cael dweud bod y rhan fwyaf o'r englynion a dderbyniwyd yn ddi-fai o ran cynghanedd a gramadeg er bod y gynghanedd wedi bod yn ormod o feistres ar rai ohonynt.

T. Arfon Williams, Caeathro oedd awdur tri o'r pum englyn a ddewisiwyd i'r dosbarth cyntaf:

> O ganfod trafferth y perthi yn gaeth
> I gyd, heb ryfelgri
> Yn fyddin werdd fe ddown ni
> A'r heulwen i reoli.

Yn ôl y beirniad, yn yr englyn cwbl destunol hwn mae'r egin yn eu cyflwyno eu hun fel 'byddin werdd' ddiryfel.

Yn yr englyn dan y ffugenw 'Degas' mae'r bardd yn sôn am yr Artist dwyfol sy'n addurno'r wlad heb ffws na ffwdan:

> Daw atom Artist eto eleni,
> Un na chlywn yn taro
> Ei frws ar gynfas y fro,
> Taweled Ei bwyntilio.

Ond yr englyn a aeth â bryd D. Gwyn Evans o'r darlleniad cyntaf oedd englyn Arfon dan y ffugenw 'Gwent'. Englyn gorffenedig, caboledig yn portreadu hanes yr egino newydd yng Nghymru a'i hiaith:

Os daeth rhyw Sais a cheisio ei orau,
    ni phery'i darmacio
ef ar y dreif fawr o dro;
mae'r Gymraeg am ei rwygo.

Canmolodd D. Gwyn Evans y llinell glo – 'llinell o gynghanedd gref a rhagorol' wrth ddyfarnu'r wobr i T. Arfon Williams.

I Iwan Bryn Williams, y Bala, mae'r englyn hwn yn awgrymu 'y bydd yr iaith yn blodeuo eto er gwaethaf y mewnlifiad. Mae'n englyn sydd yn ein herio i gredu felly ac i weithio tuag at hynny'. Fel yr englynwr o'r Bala, dewisiodd John Glyn Jones, Dinbych yr englyn hwn fel ei hoff englyn yn y Genedlaethol (*Barddas*, Rhif 268). Meddai: 'Mae'r ddelwedd yn fendigedig ac yn disgrifio i'r dim sut y mae'r Gymraeg yn goroesi er gwaethaf pob anhawster. Rhoddwyd haen drwchus o darmac drosti ar ffurf y "Welsh Not" ganrif a mwy yn ôl a sawl haen arall yn rheolaidd ers hynny. Mygwyd yr egin am flynyddoedd ond yr oedd bywyd dan yr wyneb ac yn raddol daeth eginyn neu ddau i'r golwg'.

Wrth ennill am yr ail flwyddyn yn olynol ymunodd T. Arfon Williams â phedwar englynwr arall a gyflawnodd yr un gamp, sef Gwydderig 1904, 1905; Eifion Wyn 1923, 1924; George Rees 1925, 1926 a Gerallt Lloyd Owen 1974 a 1975. 'Gwin wrth fy mhenelin i' y dyddiau hyn yw *Caneuon Ffydd* am fod emynau gan dri o'r uchod yn y gyfrol: Gwydderig; Eifion Wyn a George Rees. Mae gan T. Arfon Williams un emyn ynddi. Yr englynwyr buddugol eraill sydd yn emynwyr yw: Dyfed, Dewi Medi, Tomi Evans, Dafydd Wyn Jones, J. T. Jones, Roger Jones; O. M. Lloyd, William Morris, Wil Ifan, E. Llwyd Williams a W. D. Williams.

Eisteddfod Genedlaethol 1994:
Nedd a'r Cyffiniau

Brawddeg agoriadol beirniadaeth y Prifardd Elwyn Edwards ar gystadleuaeth yr englyn, 'Cyfrifiadur', oedd: 'Cafwyd 44 ymgais eleni ac fel arfer anfonwyd mwy nag un ymgais gan rai o'r cystadleuwyr. Mae'n bosibl nad oedd y testun yn apelio rhyw lawer at drwch yr englynwyr y tro hwn gan fod nifer y cystadleuwyr yn dipyn llai nag arfer a chanodd y mwyafrif yn uniongyrchol i'r gwrthrych'.

Testun newydd a gafwyd, ac am y tro cyntaf yn hanes cystadleuaeth yr englyn yn y Genedlaethol derbyniwyd llai na hanner can englyn. Beth petai'r testun yn agored? A fuasai record Caerffili wedi bod mewn perygl? Ynteu a oedd llai o ddiddordeb mewn cystadlu ar yr englyn yn y Genedlaethol erbyn diwedd y ganrif? Ac a sôn am adael testun cystadleuaeth yn agored, y tro diwethaf y gwnaethpwyd hynny yn hanes yr awdl oedd yn Sir Fôn, 1957 ac fe dderbyniwyd 31 o awdlau.

Allan o'r 44, roedd 8 englyn gwallus. Gosododd y beirniad, a feirniadai am y tro cyntaf yn y Genedlaethol, saith englyn yn y dosbarth cyntaf. 'Er cydnabod cryfderau'r chwe ymgeisydd arall, ac wedi myfyrio llawer ar y saith sydd yn y dosbarth cyntaf, rwy'n mynnu mynd yn ôl at hwn o hyd', meddai am englyn 'Mwynwyn Penrhiwmenyn'. Ychwanegodd: 'Yn hwn rydw i'n cael y mwyaf ohono; mae ynddo ryw ias ac angerdd nad yw i'w gael yn y gweddill. Felly rhodder y wobr i 'Mwynwyn Penrhiwmenyn'':

> Nid chwarae gyda graean – na chwarae
> â cherrig mae'r bychan;
> ar ôl eu hel hwy ar lan
> y môr mae'n cofio'r cyfan.

Y plentyn yw'r cyfrifiadur yn yr englyn. 'Ynddo, mae plant yn cofio am ddigwyddiadau hollol ddibwys i ni oedolion a dwyn hynny i gof ymhen blynyddoedd wedyn', eglurodd y beirniad. 'Beth bynnag a fwydir i'r cyfrifiadur y mae'r wybodaeth yn ei gof am byth hyd nes y caiff ei ddileu. Rydym yn bwydo plant â gwybodaeth ac mae'n aros gyda hwy. Mae'n englyn awgrymog a chyhyrog; englyn telynegol, ond mae rhyw arswyd yn ogystal â hyfrydwch ynddo. Dyma blentyn newydd y ddynoliaeth, creadigaeth y technegydd a'r gwyddonydd'.

Ymhen rhyw fis ar ôl y Genedlaethol fe drafodwyd yr englyn buddugol gan Gymdeithas Ceredigion. Adroddodd Jon Meirion Jones am y cyfarfod yn *Barddas*, Medi/Hydref 1994:

Gosodwyd y cefndir i'r ddelwedd yn yr englyn gan y gwydd-onydd Dr. Evan James – sef ebychiad Syr Isaac Newton mai plentyn ydoedd ar lan y môr yn ei awydd am ddysgeidiaeth a darganfyddiadau. Cafwyd trafodaeth frwd er cydnabod bod yr englyn yn awgrymog a thelynegol. Gofynnwyd a yw'r drydedd linell yn bendrwm? A yw'r gair 'hwy' yn ennill ei le? Nid oedd pawb yn hapus ar doriad lan/y môr – onid cyfanwaith yw englyn, ac nid llinellau, gofynnai un arall. Bu'r ffugenw yn goglais rhai hefyd.

Nodwedd arbennig yr englyn yn ôl y Prifardd Dafydd John Pritchard, wrth ei drafod yn rhifyn 268 *Barddas*, yw'r ffordd wreiddiol y daeth y bardd at ei destun: 'Tydw i ddim yn siŵr mai mesur yr englyn yw'r llestr gorau i gario 'neges' (beth bynnag yw peth felly), ond mae'n wych ar gyfer creu darlun a chyfleu naws, a dyna sut yr ydw i'n ymateb i'r englyn hwn'.

Awdur yr englyn oedd T. Arfon Williams, ef yn ailadrodd camp Eifion Wyn ar ddechrau'r ganrif. Naw deg mlynedd union ar ôl i Eifion Wyn ennill am y tro cyntaf ar yr englyn a'r cyntaf o dri thro olynol roedd T. Arfon Williams yntau yn ennill am y trydydd tro yn olynol. Bu Eifion Wyn yn gystadleuydd eisteddfodol am nifer mawr o flynyddoedd; bu'n cystadlu ar yr englyn yn y Genedlaethol o 1904 hyd 1926, gan ddod yn gydfuddugol ar yr englyn yn y Genedlaethol 3 gwaith

– 1904, 1923 a 1926. (Er i Elfed farnu o blaid William Morris yn 1923 ni weithredwyd ar y penderfyniad.) Bu iddo hefyd ennill y gystadleuaeth bum gwaith: 1904, 1906, 1908, 1916 a 1924.

Dim ond am chwarter canrif olaf ei oes y bu T. Arfon Williams yn englyna. Enillodd ei wobr gyntaf yn 1974 yn Llangwm. Bu'n gydfuddugol unwaith yn y Genedlaethol, 1980, ac enillodd 5 gwaith ar yr englyn: 1984, 1989, 1992, 1993 a 1994. Beirniadodd 3 gwaith – 1982, 1991 a 1997. Dywedwyd yn Nhan-y-groes yn 1994 fod T. Arfon Williams wedi ei brofi ei hun yn brif englynwr Cymru.

Eisteddfod Genedlaethol 1995: Bro Colwyn

Am y tro cyntaf ers y Drenewydd, 1965 defnyddiwyd y term Englyn Unodl Union i ddisgrifio'r gystadleuaeth. Fe'i defnydd-iwyd yn rheolaidd o 1952 (Aberystwyth) tan 1963 (Llandudno) ac fe'i hatgyfodwyd yn y Drenewydd. Yn ogystal â hyn caf-wyd cystadleuaeth Englyn Crafog am y tro cyntaf ers Eisteddfod Genedlaethol yr Wyddgrug, 1991.

Testun yr englyn unodl union ym Mro Colwyn oedd 'Englyn Cydymdeimlad'. Y beirniad oedd Medwyn Jones (1920-1998), brodor o Lawrybetws a oedd yn byw yn y Rhyl ar y pryd. Cyhoeddodd gyfrol yng nghyfres *Beirdd Bro* yn 1977. Derbyniwyd 57 englyn ac meddai'r beirniad ar ddechrau ei feirniadaeth: 'Credaf ei bod yn fwy o gamp gweithio englyn cydymdeimlad pen-agored nag i brofedigaeth arbennig'. Mae dwy frawddeg olaf paragraff cyntaf ei feirniadaeth yn dwyn i gof sylwadau Gwenallt yn 1950 a Dic Jones yn 1983 wrth agor eu beirniadaeth ysgrifenedig. Meddai Medwyn Jones: 'Cyflwynwyd llawer o'r cynhyrchion ar ryw bwt o bapur; nid yw hyn yn dderbyniol – dylai pob cyfansoddiad ddod yn ei 'siwt orau' i gystadleuaeth fel hon. Caed amryw hefyd mewn llawysgrifen a oedd yn anodd ei darllen, ac un a fuasai'n uwch yn y gystadleuaeth pe bawn yn hollol siŵr o ddarlleniad y llinell olaf'. Ffugenw'r englynwr hwnnw oedd 'Dwyryd'.

Aeth 10 i'r trydydd dosbarth; 16 i'r ail ddosbarth a'r gweddill, 31 englyn, i'r dosbarth cyntaf. Ni fu erioed gymaint o englynion yn y dosbarth cyntaf! Record yn wir! Ond nid dyna'r unig record a greodd Medwyn Jones. Rhannodd y wobr rhwng pum englynwr! Fe dorrwyd record Dyffryn Lliw, 1980 pryd y dyfarnwyd pedwar englyn (ond tri englynwr) yn gydfuddugol. Brawddeg olaf y feirniadaeth yw: 'Dyfarnaf £45.00 i 'Sianw', a rhodder £7.50 yr un i 'Siôn', 'Rhys', 'Afallon' ac 'O waelod calon'.'

Dyma englyn 'Sianw' fel yr ymddengys yn y *Cyfansoddiadau*:

> Pan fo'th galon yn cronni, a hiraeth
> Yn awr y llanw'n torri,
> Dy ddeigryn yw neigryn i,
> Fel y môr yn corddi.

Sylw Medwyn Jones ar yr englyn hwn oedd: 'Er gwaethaf y diffyg atalnodau yn y fersiwn a ddaeth i law, englyn 'Sianw' a gyffyrddodd fy nghalon i, ond mae'n rhaid cosbi peth arni am ddiofalwch'. Cywiriwyd ail linell yr englyn yn *Barddas* Hydref 1995 gan y bardd i 'Fel y môr yn corddi'.

Nid oedd gan y beirniad unrhyw sylw ar y pedwar englyn a ddaeth yn gydradd ail. Dyma englyn 'Siôn', sef R. J. Rowlands, y Bala, enillydd 1990:

> Er i nos ein harneisio â'i hiraeth,
> A'r mud oriau'n llusgo,
> Daw'r heulwen wedi'r wylo
> Â nerth cudd i wyrth y co'.

Dr. Iwan Bryn Williams, y Bala oedd 'Rhys'. Aeth ef ymlaen i ennill yn 2001 a 2006.

Rhannu heulwen llawenydd – a rhannu
   Cyfrinach wnaem beunydd,
Heddiw'n nannedd diwedd dydd
Rhannu galar ein gilydd.

Ffugenw Iwan Bryn James, Aberystwyth oedd 'O waelod calon' ac aeth ef hefyd yn ei flaen i ennill yn 2000:

Am un annwyl cyd-wylwn, – yn oriau
   Eich hiraeth, galarwn;
Yn eich poen, o dan eich pwn, ·
Â gweddi fe'ch ysgwyddwn.

Englynwr buddugol 1985 a 1987 oedd 'Afallon', sef Edward Jones, Benllech, Ynys Môn:

Yn ingoedd argyfyngau – oer gardod
   Ar gerdyn yw'n geiriau,
Ond rhennir baich rhwng breichiau
Pan gyffyrddo dwylo dau.

R. O. Williams, y Bala, a enillodd ym Mro Colwyn, y degfed darpar brifardd i ennill y wobr. Meddai am englyn Bro Colwyn mewn llythyr ataf:

Daeth yr englyn hwn yn anarferol o sydyn i mi. Os cofiaf yn iawn, rhyw feddwl a wnes am hiraeth a daeth hiraeth yn y môr i'r meddwl. O hynny daeth 'tonnau' a 'llanw' a datblygodd yr englyn ar ddelweddau o'r môr. Yr oedd wedi ei orffen mewn un noson. Bu llawer o fanylu rhag ofn beiau wedyn … Digwyddodd dau beth od iawn. Yn gyntaf, cam-ddyfynnwyd yr englyn yn llwyr yn y *Cyfansoddiadau*. Ni wn sut y gallai neb ei roi'n fuddugol fel y mae yn y gyfrol. Eto mae'r beirniad yn sôn am ddiffyg atalnodi. Yn ail, yr oedd 5 yn cael eu gwobrwyo a phob un ohonom yn meddwl ein bod wedi ennill. Sibrydodd un yn fy nghlust ei fod wedi ennill ar yr englyn. Bron i mi gael sioc farwol! Llwyddais i gau fy ngheg. Roedd 4 englynwr dig iawn yn eistedd ar y llwyfan!

Yng nghyfrol *Cyfansoddiadau* Bro Dinefwr, 1996 cyhoeddwyd englyn buddugol 1995 yn gywir ar dudalen 174:

> Pan fo'th galon yn cronni, a hiraeth
>   Fel y môr yn corddi,
>   Yn awr y llanw'n torri,
>   Dy ddeigryn yw neigryn i.

O ganlyniad i'r gystadleuaeth hon ym Mro Colwyn bu cryn drafod ar yr arferiad o rannu gwobrau. Arweiniodd hyn ymhen amser at y rheol sy'n gwahardd beirniaid rhag rhannu'r wobr.

Eisteddfod Genedlaethol 1996: Bro Dinefwr

Am y tro cyntaf yn ei hanes cynhaliwyd yr Eisteddfod yn Llandeilo, Dyffryn Tywi a hon oedd y Genedlaethol olaf i'w chynnal ar dir y Ddyfed weinyddol a grewyd yn 1974. Testun yr englyn oedd 'Cildwrn' a'r beirniad oedd Dafydd Wyn Jones (Dafydd Wyn, Bro Ddyfi). Am y tro cyntaf yn hanes yr englyn derbyniwyd llai na deugain o gynigion. Fel ym Mro Colwyn yn 1995, cadwyd at y term unodl union, y tro olaf iddo gael ei ddefnyddio. 'Gan fod, o bosibl, fwy o ddiddordeb yn y gynghanedd heddiw nag erioed, a mwy hefyd o englynwyr, mae'n anodd esbonio paham fod nifer y cystadleuwyr yn lleihau o flwyddyn i flwyddyn. 34 o englynion a dderbyniwyd,' meddai'r beirniad. Eglurodd ei ddisgwyliadau: 'Teimlaf y dylai englyn llwyddiannus ddweud rhywbeth gwerth ei gofio mewn modd sy'n gofiadwy. Mae cywirdeb, wrth gwrs, yn hanfodol'.

Cafwyd pum englyn gwallus; deg englyn yn brin o ias a myfyrdod, dwsin o englynion cymeradwy a saith englyn yn y dosbarth cyntaf. Ymysg englynion yr ail ddosbarth cafwyd englyn a ddisgrifwyd fel 'yr unig englyn ysgafn yn y gystadleuaeth'. 'Diolch' oedd y ffugenw:

Rhyw weddill bach a roddwyd, – er ei fod
  Ar fwrdd yn fy mreuddwyd,
  I gofio'r wên a gafwyd
  Gan un bert yn gweini bwyd.

Yr englyn cyntaf a drafodwyd yn y dosbarth cyntaf oedd un gan 'Pentymor':

  Du a gwyn oedd cyfnod gweini, – yn gur
    Ond a gwerth i'w dlodi
    A'r geiniog ffair gyflogi
    Yn aur yn ein dwylo ni.

'Mae a wnelo fy oed, hwyrach, ag apêl yr englyn hwn. Hollti blew f'ai dadlau ai cildwrn oedd yr ernes gynt', eglurodd y beirniad. Hoffais yr englyn hwn. Gwas ffarm oedd fy nhaid Hugh Hughes (1875-1960). Bu ei frodyr hefyd yn 'gweini ffarmwrs' am gyfnodau. Eu cefndir hwy sydd i'r faled 'Pentymor' gan Percy Hughes (1898-1962) a genir gan Barti Cut Lloi.

Yn rhyfedd iawn, yn ôl y beirniad, dim ond saith a ganodd i gildwrn Jiwdas, ac roedd tri ohonynt ar y brig. Wedi hir bendroni yn eu cylch barnodd Dafydd Wyn Jones mai englyn 'Y Gwalch Bach' oedd yn haeddu'r wobr gyntaf:

  O'i groes unig rhoes inni – ei fara
    A'i ddiferion cochli'n
    Sagrafen ond eleni
    Drain ei ing yw'n cildwrn ni.

Seriodd y llinell olaf ei hun ar gof Dafydd Wyn Jones cyn gynted ag y darllenodd yr englyn. Mae Cildwrn Jiwdas yn y cefndir, a'n cildwrn ni yn yr esgyll mor grintachlyd wrth ochr y rhoddi mawr yn y paladr. Mae 'eleni' yn arwyddocaol am ei fod yn wir, ysywaeth, ym mhob eleni. Mae 'drain' hefyd yn gyforiog o ystyr.

Y Prifardd Donald Evans a adolygodd gynnyrch barddol Bro Dinefwr yn *Barddas*, Medi/Hydref 1996. Canmolwyd yr englyn ganddo am iddo fynegi yn grefftus haelioni eithaf y Crist Croeshoeliedig a'r llinell glo yn rhoddi min ychwanegol ar eironi ein hymateb ninnau. Ar ddechrau 2008, wrth drafod 'Traddodiad a Chyfoesedd 1950–1999' yn *Barddas*, Rhif 297, cyfeiriodd Donald Evans at yr englyn uchod unwaith yn rhagor: 'Dehongliad mawr o'r testun yn trosglwyddo'r hen genadwri gyda defosiwn dirdynnol o newydd, englyn grymusaf ei gyfnod siŵr o fod'.

Yr enillydd ym Mro Dinefwr oedd R. O. Williams, y Bala. Wrth fwrw golwg yn ôl ar yr eisteddfod hon, dyma a ddywedodd mewn llythyr ataf:

> Nid wyf yn cofio gwneud yr englyn yma cystal … Wedi cael gafael ar y syniad o gysylltu Cildwrn gyda Christ a'r Groes roeddwn yn gwybod fod gennyf syniad a allai wneud englyn da iawn. Ond bu llawer o chwysu cyn cael y syniad yn englyn effeithiol. Pan ddaeth y fersiwn terfynol cefais rhyw deimlad o foddhad a oedd yn anghyffredin i mi. Gwyddwn ei fod yn englyn da a gyrrais ef i mewn yn obeithiol.

Mae tair ffaith ddiddorol ynglŷn â'r fuddugoliaeth hon. Wrth ennill am yr ail flwyddyn yn olynol ymunodd R. O. Williams â'r dosbarth o englynwyr a wnaeth y gamp yn ystod y ganrif, sef Gwydderig, Eifion Wyn, George Rees a Gerallt Lloyd Owen. Gadawodd T. Arfon Williams y dosbarth yn 1994! Ymunodd hefyd â'r 'Dosbarth Rhagorol' trwy ennill ar yr englyn a chael ei gadeirio yn yr un Eisteddfod. Felly dilynodd Gerallt Lloyd Owen i'r dosbarth hwnnw. Cyflawnodd Gerallt y gamp yn 1975.

Ym Mro Colwyn y flwyddyn flaenorol camargraffwyd yr englyn buddugol yn y *Cyfansoddiadau*. Ailgyhoeddwyd yr englyn yng nghyfrol 1996. R. O. Williams, felly, yw'r unig englynwr i gael dau englyn buddugol olynol yn yr un gyfrol *Cyfansoddiadau*!

Eisteddfod Genedlaethol 1997:
Meirion a'r Cyffiniau

Ar drothwy'r ugeinfed ganrif fe gynhaliwyd y Genedlaethol am y tro cyntaf yn Sir Feirionnydd; yn 1898 fe'i cynhaliwyd hi ym Mlaenau Ffestiniog. Fe'i cynhaliwyd ym Meirion am y tro cyntaf yn yr ugeinfed ganrif yng Nghorwen yn 1919; ymhen deng mlynedd ar hugain fe'i cynhaliwyd yn Nolgellau a'r trydydd tro, yn y Bala yn 1967. Ar drothwy'r unfed ganrif ar hugain fe'i cynhaliwyd hi am y pedwerydd tro ym Meirion ac am yr eilwaith yn y Bala. Pum gwaith mewn can mlynedd y bu ym Meirion. Ymhob Eisteddfod cynhaliwyd cystadleuaeth englyn, ac yn y pum Eisteddfod gofynnwyd yn syml am englyn. Yn 1997 dychwelwyd at y term Englyn ar ôl i'r ddwy Eisteddfod flaenorol ofyn am Englyn Unodl Union.

Ym Mlaenau Ffestiniog derbyniwyd 121 englyn; Corwen, 237; Dolgellau 218; y Bala, 209 ac yn 1997, 60. Wrth agor ei feirniadaeth ar yr englyn, 'Geiriadur', dywedodd T. Arfon Williams: 'Fe ddaeth trigain cynnig i law, y nifer mwyaf er Aberystwyth [64] a Llanelwedd [64] ond rhaid dwyn i gof y ddau gant a naw a gafwyd pan oedd y Brifwyl ym Mhenllyn y tro diwethaf a holi pam yr edwi hwn'. Hwn oedd y trydydd tro, a'r olaf, i T. Arfon Williams feirniadu'r englyn yn y Genedlaethol.

Mae brawddeg gyntaf ail baragraff ei feirniadaeth yn dwyn i gof frawddeg o feirniadaeth Berw yn 1898! Meddai T. Arfon Williams: 'Rhaid bwrw gwaith *Trist a Distaw* o'r gystadleuaeth ar unwaith gan mai addasiad ydyw o englyn yn coffáu'r diweddar Bedwyr Lewis Jones, englyn a gyhoeddwyd eisoes'. Roedd Berw yn fwy diflewyn-ar-dafod: 'Anfonodd un dihiryn haerllug englyn o waith y diweddar Tudno i mewn – yr englyn adnabyddus sydd yn dechrau â'r llinell "Rhyw hen udgorn yw Adgof"'.

Fel arfer, cafwyd englynion gwallus, englynion heb fod yn argyhoeddi'r beirniad, englynion da ond ambell fai bychan yn eu difetha ac englynion y dosbarth cyntaf. Os cafwyd 31 yn y dosbarth hwnnw ym Mro Colwyn, a saith ym Mro Dinefwr, dim ond dau a gafwyd yn y Bala, sef eiddo 'Frongoch' a 'Gethin'. *Geiriadur yr Academi* a geir yn englyn 'Frongoch':

> Ffrydiau di-rif fu'n ffrydio i afon
> y canrifoedd. Heno
> daliaf yng nghwpan dwylo
> li' y dŵr a'i olud o.

Esboniodd y beirniad: '... daliaf fi fod ei englyn celfydd â'i ddelwedd eneiniedig o iaith yn ffrydio ar hyd y canrifoedd i'w dal "yng nghwpan dwylo" y darllenydd yn wir am bob geiriadur'.

Dyma englyn 'Gethin':

> Wedi'r cywain, onid yw'r caeau ŷd
> Yn wag, a'r ysgubau
> O rawn aur i ni i'w hau
> Yn bur mewn ysguboriau?

Yr englynwr hwn a gafodd yr hwyl orau ar weithio delwedd y cynhaeaf a'r ysguboriau yn ei englyn. Bu'n fwy awgrymog gynnil na'r cystadleuwyr eraill a ddefnyddiodd yr un ddelwedd. O ganlyniad, ef a enillodd y wobr. Yr englynwr buddugol oedd William Jones Williams, Coed y Bedo, Cefnddwysarn, y Bala; englynwr adnabyddus ym Mhenllyn. Cyhoeddwyd englynion o'i eiddo yn *Y Flodeugerdd Englynion* (1978); *Blodeugerdd Penllyn* (1983) a *Blodeugerdd Barddas o Englynion Cyfoes* (1993). Mae'n ymrysonwr abl ac yn enillydd ar yr englyn digri ac ysgafn yn y Genedlaethol. 'Ei waith bob dydd yw ffermio – defaid yn bennaf', yn ôl *Blodeugerdd Penllyn*.

Drwy ennill yn y Bala dilynodd W. J. Williams englynwr arall o'r ardal. Am yr ail flwyddyn yn olynol enillodd englynwr o ardal Penllyn. Y tro diwethaf i hyn ddigwydd yn hanes yr englyn, sef dau englynwr o ddwy ardal gyfagos yn ennill yn

olynol, oedd yn 1950. Flwyddyn union wedi i Alun y Cilie
ennill fe gipiodd T. Llew Jones y wobr.

Eisteddfod Genedlaethol 1998: Bro Ogwr

Hanner canrif union ar ôl i'r Genedlaethol ymweld â Phen-y-
bont ar Ogwr am y tro cyntaf yn 1948 ymgartrefodd yr Ŵyl
eilwaith yn y fro. Testun yr englyn yn yr Eisteddfod gyntaf
oedd 'Y Ci Defaid' a'r enillydd oedd Thomas Richards, y
Wern, Llanfrothen.

Yn y gyfrol *Anturiaethau John Hughes, Y Wern* (Cyhoeddiadau
Mei, Pen-y-groes, 1982), ceir cofnod am gefndir gweithio'r
englyn:

> Bûm yn Y Wern am saith mlynedd a deugain. Dyn rhadlon,
> cyfeillgar oedd y meistr. Ni byddai byth yn ddrwg ei hwyl.
> Yr unig dro y byddai'n dawel iawn ond pan fyddai'n
> barddoni. Os gwelech fysedd ei law yn symud gallech fentro
> mai cyfansoddi englyn yr oedd, ac wedi iddo orffen gofynnai
> i bwy bynnag ohonom a fyddai yno: 'Be' wyt ti'n feddwl o
> hwn?

> Fe'i cofiaf yn dda yn adrodd ei englyn i'r Ci Defaid wrth y
> teulu a minnau lawer gwaith cyn ei anfon i'r gystadleuaeth …
> gan ein rhybuddio i beidio â dweud wrth neb. Fe enillodd
> allan o ddau gant a deunaw o englynion.

> Cofiaf G. S. Jones yn dod i'r Wern i ddweud wrtho, ar ôl
> clywed y newydd ar y radio. Yn y caeau yr oedd ar y pryd ac
> euthum innau i chwilio amdano. 'Taw'r mul', meddai'n hollol
> ddigynnwrf. Dyn felly ydoedd.

Testun yr englyn yn 1998 oedd 'Bwlch'. Derbyniodd y
beirniad 64 o englynion – yr un nifer ag a gafwyd yn 1992 a
1993. Y beirniad oedd Richard Jones, Llanfechell, Ynys Môn.
Gair i gall oedd ei gyngor i'r englynwyr gwan a weithiodd fwy

nag un englyn '... gyda'u hamryw gynigion fel rhywun sy'n prynu nifer o docynnau loteri i wella'u siawns mathemategol o ennill. Gwell fyddai treulio pedair awr, dyweder, yn llunio englyn da, nag awr yr un i lunio pedwar englyn nad ydynt cystal'.

Y Prifardd Elwyn Edwards a adolygodd y *Cyfansoddiadau* yn *Barddas* (Rhif 248): 'Digon gwan oedd cystadleuaeth yr Englyn yn ôl y beirniad ac oni bai am yr un buddugol mae'n debyg na fyddai teilyngdod yma chwaith, ond diolch am englyn Trefor Jones, Llangwm. Cafodd weledigaeth'. Dyma'i englyn:

> I'r fan lle bu'r ailgyfannu – â thrwch
> O'r berth ddrain, yfory
> Daw yr anllad ddafad ddu
> A'i hoen eilwaith a'i chwalu.

'Rhyd yr Ewig' oedd ei ffugenw. Diolchodd y beirniad am yr englyn gan iddo ei achub rhag atal y wobr. Aeth ati wedyn i'w ddehongli:

> Mae'n dechrau trwy ddweud, "I'r fan lle bu ailgyfannu ..." mae bwlch sylweddol wedi difetha'r cyfanrwydd a chaiff hwnnw'i lenwi "â thrwch / O'r berth ddrain ..." rywsut, rywsut felly, a'r "drain" yn boenus gyda'r naill yn gorfod derbyn gan y llall sut y digwyddodd y bylchu, ond " ... yfory / Daw yr anllad ddafad ddu / A'i hoen eilwaith ...". Mae anlladrwydd y natur ddynol yn peri syrthio ganwaith i'r un bai, neu ryw achos edliw, efallai, yn dod "... a'i chwalu". Nid "i'w chwalu" sylwer, ond "a'i chwalu" gan nad oedd bwriad yma; dim ond digwydd anorfod a'r canlyniadau'n anochel ... Mae *Rhyd yr Ewig* yn deilwng iawn o'r wobr a'r anrhydedd.

Fel y nodwyd, yr enillydd oedd Trefor Jones, Llangwm (1917-2001). Am yr ail flwyddyn yn olynol fe enillwyd gwobr yr englyn gan ffermwr; am y drydedd Eisteddfod yn olynol fe'i henillwyd gan englynwr o ardal *Llên y Llannau*. Gwerthfawrogwyd ei bywyd a gwaith y gwladwr diwylliedig gan Dorothy

Jones, Llangwm mewn ysgrif goffa a gyhoeddwyd yn *Barddas*, Ionawr/Chwefror/Mawrth 2002:

> Darllen, barddoni a'i gapel oedd "Y Pethe" i Trefor, bu'n
> ddiacon a thrysorydd yng nghapel Gellioedd lle'r addolai yn
> gyson, a'r teulu i gyd i'w ganlyn. Mae'r plant a'r wyrion yn
> dal i fynychu'n rheolaidd.

> Mae'n siŵr gen i ei fod yn darllen bron bob llyfr Cymraeg a
> ddôi ar y farchnad. Ac nid rhidyll o ddarllenwr oedd Trefor.
> Byddai'n storio a threulio yr hyn a ddarllenai. Byddai wrth
> ei fodd â llyfrau barddoniaeth, yn enwedig barddoniaeth
> werinol. Un o'i hoff lyfrau oedd *Tannau'r Cawn*, William
> Jones, Nebo...

Coffawyd ef mewn englyn gan Gwion Lynch, un o'i feibion-yng-nghyfraith:

> Rhoes inni iaith Gellioedd – 'n ei gwasgod
>   A'i gwisgo i'r ffriddoedd;
>   Ar y waun amaethwr oedd
>   A gwladwr rhugl ydoedd.

Eisteddfod Genedlaethol 1999: Môn

Am y pedwerydd tro mewn tri chwarter canrif ymwelodd y
Genedlaethol ag Ynys Môn. Cynhaliwyd hi yng Nghaergybi
yn 1927; ar gaeau Pengraig ger Llangefni yn 1957 a 1983.
Lleolwyd Eisteddfod olaf yr ugeinfed ganrif rhwng 'bryniau a
phantiau Pentraeth' a phentref Llanbedr-goch, yn Rhos-y-gad
(Rhosgath ar lafar). Yn y cyffiniau hyn y cwympodd Hywel ab
Owain Gwynedd, y bardd dywysog rhywbryd rhwng
Tachwedd 1170 a Mawrth 1171. Mae marwnadau Peryf ap
Cedifor Wyddel yn cofnodi ei farw mewn brwydr yn erbyn
byddin Dafydd a Rhodri, ei hanner brodyr, 'yn y pant u[w]ch
Pentraeth'.

Testun yr englyn yng Nghaergybi oedd 'Yr Englyn'; 'Yr Ysgyfarnog' oedd y testun yn 1957; 'Iwerddon' yn 1983 a 'Trobwll' yn 1999. Gweinidog yr Efengyl, y Parchedig William Evans (Wil Ifan), Pen-y-bont ar Ogwr yn ennill yng Nghaergybi; Thomas Richards, ffermwr a phorthmon, Llanfrothen yn ennill yn 1957; Elias Davies, Aber-erch, Pwllheli, rheolwr banc wedi ymddeol a wobrwywyd yn 1983 ac athro ysgol yn y Bala, Huw Dylan, Llangwm a enillodd yn 1999.

Beirniad yr englyn ym Môn oedd Dafydd Wyn Jones, Bro Ddyfi am yr eilwaith o fewn tair blynedd. Yn ail baragraff ei feirniadaeth, eglurodd Dafydd Wyn sut yr aeth ati i fesur a phwyso yr hanner cant o englynion a yrrwyd i'r gystadleuaeth:

> Cystal i mi egluro fy llinyn mesur fel y gall y cystadleuwyr synhwyro paham y cawsant gam! Y mae englyn llwyddiannus yn aros yn hawdd yn y cof. Nid da gennyf chwaith orfod pendroni'n hir uwchben englyn pedair llinell yn dyfalu ei ystyr. Gall fod yn aneglur oherwydd y dweud neu'r cynnwys ac weithiau oherwydd y diffyg atalnodi. Y mae gormod dyfalu yn lladd fy mwynhad.

Cyngor da gan hen law ar gyfer beirniaid yr englyn yn y dyfodol.

Corlannodd ef naw englyn gwallus yn y dosbarth isaf. Yng nghorlan yr englynion niwlog caeodd 25 englyn. Mewn amgenach corlan, yr ail ddosbarth, daliwyd deg englyn. Chwe englyn a gafodd le yn y brif gorlan. Un o'r chwech oedd 'Dan y Gwlith' ac fel y sylwodd y beirniad, trobwll colli anwylyd oedd thema ei englyn:

> 'Rwyf megis deilen heno – yn y lli
> A'r llwnc yn fy sugno
> Crych am grych yn nes i'r gro
> A'r un ddigymar yno.

Ei awdur oedd John Ieuan Jones (1924-2003), Dyffryn Ardudwy. 'Cofiaf tra byddaf, Ieuan gyda lleithder yn ei lygaid, yn adrodd yr englyn yma wrthyf ychydig wythnosau cyn ei anfon i mewn i'r gystadleuaeth', meddai Iwan Morgan, Ffestiniog yn ei ysgrif goffa iddo yn *Barddas*, Rhif 272. Bu farw gwraig yr englynwr, Tywyna Haf, yn 1996.

Ond englyn *L.S.D.*, sef Huw Dylan, Llangwm a enillodd. Arhosodd yr englyn hwn yn gryno yng nghof y beirniad o'r darlleniad cyntaf:

> Dim ond un, dim ond unwaith – yn y rêf
> I brofi o'i afiaith;
> Aeth un ac un yn ganwaith,
> A ffics ar ôl ffics yn ffaith.

'Y mae'r ail-ddweud yn cyfleu'r syniad o droi yn yr unfan, y mae elfen o gyflymu ac o atyniad anochel y trobwll drwy'r englyn', esboniodd Dafydd Wyn Jones. 'Nid oedd Syr J.M.-J. yn hoffi'r gair "ffaith". Tybed beth fyddai ei farn am "rêf" a "ffics"? Ta waeth, englyn diwedd ein canrif ni yw hwn'.

Yn rhyfedd iawn, wythnosau cyn yr Eisteddfod fe gollfarnwyd yr englyn buddugol am y defnydd o eiriau Saesneg. Dywedwyd yn blwmp ac yn blaen wrth yr awdur nad oedd ganddo fawr o obaith ennill. Daeth Huw Dylan wyneb yn wyneb â chystadleuydd arall tua mis Mehefin, ac yn naturiol fe aeth yn sgwrs am destun yr englyn ym Môn! Pan welodd Huw Dylan y testun, y ddelwedd gyntaf a ddaeth i'w feddwl oedd caethiwed i gyffuriau. 'Pobl yn cael eu sugno i mewn i'r byd hwnnw a llawer yn ei chael hi'n anodd os nad yn amhosibl i ddianc ohono', eglurodd yr awdur mewn llythyr ataf. Aeth yn ei flaen i roi mwy o gefndir:

> Mae bywyd wedyn yn troi'n fodolaeth undonog yn mynd o un ffics neu sgôr i un arall. Dyna mewn gwirionedd yr oeddwn yn ceisio'i gyfleu yn yr englyn, a defnyddiais ailadrodd a'r gynghanedd Sain yn arbennig i wneud hynny. Roeddwn

hefyd eisiau i'r englyn fod yn un 'caled' yn hytrach na delweddol-delynegol ac wedi'i wreiddio yn ei gyd-destun modern a dyna pam y dewisais ddefnyddio rhai o eiriau'r 'stryd' fel petai – 'rêf' a 'ffics'.

Diddorol yw nodi dwy ffaith am Huw Dylan Jones: ef oedd y pedwerydd englynwr o ardal *Llên y Llannau* i ennill yn olynol yn y Gendlaethol, ac fel brodor o Fôn ymunodd hefyd â'r pump englynwr arall o Fôn a enillodd gystadleuaeth yr englyn yn y Genedlaethol.

Cofir Eisteddfod Llanrwst, 1951, fel yr un a sefydlodd Ymryson y Beirdd yn rhan o raglen y Babell Lên. Cofir un 1983 fel yr un y caed ynddi drefn newydd ar yr Ymryson. Ynddi hi hefyd y cyflwynwyd am y tro cyntaf Dlws Rolant o Fôn i'r tîm buddugol yn Ymryson y Beirdd. Cofir Eisteddfod 1999, fel yr un pryd y cyflwynwyd Tlws Coffa T. Arfon Williams am y tro cyntaf i awdur englyn cywaith gorau'r Ymryson. Yr enillydd oedd John Hywyn, Llandwrog, aelod o dîm Caernarfon, am ei englyn 'Talcen' – (drannoeth Etholiad cyntaf y Cynulliad, 6 Mai, 1999):

> Cyn nos Iau, nos Iau lawn swyn ei aros
>   Ni wawriodd dros Islwyn
>   Wener oedd fwy o wanwyn
>   Na'r un Mai oedd Fai mor fwyn.

Mae llawer o lên-garwyr o'r un farn â Ceri Wyn Jones a ddywedodd yn ei golofn yn *Barddas*, Rhif 30: 'Cwyn flynyddol yw bod gwell englynion yn cael eu cynhyrchu yng nghystadlaethau Englyn y Dydd ac Ymryson y Beirdd yn y Babell Lên na'r un sy'n ymddangos yn y *Cyfansoddiadau* fel enillydd cystadleuaeth swyddogol englyn yr Eisteddfod Genedlaethol'.

Dros y blynyddoedd diwethaf mae cryn feirniadu wedi bod ar gystadleuaeth yr englyn yn y Genedlaethol, cystadleuaeth sydd wedi cael ei diraddio gan nifer fawr o englynwyr am sawl rheswm. All neb wadu bod nifer yr englynion a ddaw i law wedi disgyn: y cyfartaledd chwe deg mlynedd yn ôl oedd 248; y cyfartaledd ar ddiwedd y ganrif oedd 50!

Er hynny mae'r gweithgarwch llenyddol yng Nghymru mor fyw ag erioed ac mae englynion gafaelgar yn cael eu gweithio dros Gymru ben baladr. Mae'r englyn yn glod i ddiwylliant Cymru. 'Mae yn un o ffenomenomau mwyaf syfrdanol holl lenyddiaethau'r byd,' yn ôl James Arnold Jones, y Rhyl. Gellir yn hyderus ddweud bod dros chwarter o'r 108 englyn arobryn yn y Genedlaethol yn y ganrif dan sylw wedi cyfrannu at gyfoeth traddodiad yr englyn.

Yn ogystal â beirniadu yr englyn yn y Genedlaethol 1926 fe feirniadodd R. Williams Parry yr englyn yn Eisteddfod Môn, Llanfairpwll hefyd. Meddai yn ei feirniadaeth yno:

> Fe ddisgwylir i englyn gyffwrdd y darllenydd y fan leiaf; ei oglais, os bydd modd, ei bigo, ei grafu, ei synnu, ei ysgwyd oddi ar ei orwedd ar ei eistedd, ac oddi ar ei eistedd, ar ei draed megis; peri i'w lygaid leithio, i'w wefusau wenu, i'w enaid ddeffro o'i syrthni meddwl ... Ni all neb aros yn ddifater yn wyneb prydferthwch ymadrodd ... nac yn ddigynnwrf wedi ei ddal a'i gaethiwo gan syniad dewisol.

Onid oes nifer o englynion y Genedlaethol yn taro deuddeg â barn Bardd yr Haf? Mor wir am 'Blodau'r Grug' Eifion Wyn; 'Y Llwybr Troed', J. T. Jones; 'Y Bargod', Ellis Jones a 'Cwlwm', T. Arfon Williams.

Mynegai i'r Teitlau

Mae'r canlynol yn cynnwys teitl pob englyn cyflawn sy'n ymddangos yn y gyfrol. Am englynion er cof am unigolion gweler dan 'englynion coffa'.

Aderyn y To 89, 90
Angor 231, 232
Argae 188, 189

Balm 70
Bargod 40
  gw. hefyd Y Bargod
Beddargraff Hywel Tudur 72
Bendith 210, 211
Blodau'r Grug 22, 23, 24, 59
Brawd 239
Brawd neu Chwaer 238
Bwlch 258
Bwrdd yr Efengyl 18
Bys Bach 148

Cadwyn Gron o Saith Englyn
  Môn 78
Caffi Robert Roberts (Bobi
  Bobs) 145
Carreg yr Aelwyd 112
Ceiliog y Gwynt 133, 134, 232
Cell 185, 186
Cennin Pedr 30, 31, 32
Cildwrn 253
Clawdd Offa (Adran yr
  Ieuenctid) 166
Clawdd Offa 209
Clo 139, 140
Clwyf Cariad 58
Coed Nanhoron yn yr Haf 143
Colyn 79
Craith 149, 150
Cwlwm 236
Cwys 226, 227
Cyfaill 89
Cyfarchiad Nadolig 25, 26

Cyfrifiadur 247
Cyffur 197, 198, 240, 241

Daffodil 32
Dail yr Hydref 35, 36, 37, 38, 49,
  50, 56
Dic Siôn Dafydd 208
Dim 13
Dolef y Gwynt 59
Draenen 180, 181, 182
Dur 84

Egin 245, 246
Englyn Cydymdeimlad 250, 251,
  252
Englyn Ffraeth 55
englynion coffa:
  Beddargraff i'w fam [Y Parchg W.
    Roger Hughes] 116
  Dr Joseph Parry, y cerddor 15
  Er cof am Gwilym Eilian 84
  Gwydderig 16, 63
  I Eifion Wyn 47
  I Glan Berach fel Photographer 15
  I gyfarch ei wyres (Alun R.
    Williams) 173
  I gyfarch T. Llew Jones 216
  I Hedd Wyn 51
  I Ioan Brothen 110
  I Llwyd 113
  I Mathonwy Hughes 104
  I Sarnicol 87
  I Thomas Richards, Wern,
    Llanfrothen 153
  I Trefor Jones, Llangwm 259
  I Wil Ifan 78
  I'r meddyg 72

Mam Y Parchg Roger Jones 168
Tom Nefyn (1895-1958) 92
Y diweddar Tom Matthews,
   M.A. 64
Emyn 177, 178
Eog 39
Ernes 98, 99
Esgus 61

Fflam 14

Geiriadur 256
Genwair 191, 192
Gerddi Bluog 94
Goleudy 217, 218, 219
Goleuni'r Gogledd 136, 137
Gorsedd y Beirdd 141, 144
Gronyn 83
Gwaed 204, 205
Gwastraff 242, 243
Gwawd 42, 43
Gwenynen 202
Gwlanen Goch 147
Gwrid 27

Hiraeth 96
Hunllef 119, 120

I'w Osod ar Liain Bwrdd
   gw. O Flaen Bwyd

Llaw 223
Lludw 161, 162
Llusern 169, 170
Llwydrew 106, 107
Llyfr 233
Llygad y Dydd 48, 49, 50
Llywydd yr Eisteddfod, Y Gwir
   Anrhydeddus D. Lloyd George,
   A.S., LL.D., O.M., Prif
   Weinidog 60

Map 183, 184
Marwolaeth y Frenhines 18
Marwydos 97
Moses yn y Cawell brwyn 62

Nain 206
Nodwydd 175, 176
Noddedigion 140

O Flaen Bwyd 11
Ochenaid 10, 49
Olew 194, 195
Owain Glyndŵr 28-9

Padrig Sant 179
Papur Enwadol 13
Penmon 108
Pris y Baco 140
Pry'r Gannwyll 142

Taid 206, 207
Talcen 262
Tant y Delyn 67, 68, 69, 70
Trobwll 260, 261
Tŷ To Gwellt 74
Tŷ'r Arglwyddi 13
Tŷ'r Cyffredin, 1911 13

W. D. [Williams] 212
Wil Bryan 65, 66
Y Babell Lên 140
Y Bad Achub 228
Y Bargod 146, 148
Y Bluen Eira 54
Y Bompren 86
Y Breuddwydiwr 11
Y Cerflunydd 29
Y Ci Defaid 127, 128, 129
Y Crowlwm 165
Y Crud 62
Y Cwch Gwenyn 233
Y Cwm Uchaf, Llanberis 91
Y Cwpwrdd Cornel 184
Y Cwrwgl 199
Y Cyfnos 40
Y Dorth (Sliced) 154, 155, 156
Y Draffordd 213, 214
Y Drych 164, 169
Y Dwyreinwynt 17
Y Dyn Dŵad 145
Y Fenyw yn y Senedd 56

265

Y Ffon Wen 158, 159
Y Ffynnon 215
Y Geirseinydd 7
Y Gerddinen 46
Y Gorwel, Dover, 1940 125
Y Gragen 44
Y Groes Goch 57
Y Gwagle 171, 172
Y Labordy 167, 168
Y Llwybr Troed 114
Y Neidr 116, 117
Y Pelydryn 141
Y Pentan 93
Y Pistyll 85

Y Pren Afalau 109, 110
Y Pren Criafol 46
Y Telynor 52
Y Wawr 33, 34
Yfory 20
Yr Allwedd 19
Yr Eithinen 39
Yr englyn 77
Yr Hebog 21
Yr Helygen 82
Yr Hen Eglwys 103, 104
Yr Hirlwm 130, 131, 132
Yr Ywen 100, 101
Ysgyfarnog 152

Mynegai i Linellau Cyntaf

Mae'r canlynol yn cynnwys llinell gyntaf pob englyn cyflawn
sy'n ymddangos yn y gyfrol.

Â chelwydd, gwawd a cholyn – hi
wanodd 181

A chlywsom dorri'i enw annwyl
yno 64

A goleuni'r gwylanod – o'i
gwmpas 226

Â Gweillen dy awen di – y
noddaist 198

A ni mewn angen, a 'nhad – yn ei
fedd 175

A! Wawr gain, beth mor gynnar? –
newydd yw 33

A'i chrog aur gloch ar gwr glyn – cun
wena 30

A'i hanfod mewn gormodedd – daw
ag ofn 119

Â'i hanner lloer ffrwyna'r lli, –
a throi'n ôl 189

Â'n syth fel gwayw'n saethu –
i galon 213

Â'r niwloedd ar fron heli, – ei ddwys
waedd 218

A'th frig gwellt, a'th furiau can, – ti
ydoedd 74

Abl yw dawn ein Dybliw Di;
er oedran 212

Adeg dysgub ysgubor – hir gyni 131

Aeth nwyfus iaith hen afon – yn fud
lyn 188

Aflonydd ddeunydd ynni, – o anwel
195

Angerdd haf ieuangrwydd yw – y
gwrid teg 27

Am de gyda thamaid iach – ac
ymgóm 146

Am eiliad, ffladriad melyn – a'i
ganaid 141

Am gâr neu wlad, dyma don – o
alar 96

Am un annwyl cyd-wylwn, – yn
oriau 251

Amdo'r haf, Medi a'i rhydd – fore a
hwyr 106

Amlwg nef yw'n mhlygain nos –
araul wawr 34

Anfarwol fawr leferydd, – swyn
y byd 60

Anheddle dirgel hedyn – gan y
fam 186

Annedd hardd a drefnodd Iôr – i'w
rai bach 44

Annwyl yw'r Orsedd inni, – iaith ein
plwy 144

Anystyriol hen stori – yw esgus 61

Ar ei gost caiff cwm, trosto, – oera'
llwch 106

Ar ei ôl y bydd chwerw wylo, –
gwaedd ing 79

Ar faes cur, mewn tosturi, – gras a
geir 57

Ar lain oer eilun eira – yw'r
swynwr 106

Ar laslefn fron y cefnfor, – yn llawn
hwyl 231, 232

Ar uncoes ddur yn strancan – ar ei
dŵr 134

Ar y Waun lle bu'r Crynwr – a'r
hygar 189

Arafaf! Hud canrifoedd – sy'n y lle 94

Archangel, hen gynnyrch eingion y
Cof 231

Arf sŵn, ystorfa seiniau – y parabl 13

Arflenawr yw'r Cerflunydd, – a'i
wyddiant 29

267

Arglwyddes y gweirgloddiau – a
wylia 181

Aros, ddylif! Tros y ddwylan –
syrthiodd 189

Arwydd dall o'i drwydded o, –hi a'i
ceidw 158

Athrylith wir i laith weryd –
giliodd 15

Awr gwdihŵ mewn brig duon – y
dring 120

Bardd cadeiriol yn moli – talentau 78

Blodau'r grug, gemog hugan, – liw'r
perlau 24

Blwch bach ceindlws ei drwsiad, –
gemau'r iaith 77.

Blwch-drysor balch ei drwsiad, –
gemau'r iaith 78

Boddwch y sawl sy'n beiddio –
gwylio hwn 188

Bro noeth hyd y bryn eithaf –
ac oedi 132

Bryniau mân, bron a maenor –
llwybrau llon 78

Bu ddiflin y penlinio – arni hi 112

Bu was gwir, heb seguryd, – i'w
Arglwydd 92

Cannwr cae, ernes gaeaf – â'i oer
ias 106

Cant wroniaeth cyn trinoedd, – a
chant serch 68

Carreg ateb clych mebyd, – a'i
gorfod 112

Cell encil yr ymchwiliwr – a dreiddia
167

Cerdd, dan fendith gwlith, o glod –
i'r Crëwr 178

Claf o gariad, clwyf gwirion; –
eto 58

Cofia taid ei daid ei hun, – daeth â
rhin 206

Crin ydynt, ddail crynedig – yr
Hydref 37

Crinllyd y cwm, llwm pob llain – ac
adar 130

Cudd riniwr ceuddor annedd, – i
adfer 19

Cusan byw'r huan i'n bröydd – yw'r
Wawr 34

Cwch clau'n fêl-gellau i gyd, –
gweithfa goeth 233

Cwyn hirnos yw'r cen arni – a'r
addfwyn 150

Cyhyrog ŵr fel craig oedd, – ar
gyfer 29

Cyn nos Iau, nos Iau lawn swyn ei
aros 262

Cynarol hardd sirioli – daear
maent 32

Cywennen mewn bicini – a hen
hud 202

Cywreiniaf gawell cryno, – a rhyw
hedd 77

Da ei rym ond ei rwymo, – ac
anodd 194

Daeth dydd rhoi'r doeth o'i dyddyn –
yn y llwch 153

Dail o gyfrol hudolaf – holl anian 36

Dalennau heb ddim dylanwad, – dim
oll 13

Dan genwisg, daw'n y gwanwyn – o'i
hirgwsg 117

Dan gwsg, pasiant y chwantau, –
amhur ryw 120

Dan fwynhad nef-anedig –
O, llonned 25

Daw atom Artist eto eleni 245

Daw ein hiechyd a'n hachau – o
graidd hon 186

Dawns hud blaen-adain sidan –
amryliw 192

Dechreuad anweladwy, – pwythau
bach 186

Delyn hoff! Ein cenedl ni – gâr ei
thant 69

Diaddysg ar ôl deuddeg, – yn henwr
206

Di-alar ŵyl Nadolig – a gaffoch 26

Dawn Geirseinydd rydd fawrhad – ar
fyw gelf 7

268

Dianc i'n henfro dawel – fu eu
	rhan 140
Diau tlawd ydwyt, lodes,
	oherwydd 223
Diball anniwall yw newyn y
	sawl 210
Diddos drigfan geir o dano, – a llif
	40
Difodiant yw'n dyfodol: am
	hynny 240
Dihafal heliwr defaid – a
	lluniaidd 127
Dilynwyd siars d'oleuni – ond y
	dwfn 219
Dim marian a dim moroedd, – dim
	elwach 171
Dim ond gweddill gweddillion – brau
	harddwch 162
Dim ond un, dim ond unwaith – yn
	y rêf 261
Diog ni waeth ba dywydd, – elain
	wyllt 152
Dirmygus, nwydus nodwedd – anian
	ddrwg 42
Distaw ei hyd a estyn – ar y
	llawr 116
Draws yr afon i'w chronni – erch
	aerwy 188
Dro 'rôl tro mewn theatr wir,
	Drama'r Cadw 227
Dros fôr rhydd ei gynghorion – rhag
	y graig 217
Dros y dŵr, ysu diras – maes y
	grym 125
Drwy'i fuander o fondo – daw i'n
	dôr 90
Du a gwyn oedd cyfnod gweini, – yn
	gur 253
Dunos y Pôl yn olau: – rhudd a
	gwyrdd 137
Dur awchus mewn edrychiad – ydyw
	Gwawd 43
Duw Iôr! gosod rhag eisiau – ar ein
	bwrdd 11
Dwy frân ddu o bobtu'r goeden –
	criafolen 171

Dŷ f'hendaid llwyd ei fondo, – a'i
	glydwch 74
Dyddiau o'r mwyniant diddig, a'r
	heddwch 25
Dyma rodd heb fuddsoddi, – o
	gelloedd 210
Dyn braf wedi dod i'n bro – ond
	rhyfedd 145
Dyn hapus y dawn hepian, – a bardd
	hud 12
Dduwies hardd diddos erddi, –
	hudoled 31

Efo'r Wawr, fore o haf – am
	ennyd 91
Ei ddwylo fel dwy ddeilen, – y mae'r
	grym 206
Ei effaith sydd ar goffi, – os yn
	fach 148
Ei enaid yn ei wyneb, – ei
	dafod 65
Ei gwên yn glystyrau gwynion, – a'i
	dig 181
Ei le yw'r gornel o hyd, – eiddo
	mam 184
Ei linell laes ar flaen lli, – a'r
	düwch 195
Ei lyfnwedd a ddeil ofnau – i ŵr
	gwael 164
Ei ôl-lewyrch deifl huan – ar y
	don 40
Ei reitheg ffraeth gyffry wên, – a'i
	droeon 65
Ei thinc a lŷn wrth ein clyw, – gwae
	a hedd 122
Ei wenwyn sydd ym mhoenau – hyn
	o fyd 197
Eiddilaidd gwsg-feddyliwr, – un a
	wêl 12
Eifion Wyn mae ofn hwnnw – ar y
	beirdd 47
Er bod o uniawn rodiad, – a'i
	ynni 145
Er chwerwed y carcharu – gyda'r
	gwawd 211
Er dyfned ei chaledi, er rhuddo 221

Er ei myned o'i ch'ledi – am yr
haf 168
Er ein dysg a rhin disgiau –
anhygoel 234
Er hardded yr Iwerddon – mae
hanes 221
Er holl ferw'r llafurwaith – a'i
rwndi 202
Er huno rhyw fer ennyd – â'i
asgell 142
Er i nos ein harneisio â'i hiraeth 250
Er i'r tes impio'r fesen, – a'i
noddi 207
Er in lenwi tapestrïau'n heinioes 238
Er rhannu yr un breiniau yn
gynnar 239
Erchi y bu serch a bâr, –
rhyfelawg 68
Ernes yw'r blodau arno – y daw
Awst 110
Eu hud llosg mewn amdo llwyd – a
oera'n 96
Eurfrig teg ar farrug twyn, –
O, hardded 31

Fel nos rhwng coed yn oedi – y saif
hon 101
Fy ewyrth sy'n rhy fywiog, – yntau'n
hen 147

Ffair a stŵr ac ymffrost Ianc – yw
untro 172
Fflur porffor maenor mynydd – yw y
grug 23
Ffrydiau di-rif fu'n ffrydio i afon 256

Gan ei uched gwn ochain, – o'i
achos 140
Gannwr dôl, wyd gynnar di – a
hynod 106
Geilw y saint i eglwys Iôr – â seiniau
123
Gelyn cur a doluriau, – a
chudeg 72
Glan Berach bellach fydd byw – yn
enwog 15

Goch y gwin, wyt degwch gwedd; –
ton y gwaed 28
Golau gwan dy ffagl gynnar – a
ledodd 165
Golau hwyr fel glaw arian, – neu
euraid 137
Goleua lwybrau'r glöwr, – â'i
llewych 169
Gorau gwas, gŵyr a geisi, – a
llocia'n 128
Gwag weniaith yn goganu, – ffrwyth
hunan 42
Gwaharddlen ar y gwyrddli, – a'r
adar 195
Gwanwr yr erchyll gyni, a bidog 218
Gwarant ffordd fawr y gyrrwr – a
manwl 183
Gwawl don ar draeth nos lonydd, –
a'i llewyrch 33
Gweddus fai epig iddi, – boed
diolch 155
Gweinydd o flaen ein gwyneb – yw y
Drych 169
Gweled fy hendref a Nefyn – ar
fap 183
Gwelwch y gwalch hy a'i gest, – y
ffŵl dwl 133
Gwely hun tlws obaith gwlad, –
uwch un bach 62
Gwir enwog physigwr Anian
ydyw'r 85
Gwir oll, ddyfeisgar allu, – ti yn
hwn 8
Gwydderig heddyw orwedd – yn
nawdd dwys 63
Gŵyl addurn teg weirgloddiau, – hil
îr Mawrth 30
Gwyllt yw'r Fflam, ond gwâr
garchares, – heulog 14
Gwynt rhynnawg yn trywanu – hyd y
mêr 19
Gyrrir gan rym brawdgarwch – i wyll
oer 228

Haen o wynder dros Weryd – Anian
lom 106

Hardd lances yn ei thresi – a
   gwenwisg 182
Hardd yw hi â'i gruddiau iach – a
   hefyd 173
Hawdd yw eilio addoliad – dyn i
   Dduw 178
Hed hebog fel dart heibio – a'i
   wgus 21
Hedd eura ei ddaiaren – ac engyl 84
Helynt englyn 'Ceiliog
   Caerffili' 174
Hen Bictiwr calon mamgu – y
   gorau 109
Hen derfyn wedi darfod, – a
   Gwalia 166
Hen ei dras, cain ei drwsiad, – ar y
   glust 77
Hen hosan â'i choes yn eisie, – ei
   brig 13
Hen wrym nas tynnir ymaith – wedi
   gloes 149
Hen wyliwr fry mewn helynt – yn
   tin-droi 134
Herodr hen bob llawenydd, – hoen
   yw dawns 123
Hidla'r diliau o'r delyn, – a'i
   loesion 52
Hir ofwy draw'n yr Hafod, – sobr a
   hesb 132
Hon yw gefyn ein gafel yn ein
   dydd 223
Hun o'r twrf, dan ddefni'r tân, –
   wedi drud 51
Hwynt-hwy'n wir welsant y nef – yn
   agor 26
Hyd y tai daw Llwyd y To, – a'i
   drydar 89
Hyder oes yn ei dryswch – ddaw o
   hwn 168
Hydref ddail, dorf eiddilaf, – syn eu
   trem 35
Hyglyw fanwl gelf enau, yw'r
   swynol 8

I ddawn rhoed yn ddynwaredydd
   di-goll 8

I eiddil tan bwys dyddiau, – am
   newydd 93
I enaid ar newynu – er y bai 18
I geisio rhith o gysur, o'i
   edau 241
I gloi drws, diogel ei dro – yw'r
   Allwedd 19
I newydd gyrch nawdd a gaf –
   gennyt, Iôn 179
I'n hil mae'n rhannu'n helaeth – o
   arian 234
I'r byd ei benyd ymboeni – o'r
   ddu 156
I'r claf rhoddodd fodd i fyw; i'r
   blysiwr 240
I'r ddunos fe dardd ohoni –
   lewych 170
I'r fan lle bu'r ailgyfannu – â
   thrwch 258
I'r iaith fain fe werthai fo – ei
   heniaith 208
Iach, raenus ferch yr anial, – hir ei
   chlust 152
Impiodd ei glawdd yn gampwaith, –
   ac erys 207
Ir ei frig, twf pêr ei fro, – a
   chynnyrch 70
Is crynnol ias y crinwynt, – lliw
   oedran 36
Isel ar dai 'slawer dydd – oedd ei
   wellt 148

Llafnau llachar diaros, – o
   wagle'r 137
Llanc difraw, gwreiddiol, llawen, –
   dyna Wil 66
Llawforwyn â'i lleferydd – yn ei
   lliw 159
Lle bu archoll heb orchudd – galwai'r
   gwaed 150
Lle bu'r tân yn lleibio'r tir – y llwch
   llwyd 162
Lle gwêl dewin gyfrinach – rhôl
   fanwl 167
Llon gennad llan ac annedd, – a
   dawnus 123

Llonna'r gwael, lliniara'i gur, – dwg
    freuddwyd 197
Llu a'i gwad! Ai llygoden – yr
    awyr 90
Lludw ar daen rhwng deufaen du; –
    ni ddaw neb 161
Llygad llon, gwyliwr bronnydd – y
    gwanwyn 48
Llym dymor, llyma dwymyn –
    ymwelydd 131

Mae dunos angau amdani; – a
    dawn 123
Mae gwrid hwn am gariad dau, – o'i
    gelloedd 205
Mae hud yr hau a'r medi, – a
    miragl 155
Mae hyder hau a medi, – a
    helynt 155
Mae'i le'n wag, mae'i law yn wyw, –
    a'i wefus 16
Mae'i waith yn Ysgol Pengam eto'n
    beraidd 64
Mae'n cyrraedd heb ei haeddu – a
    heb lef 211
Mae'n dod â diod awen – at enau 178
Mae'r ifainc mawr eu hafiaith aeth
    Gatráeth 243
Man lle câr adar oedi, – a
    mwsog 104
Mi fetiaf swllt mai fotio – yn
    erbyn 56
Min ei drain a ymwân drwy – hyd y
    gwaed 180
Molaf dy glo am eiliad, – annwyl
    of 139
Mor gu ei lwch, Gymro glân, –
    athrylith 63
Mor lluniaidd ym Mai'r llwyni, – a'i
    gwenwisg 180
Mor wyrdd yw meysydd fy mro, –
    ond fandal 213
Moses, rhag brad gormesol, – o'r
    golwg 62
Mun wen yn ymunioni, – a'r awel
    34

Naiad ŵyl glyn a dyli, – gwerdd ei
    gwisg 82
Nef ydyw i 'Steddfodwr – a
    hafan 140
Ni bydd ar hon unioni – na
    dileu 226
Ni chaed ei gyfrinach o, – ni
    chamodd 172
Ni welir ei lwyr gilio – tra bo
    dellt 199
Nid chwarae gyda graean – na
    chwarae 247
Nid wal sy'n rhannu dwywlad, – na
    dwrn dur 209
Nid y cledd ond y weddi, – a'i
    harddwch 141
Nod dellni, nawdd tywyllnos, – a'i
    hud dwys 158
Nod o gariad a gwiredd – tosturi 57
Nwy yn torri yn dân terwyn – yw'r
    Fflam 14
Nwyd ellyll a naid allan, –
    diraddiad 42
Nwydd llyfn, caledrwydd llafnau, –
    rhin haearn 84
Nychaist yn hir, wlad dirion, – o
    ofer 215

O adar fil dewraf wyd, – yn
    daeog 90
O anial le'r Eithinen lon – a dyf 39
O châr undyn ei chryndod – yn ei
    law 191
O dangnef dy dref i'r drin – y'th
    yrrwyd 51
O ganfod trafferth y perthi yn
    gaeth 245
O greu Adda daeth gwreiddyn – a
    blagur 238
O'i eingion, gwreichion ei gred –
    dasgai'n don 104
O'i gapel, cawr a gipiwyd, – a
    hynaws 113
O'i groes unig rhoes inni – ei fara 253
O'i ffwrn ddu, uffern ddi-hedd – y
    peiriant 194

272

O'i rhannu daw ei rhinwedd, – ar fy
   mord 155
O'r gwynfyd hyfryd mewn hwyl – y
   delo 25
Ochenaid, mud sgrech ynom, –
   llewyg llef 10
Oer egwyl ffin, a'r agor – wedi
   mynd 132
Oer leianwen torlennydd, – yn ei
   chrwm 82
Onn feinddail a nwyf ynddi, – yr
   adar 46
Onnen deg a'i grawn yn do, – yr
   adar 46
Os am wlad heb wichiadau –
   ymlaen 147
Os daeth rhyw Sais a cheisio ei
   orau 246
Os daw mewn esmwyth gawod, –
   neu os daw 210

Pan chwifiaf hon uwch afonydd, –
   esgus 191
Pan fo'th galon yn cronni, a hiraeth
   250, 252
Parablydd newydd o nod – gwir
   swynol 8
Pelydryn melyn am eiliad:– Llef
   Duw 141
Pladur heb bylu ydoedd – yn
   ifanc 207
Pob cur a dolur drwy'r daith – a
   wellheir 204
Pont y pentre ydoedd, – arw'i
   chrefft 86
Pren a blas hen demtasiwn – arno
   yw 110

Ready cut for the butter, – ready
   poised 154
Ruddliw, iasoer ddail ysig – acw
   hongiant 37
'Rwy'n hen a chloff, ond hoffwn –
   am unwaith 114
'Rwyf megis deilen heno – yn
   y lli 260

Rhag damwain, claer gydymaith, –
   arwydd wen 159
Rhan i ddyn o'r hyn a ddaw, – a
   rhyw saig 99
Rhannu heulwen llawenydd – a
   rhannu 251
Rhed ei gariad i'w gerydd – ni'm
   gwrthyd 89
Rhed trwy angof y gofeb i
   edliw 204
Rhedwn y generadur ac iro 242
Rhigol las y torrwr glo – a gwrym
   hagr 150
Rhin grawn yw a grynhowyd – ynddi
   hi 156
Rhod olau'n cylchu'r dalar, –
   ymylwe'r 125
Rhodd a'i swm yn arwydd sydd – o'r
   amod 99
Rhoes inni iaith Gellioedd – 'n ei
   gwasgod 259
Rhoi o waedlif yn rhadlon, – rhoi i'r
   llesg 204
Rhwydd gamwr hawdd ei gymell –
   i'r mynydd 129
Rhy'n ddi-daw tra fo'n glawio –
   seiniau mwyn 146
Rhydd yn nwylo'r ddynoliaeth – yr
   allwedd 233
Rhyw gywrain rodd ragorol – i'r oes
   hon 9
Rhyw sgêm hwyr i'r Escimô – a'i dir
   oer 136
Rhyw weddill bach a roddwyd, – er
   ei fod 253
Rhywun i wneud fy nghareia' a
   geisiaf 236

Saer yw ar bennill dillyn; – gŵyr roi
   graen 216
Sêl ar amod, oesol rwymyn – yn
   dal 98
Seren y ddunos hiraf, – uwch y
   graig 170
Stôr eilaw, o'i gostrelu, – yn
   esmwyth 205

Sudd tirion, asydd toriad – ydyw
balm 70

Swyn ac urddas ein gerddi, – a'r
arwydd 32

Swyn cann dy dlysni cynnar – ddwg
geinedd 48

Symud ag esgud osgo – yw ei
ddull 129

Tant telyn hawddgar, o'i daro, –
rhyw wefr 67

Teg goffr talentog effro, – bywiog
yw 7

Tlws eu tw, liaws tawel, – gemau
teg 22

Tlysau gwywiant i lys gaea'; – cur
coed 36

Tlysau y rhydau rhedyn – yw
cennin 31

To ar fagwyr, tirf hugan – ar
gaerau 12

Toredig atgo'n trydar, – a'r enaid 96

Toredig ffun yn trydar – trymaf
loes 59

Treiddia'r wefr hyfryd drwyddi, –
swyn y plwc 191

Treisiwyd ei heirdd fwtresi, – ar y
llawr 103

Tridarn y melfed-droediwr – a
hylaw 192

Trwm drawst er tramwy drosto, – a
chanllaw 86

Trwy'i oes, gwarcheidwad drysau –
â'i ofal 140

Try i'w hynt a'i hwyr antics – i'r
gannwyll 142

Trywanu helynt Rhinwedd – yw cais
Gwawd 42

Tŷ i hyrddod di-urddas – guro
cyrn 13

Tŷ'r Arglwyddi *fe fo fum*, – tŷ y
gowt 13

Tyf o'r pridd. Coes sydd iddo, – a
thri lliw 50

Tyst-arwydd Urdd tosturi, – aes i'w
gwaith 57

Tywyn y rhew distawaf, – llun a lliw
54

Ulw di-nodd hoedl dyn a'i hud –
ynddo sydd 162

Un ergyd dros watwargerdd – dy
ynfyd 228

Un fain lem, yn fanwl lyw – edau'r
wisg 176

Un fwyn iawn oedd fy nain i, – os
gwelodd 206

Un o ddawn ddibrin oedd o, – rhôi
anian 110

Un wrth ei fodd yn rhith fyw, –
deallol 12

Un yw heb wraidd yn ein bro – a
damwain 145

Unig barth o olwg byd, – a
daear 108

Urdd ddenol, ddail arddunaf, – oedd
ddoe'n îr 38

Uwchlaw'r mur a chlai'r meirwon –
y gwinga 100

Wedi'r cywain, onid yw'r caeau
ŷd 256

Wele rith fel ymyl rhod – o'n
cwmpas 126

Wele uchod fân flodau – îr y grug 24

Werinwr bach y bronnydd, – dlws
gennad 49

Ŵyl annwyl y Gelynnen! – i
d'aelwyd 26

Ŵyl Dewi y blodeuant, – felynaf 31

Ŵyl Ddewi bloedd ddyhead – i'w
hen iaith 208

Y fendith i'n melltithio – ydyw'r
neidr 214

Y Geirseinydd gwir swynol – yw
peiriant 8

Y gwlith ar le'r wenithen yn ei
chŵys 155

Y lleiaf, decaf dicyn – o ddeunydd 83

Y maith led rhwng planedau – y
mawr ddim 172

Y Tadol Hywel Tudur – geir is hon 72

Yfory blaengyfeiriol – yw'r geulan 20

Yma y mae mam i mi, – fu annwyl 16

Ymgeisiais drwy hir ymgosi, – gwinlosg 55

Yn awr, yng nghefn y lori brydeinig 213

Yn dy greu 'roedd brycheuyn: – ni egyr 236

Yn ddiatal o'r galon – y rhed hael 215

Yn ein plith gronynnau pla, – oer anadl 17

Yn fy llusern mae'n ernes – o'm gofal 195

Yn hir yng Nghoed Nanhoron – oedai'r haf 143

Yn hwn, fel memrwn, i mi – mae rhyw hud 199

Yn hwn o dremio ennyd, – caf erwau 183

Yn hwn o hyd chwilio a wnaf – ar fy hynt 184

Yn ingoedd argyfyngau – oer gardod 251

Yn llathr ar dor y llithri; – dy wenwyn 117

Yn llaw mam ei blaenllym hi – a wnâi wyrth 176

Yn lle'r naws pan ballo'r nwyd – a myned 161

Yn nhŷ y bardd, dim byrddau – na stolion 151

Yn oer drwch ar dir uchel – daw ei gen 107

Yn su'r grug, yn nos hir y gro, – yn bêr 87

Ynom pob serch a ennyn – y pêr dant 68

Yr eog enwog beunydd – yw llyw balch 39

Yr oedd hwyl ar addoli, – ei synnwyr 177

Ys! trem wgus dirmygwr – ydyw Gwawd 43

Mynegai i Bersonau

Abraham, William (Mabon) 71
Aethwy, Elis 195
Alafon *gw*. Owen, Owen Griffith (Alafon)
Alfa *gw*. Richards, William (Alfa)
Alun Cilie *gw*. Jones, Alun J. (Alun Cilie)
Alun y Graig *gw*. Williams, Alun Rhys (Alun y Graig)
Ap Cledwen *gw*. Davies, Price (Ap Cledwen)
Awena Rhun 102

Ballinger, John 83
Berw *gw*. Williams, Robert Arthur (Berw)
Berwron 117
Bowen, Euros 116, 138
Bowen, Geraint 157, 225-6
Brandt, Edwin 166
Brinli *gw*. Richards, Brinley (Brinli)
Brynfab *gw*. Williams, Thomas (Brynfab) 63

Caerwyn *gw*. Roberts, Owen Elis (Caerwyn)
Cledlyn *gw*. Davies, David Rees (Cledlyn)
Cloriannydd *gw*. Thomas, John (Cloriannydd)
Clwydfardd *gw*. Griffith, David (Clwydfardd)
Coslett, William (Gwilym Eilian) 84
Crwys *gw*. Williams, W. Crwys (Crwys)
Cybi *gw*. Evans, Robert (Cybi)
Cynan *gw*. Jones, Albert Evans (Cynan)
Cyngar *gw*. Jones, R. E. (Cyngar)

Dafis, Rhys 127
Dafydd Morganwg *gw*. Jones, David Watkin (Dafydd Morganwg)
Dafydd Wyn *gw*. Jones, Dafydd Wyn (Dafydd Wyn)
Davies, Cassie 121
Davies, D. J. 94, 113-14
Davies, Dai Rees 127
Davies, David Rees (Cledlyn) 87
Davies, Edmwnt 171
Davies, Elias 220, 221, 222, 244, 260
Davies, Griffith (Gwyndaf) 151
Davies, H. Emyr 27
Davies, Ithel 162
Davies, J. Eirian 138, 179-80, 238, 239
Davies, J. Glyn 76
Davies, John Breese 110
Davies, Lewis 82
Davies, Price (Ap Cledwen) 169
Davies, Richard (Isgarn) 101
Davies, Richard (Mynyddog) 45
Davies, Richard (Tafolog) 19, 20, 29, 232
Davies, T. Alban 154
Davies, T. Eirug 143
Davies, T. Glynne 138
Davies, Walter (Gwallter Mechain) 53
Dewi Emrys *gw*. James, David Emrys (Dewi Emrys)
Dewi Ffraid 142
Dewi Gwernol 32
Dewi Havhesp *gw*. Roberts, David (Dewi Havhesp)
Dewi Medi *gw*. Lewis, David (Dewi Medi)
Dewi Teifi *gw*. Morgan, Dewi (Dewi Teifi)
Dyfed *gw*. Rees, Evan (Dyfed)

Dyfnallt *gw*. Owen, John Dyfnallt
(Dyfnallt)
Dyfnan *gw*. Jones, John (Dyfnan)
Dylan, Huw 260-1

E.O.J. *gw*. Jones, Edward Owen
(E.O.J.)
Edwards, Elwyn 197, 198, 247
Edwards, Emrys 138
Edwards, Harri 21
Edwards, J. T. 118
Edwards, John, Llanfynydd 84
Edwards, Robert John (Robin Jac)
189, 191, 192
Edwards, Thomas (Twm o'r Nant)
53, 193
Eifion Wyn *gw*. Williams, Eliseus
(Eifion Wyn)
Eifionydd *gw*. Thomas, John
(Eifionydd)
Eldon *gw*. Jones, J. (Eldon)
Elfed *gw*. Lewis, H. Elvet (Elfed)
Elfyn *gw*. Hughes, Robert Owen
(Elfyn)
Ellis, W. T. 121, 123-4, 163
Emlyn Aman *gw*. Evans, Emlyn
Aman (Emlyn Aman)
Emrys Deudraeth *gw*. Roberts, Emrys
(Emrys Deudraeth)
Evans, D. Gwyn 161, 203, 208,
227-8, 229, 245, 246
Evans, David 118, 119
Evans, E. Gwyndaf (Gwyndaf) 157
Evans, Einion 230, 234, 235
Evans, Ellis (Hedd Wyn) 50-1
Evans, Emlyn Aman (Emlyn Aman)
150, 151
Evans, Evan Vincent (Vinsent) 43,
88
Evans, Jac 183
Evans, John 192
Evans, Meredydd 198, 222
Evans, Robert (Cybi) 42
Evans, T. Hopkin 110
Evans, Tomi 176, 187, 230, 246
Evans, W. R. 113

Evans, William (Wil Ifan) 77-8, 102,
143, 214, 246, 260

George, Mari 173
Glan Berach *gw*. Morgan, John
Jenkyn (Glan Berach)
Glan Tecwyn *gw*. Jones, David (Glan
Tecwyn)
Glanfor *gw*. Williams, William,
Panteidal (Glanfor)
Griffith, David (Clwydfardd) 141
Griffith, W. J., yr Henllys Fawr
39
Griffith, William 86
Griffiths, John Huw 129, 156
Griffiths, Leyshon Howel (Lleision ap
Gwilym) 41
Griffiths, William Leyshon (Gwilym
ap Lleision) 10, 11, 41
Gruffydd Fynach *gw*. Rees, Griffith
(Gruffydd Fynach)
Gruffydd o Fôn *gw*. Gruffydd, Robert
Hugh (Gruffydd o Fôn)
Gruffydd, Robert Hugh (Gruffydd o
Fôn) 86, 90, 94, 95, 108, 119,
128, 131, 181, 227
Gruffydd, W. J. 55, 56, 105, 107
Gruffydd, W. T. 95
Gurnos *gw*. Jones, Evan (Gurnos)
Gwallter Mechain *gw*. Davies, Walter
(Gwallter Mechain)
Gwenallt *gw*. Jones, David James
(Gwenallt)
Gwili *gw*. Jenkins, John (Gwili)
Gwilym ap Lleision *gw*. Griffiths,
William Leyshon (Gwilym ap
Lleision)
Gwilym Eilian *gw*. Coslett, William
(Gwilym Eilian)
Gwilym Gwyrfai 159
Gwilym Myrddin *gw*. Jones, William
(Gwilym Myrddin) 93
Gwydderig *gw*. Williams, Richard
(Gwydderig)
Gwyn Corwen *gw*. Jones, T. Gwynn
(Gwyn Corwen)

Gwyndaf *gw.* Davies, Griffith
(Gwyndaf)
Gwyndaf *gw.* Evans, E. Gwyndaf
(Gwyndaf)
Gwynn ap Gwilym 138
Gwynn, Harri 138, 179

Harries, Hywel 182
Harris, T. J. 204, 217
Hedd Wyn *gw.* Evans, Ellis (Hedd
Wyn)
Hooson, I. D. 105
Hopkins, B. T. 182, 183, 184, 185,
202
Howell, J. M. 93
Hughes, D. R. (Myfyr Eifion) 97,
100, 105
Hughes, Edward 93
Hughes, Eifl 159
Hughes, Evan G. 206
Hughes, Goronwy 103
Hughes, Gwilym 238
Hughes, Herbert 218
Hughes, Hugh 253
Hughes, John, Rhos 61
Hughes, John Gruffydd (Moelwyn)
87-8
Hughes, Mathonwy 104, 205, 207
Hughes, Jonathan 53
Hughes, Percy 117, 253
Hughes, Richard 96-7, 230
Hughes, Robert Owen (Elfyn) 24,
25, 26
Hughes, W. Roger 116, 117, 138
Humphreys, R. A. 153
Huws, Bob, y Gof 104
Huws, Robert J. 179
Hwfa Môn *gw.* Williams, Roland
(Hwfa Môn)
Hywel Cefni *gw.* Jones, Hywel Evan
(Hywel Cefni)
Hywel Tudur *gw.* Roberts, Hywel
(Hywel Tudur)
Hywyn, John 262

Ieuan Gorwydd *gw.* Price, Evan
(Ieuan Gorwydd)
Ioan Brothen 110, 112
Ioan Glan Hywi *gw.* Jones, John
(Ioan Glan Hywi)
Ioan Madog *gw.* Williams, John (Ioan
Madog)
Isfoel *gw.* Jones, Dafydd (Isfoel)
Isgarn *gw.* Davies, Richard (Isgarn)
Isylog *gw.* Jones, Enoch (Isylog)

James, David Emrys (Dewi Emrys)
100, 101-2, 108, 125-7, 133,
147, 149, 157, 166, 196, 199,
222, 244
James, E. O. 222
James, Iwan Bryn 251
Jenkins, D. Lloyd (Moelallt) 166,
167
Jenkins, Evan 102, 107-8, 121
Jenkins, John (Gwili) 63, 88, 92
Job, J. T. (Job) 19, 28, 35, 36, 37,
40-1, 47-8, 49, 62, 64, 73, 74, 75,
188
John Eilian *gw.* Jones, J. T. (John
Eilian)
John, Victor 212, 213, 214, 236, 243
Jones, Albert Evans (Cynan) 60, 105,
132
Jones, Alun J. (Alun Cilie) 105,
131-2, 145, 155, 157, 158, 161-2,
169, 170, 180, 187, 230, 243,
257
Jones, Charles 143
Jones, D. J. 175, 176, 230
Jones, D. J., Llanbedrog 211
Jones, D. Llewelyn 103
Jones, Dafydd, Ffair-rhos 180
Jones, Dafydd (Isfoel) 78, 133, 166,
167
Jones, Dafydd Wyn 233, 234-5, 236,
240, 241-2, 244, 246
Jones, Dafydd Wyn (Dafydd Wyn)
252, 260
Jones, David, Blaen-plwyf 59
Jones, David (Glan Tecwyn) 71

Jones, David James (Gwenallt) 120,
121, 124-6, 133, 134-5, 144, 220,
249
Jones, David Tudor 164, 165
Jones, David Watkin (Dafydd
Morganwg) 232
Jones, Derwyn 126
Jones, Dic 107, 206-7, 208, 209,
214, 220, 221, 233-4, 243, 249
Jones, Dic Goodman 191, 193
Jones, Edward (Telynfab) 227,
230-1, 251
Jones, Edward Owen (E.O.J.) 117,
227
Jones, Einir 227
Jones, Ellis 147-8, 194, 263
Jones, Enoch (Isylog) 113, 117,
138-9
Jones, Evan (Gurnos) 15
Jones, Evan Cadfan 145-6, 156, 196
Jones, Evan George 128
Jones, Evie Wyn 218-19
Jones, Fred 27, 105, 107, 168, 169
Jones, Gerallt 167, 182, 188, 189,
191
Jones, Gwilym Ceri 137
Jones, Gwilym R. 100, 104, 223,
231-2
Jones, Hywel Evan (Hywel Cefni)
60, 61, 91
Jones, J. (Eldon) 58, 61, 92, 182
Jones, J. Lloyd 78, 103
Jones, J. Puleston 59
Jones, J. T. (John Eilian) 64, 117
Jones, J. T., Bangor a Phorthmadog
114, 136-7, 163-4, 190-2, 216,
246, 263
Jones, J. T., Y Rhos 118
Jones, J. W. 92
Jones, Jac Alun 111, 149-50, 158,
159, 170, 187, 189, 195, 203, 204,
208, 209, 216, 217
Jones, James 38-40, 230
Jones, James Arnold 41, 172
Jones, James Ifano 83
Jones, John (Dyfnan) 144

Jones, John (Ioan Glan Hywi) 104
Jones, John Gwilym 166
Jones, John Ieuan 261
Jones, John Lloyd 181, 187
Jones, John William 75
Jones, Lisi 162
Jones, Medwyn 249-50
Jones, Moses Glyn 143, 207, 221-2,
224
Jones, P. J. Beddoe 120, 121
Jones, R. E. (Cyngar) 61, 90-1, 108,
127, 136, 227
Jones, R. E., Llanrwst 210, 211, 216
Jones, Richard 257
Jones, Roger 168, 172, 178, 181,
186, 194, 201, 202, 206, 214-15,
246
Jones, Rowland (Rolant o Fôn) 117,
262
Jones, Sam 136
Jones, Simon B. 105, 128, 129, 154,
169
Jones, T. Gwynn 30, 41, 42, 43, 44,
45, 58-9, 76, 90, 121, 126
Jones, T. Gwynn (Gwyn Corwen)
222
Jones, T. James 212, 214, 236, 243
Jones, T. Llew 107, 111, 131, 133,
134, 136-7, 148, 149, 155, 157,
158, 174, 175, 176, 187, 193-4,
197, 216, 230-1, 232, 233, 244,
257
Jones, Tecwyn 184
Jones, Thomas 119, 120
Jones, Tom Bowen 182, 184, 185
Jones, Tom Parry 117
Jones, Trefor 258-9
Jones, Tudur Dylan 237
Jones, William (Gwilym Myrddin) 93
Jones, William, Nebo 39
Jones, William, Tremadog 114, 144,
163, 164

Lewis, D. Emlyn 138
Lewis, David (Dewi Medi) 16, 17,
18, 142, 246

Lewis, H. Elvet (Elfed) 17, 67, 118, 169, 179, 180, 249
Lewis, Wyre 118

Lloyd, John Ambrose 64
Lloyd, O. M. 178-9, 185, 188, 189, 190, 196, 197, 200, 209-10, 211, 230, 240, 246
Lloyd, Robert (Llwyd o'r Bryn) 91, 150
Lynch, Gwion 259

Lleision ap Gwilym gw. Griffiths, Leyshon Howel (Lleision ap Gwilym)
Llewellyn, John 151
Llwyd gw. Williams, E. Llwyd (Llwyd)
Llwyd o'r Bryn gw. Lloyd, Robert (Llwyd o'r Bryn)
Llwyd, Alan 207, 242, 244

Mabon gw. Abraham, William (Mabon)
Machreth gw. Rees, J. Machreth (Machreth)
Matthews, Tom 63
Meuryn gw. Rowlands, R. J. (Meuryn)
Moelallt gw. Jenkins, D. Lloyd (Moelallt)
Moelwyn gw. Hughes, John Gruffydd (Moelwyn)
Monallt gw. Roberts, John Henry (Monallt)
Morgan, Dewi (Dewi Teifi) 45, 52, 54-5, 58, 59, 95-6, 120-1, 135, 137, 187
Morgan, Elystan 60
Morgan, John Jenkyn (Glan Berach) 15
Morgan, T. J. 48
Morgan, Tom (Ufelwyn) 127
Morris, J. R. 91
Morris, William 39, 51, 52, 64, 65, 67, 78, 80, 91-2, 108, 111, 112, 119, 127, 135, 136, 137, 163, 166, 166, 171, 177, 179, 187, 196, 214, 246, 249
Morris-Jones, John 19, 20, 22, 30, 40, 44, 46, 55, 62-3, 65, 66, 67, 69, 70, 75, 115, 145, 154, 188, 242, 261
Myfyr Eifion gw. Hughes, D. R. (Myfyr Eifion)
Myfyr Menai 43, 45
Myfyr Môn gw. Rowlands, Richard (Myfyr Môn)
Mynyddog gw. Davies, Richard (Mynyddog)

Nicholas, W. Rhys 32

Owen, Dafydd 39
Owen, Gerallt Lloyd 200, 201, 202, 208, 222-3, 246, 254
Owen, John Dyfnallt (Dyfnallt) 15, 83
Owen, Owen Griffith (Alafon) 30, 169
Owen, W. Berllannydd 180

Parry, Joseph 15
Parry, R. Williams 61, 67, 68, 69, 70, 71, 73, 74-5, 80, 102, 128, 143, 184, 263
Parry, Thomas 28, 102, 105, 147, 224
Pedrog gw. Williams, John Owen (Pedrog)
Phillips, Edgar (Trefin) 104, 130, 131
Price, Evan (Ieuan Gorwydd) 41
Prys, Edmwnd 94-5
Prys, Morgan 95

Rees, Evan (Dyfed) 14, 29, 32, 33, 34, 35, 36, 41, 43, 50, 56, 61, 77, 196, 214, 216, 246
Rees, George 71, 75, 80, 88-9, 177, 201, 246, 254
Rees, Griffith (Gruffydd Fynach) 23, 24

Rees, J. Machreth (Machreth) 22, 23, 28
Rees, J. T. 11
Rees, John Roderick 193
Rees, William 232-3
Richards, Brinley (Brinli) 149, 150, 171, 172
Richards, J. D. 64
Richards, W. Leslie 183
Richards, Thomas 127, 129, 154, 220, 257, 260
Richards, William Alfa 48, 49, 63, 151
Roberts, Caradog 119
Roberts, David (Dewi Havhesp) 115, 125
Roberts, Emrys (Emrys Deudraeth) 236
Roberts, Ernest 118
Roberts, Gwilym Rhys 170-1, 175
Roberts, Hywel (Hywel Tudur) 72
Roberts, John Henry (Monallt) 177, 180, 186
Roberts, John Llewelyn 191
Roberts, Owen Elis (Caerwyn) 53, 64, 105
Roberts, R. J. 122, 158, 197
Robin Jac gw. Edwards, Robert John (Robin Jac)
Rolant o Fôn gw. Jones, Rowland (Rolant o Fôn)
Rowlands, R. J. (Meuryn) 20, 21, 24, 39, 49, 50, 60, 100-1, 142, 143, 144, 152, 153, 155, 157, 180, 188
Rowlands, R. J., y Bala 204, 220-1, 223, 226, 230, 239, 250
Rowlands, Richard (Myfyr Môn) 108, 110, 227, 230

Rhys, E. Prosser 64, 107

Sarnicol gw. Thomas, Thomas Jacob (Sarnicol)

Tafolog gw. Davies, Richard (Tafolog)
Telynfab gw. Jones, Edward (Telynfab)
Thomas, J. D. 95
Thomas, J. Lloyd 15
Thomas, John (Cloriannydd) 118
Thomas, John (Eifionydd) 9, 11 12, 17, 18, 28, 91, 141
Thomas, Simon Owen 180
Thomas, Thomas Jacob (Sarnicol) 41, 85, 87, 89, 93, 108-9, 110
Tilsley, Gwilym R. (Tilsli) 123, 196, 197, 198-9, 200
Tom Nefyn gw. Williams, Thomas (Tom Nefyn)
Trebor Mai gw. Williams, Robert (Trebor Mai)
Trefin gw. Phillips, Edgar (Trefin)
Tryfanwy 49
Twm o'r Nant gw. Edwards, Thomas (Twm o'r Nant)
Tydu 9

Ufelwyn gw. Morgan, Tom (Ufelwyn)

Vinsent gw. Evans, Evan Vincent (Vinsent)

Watcyn Wyn gw. Williams, Watkin Hezekiah (Watcyn Wyn)
Whittall, Dafydd 210-11
Wil Ifan gw. Evans, William (Wil Ifan)
Willesden, J. W. 90
Williams, Alun Rhys (Alun y Graig) 172-3, 180
Williams, Catherine Margaret 67
Williams, E. Llwyd (Llwyd) 113, 135, 137, 154, 246
Williams, Eliseus (Eifion Wyn) 16, 18, 19, 20, 21, 22, 23, 24, 26, 27, 28, 29, 30, 35, 37, 41, 46, 47, 50, 55, 56, 57, 58, 59, 64, 66, 69, 71, 74, 75, 80, 82, 88, 126, 138, 142,

147, 161 177, 182, 196, 201, 235, 242, 246, 248-9, 254, 263
Williams, Emyr 118
Williams, Fred 145, 150, 194, 195
Williams, Griff 206
Williams, Gwilym Herber 172
Williams, Iolo Wyn 229-30
Williams, Iwan Bryn 246, 250
Williams, John (Ioan Madog) 204
Williams, J. J. 27, 30, 34, 41, 42, 43, 52, 64, 67, 68, 69, 81-2, 84-5, 86-7, 144, 157
Williams, John (J.W. Llundain) 98-9, 174
Williams, John, Brynsiencyn 64
Williams, John Owen (Pedrog) 20, 24, 25, 33, 34, 35, 40, 79, 85, 108, 232
Williams, R. O. 251, 254
Williams, Richard (Gwydderig) 12, 13, 14, 15, 16, 19, 47, 63, 201, 246, 254
Williams, Robert, Penrhosgarnedd 212
Williams, Robert (Trebor Mai) 115, 125
Williams, Robert Arthur (Berw) 7, 8, 9, 14, 19, 20, 21, 30, 33, 34, 35, 37, 47, 48, 49, 50, 53-4, 56-8,

59, 60, 64, 66, 67, 70, 71, 73, 80, 138, 182, 255
Williams, Roland (Hwfa Môn) 142
Williams, T. Arfon 210, 212-13, 216, 217, 218, 221, 222, 223-5, 226, 236, 237, 240, 241, 242-3, 245, 246, 248, 249, 254, 255, 262, 263
Williams, Thomas (Brynfab) 63
Williams, Thomas (Tom Nefyn) 92, 124
Williams, W. Crwys (Crwys) 93, 105, 173
Williams, W. D. 107, 121-2, 136, 140, 146-7, 148, 154, 158, 159, 160, 161, 188, 212, 213, 229, 243, 246
Williams, W. Morris 51, 179
Williams, Waldo 113, 139, 147
Williams, Watkin Hezekiah (Watcyn Wyn) 9, 11, 12, 14
Williams, William, Panteidal (Glanfor) 61-2, 92-3, 187
Williams, William Gilbert 99
Williams, William Jones 256
Williams, Wyn 50
Wyn, Elis o Wyrfai 29
Wyn, Garmon 85
Wyn, Nathan 216